Das Buch

W0076173

Célestin Freinet hinterließ, als er 1966 starb, ein pädagogisches
Lebenswerk, das man heute als im besten Sinn „alternativ" bezeichnen kann. Zugunsten der natürlichen Bedürfnisse des Kindes lehnte
er die Zwänge der herkömmlichen Schule ab. Er entwickelte und
praktizierte eine Pädagogik, die jedem Kind die bestmögliche Chance
zu einer umfassenden und allseitigen Entwicklung seiner Persönlichkeit, seiner Fähigkeiten und Begabungen gibt. Der Lebensfremdheit
und den Mechanismen von Unterdrückung und Unterwerfung setzte
er eine naturnahe, dem praktischen Alltagsleben verbundene Schule
entgegen, die die Kinder für ein tätiges Leben in der Gesellschaft ohne
Entfremdung erzieht. Freinets reformpädagogische Gedanken und
Ziele sind angesichts der zunehmenden Kritik an unserem Regel-
schulsystem und der vielen wieder auflebenden Versuche zu alterna-
tiven Modellen aktueller denn je.
Elise Freinet, seine Frau und Mitstreiterin, dokumentiert in diesem
Buch das Lebenswerk Célestin Freinets, sein Leben, seine Ideen und
seine Arbeit u. a. in dem von ihm gegründeten Landerziehungsheim
in Vence bei Cannes. Hans Jörg beschließt den Band mit einem
zusammenfassenden Beitrag, der auch dem Einfluß Freinets auf die
Reformbestrebungen der deutschen Pädagogik nachgeht.

Autorin und Herausgeber

Elise Freinet war die Ehefrau von Célestin Freinet und seine langjährige
Berufskollegin. Sie starb 1983.
Hans Jörg, der Übersetzer und Herausgeber dieses Buches, 1923
geboren, hat lange im Schuldienst gearbeitet und ist seit 1978 Leiter
des Instituts für Angewandte Erziehungswissenschaften an der Universität des Saarlands. Er stand in engem Kontakt mit dem Ehepaar
Freinet und gilt heute als der beste Freinet-Kenner in Deutschland. Er
hat Freinets Bücher „Die moderne französische Schule" (2. Aufl.
1979) und „Praxis der Freinet-Pädagogik" (1981) übersetzt und
herausgegeben.

Elise Freinet:
Erziehung ohne Zwang
Der Weg Célestin Freinets

Aus dem Französischen übersetzt und
bearbeitet sowie mit einem Nachwort
versehen von Hans Jörg

Klett-Cotta
im
Deutschen
Taschenbuch
Verlag

Ungekürzte Ausgabe
März 1985
4. Auflage April 1991
Deutscher Taschenbuch Verlag GmbH & Co. KG, München
© 1977 Les Editions Payot, Paris
Titel der französischen Originalausgabe:
L'Itinéraire de Célestin Freinet. La libre expression
dans la pédagogie Freinet
Les Editions Payot, Paris 1977
© der deutschsprachigen Ausgabe:
1981 Ernst Klett Verlag GmbH & Co. KG, Stuttgart
ISBN 3-12-932420-8
Umschlaggestaltung: Boris Sokolow
Gesamtherstellung: C. H. Beck'sche Buchdruckerei, Nördlingen
Printed in Germany · ISBN 3-423-15005-X

Inhalt

Vorwort

Das hier vorgelegte Werk von Elise Freinet ist die dritte autorisierte Übersetzung eines Originalwerkes von C. Freinet in die deutsche Sprache. Die Übersetzung hält sich mit Absicht eng an den Originaltext, was bei der symbolträchtigen Sprache von Elise und Célestin Freinet nicht immer einfach ist. Zitate aus Werken Freinets sind deutlich durch Setzung in Anführungsstriche oder durch anderen Druck als solche gekennzeichnet, so daß der Leser sofort unterscheiden kann, was von Freinet selbst und was von seiner noch lebenden Frau und langjährigen Berufskollegin, Elise Freinet, verfaßt ist. So weit es irgend möglich war, wurden auch die im Originaltext nicht angegebenen genauen Fundorte der benutzten Quellen aufgeführt.

Mit der Bearbeitung dieses Freinet-Werkes möchte der Übersetzer, der Freinet viele Jahre lang persönlich gekannt und öfters in seinem Landerziehungsheim in Vence bei Cannes und ab 1956 regelmäßig bei den jährlich stattfindenden Freinet-Kongressen besucht hat, allen deutschsprachigen Lesern Freinets Gedanken zur Reform unseres Schulwesens unverfälscht übermitteln.

Seit Freinets Tod (1966) und besonders in den letzten Jahren sind in der Bundesrepublik Deutschland mehrere Veröffentlichungen über ihn erschienen, von denen kein einziger Autor Freinet selbst gekannt hat. Leider sind dabei durch die Tatsache, daß jeder Autor sich ausschnitthaft Gedanken aus Werken Freinets entnommen hat, die ihm als wichtig erschienen, mehrfach einseitige und tendenziöse Darstellungen der Forderungen und Gedanken Freinets übermittelt worden. Dies ist deshalb leicht möglich, weil Freinet im Laufe seines Lebens eine beachtliche Wandlung erfahren hat. Er gehörte von 1929 bis 1948 der PCF, der Kommunistischen Partei Frankreichs, an, trat aber mit vielen seiner Anhänger unter Protest wieder aus, als er von den Ereignissen während der Stalinära und in Polen erfuhr.

Seit 1948 wendete er sich mit Vehemenz gegen eine einseitig politische Auslegung seiner pädagogischen Ideen und Forderungen. Ihm ging es um eine Pädagogik der Befreiung für das Kind. Erziehung darf nicht mit unnatürlichen Zwängen operieren, sie soll auf die Äußerungen und Bedürfnisse des Kindes hinhorchen und muß naturnah und natürlich sein. Nach Freinets Auffassung hat unsere Gesellschaft die Aufgabe, jedem Kind die bestmögliche Chance zu einer umfassenden und allseitigen Entwicklung seiner Persönlichkeit, seiner Fähigkeiten und Begabungen zu bieten. Dem Heranwachsenden ersteht aus dem Engagement der Gesellschaft für ihn nach Freinets Auffassung allerdings die Verpflichtung, all seine so entwickelten Fähigkeiten und Kräfte zum Wohle und zur Veränderung dieser Gesellschaft einzusetzen.

Nur so, glaubt Freinet, sei eine gerechtere, freiere und demokratische Neuordnung der Gesellschaft zu erreichen, nicht durch Gewalt und nicht durch Revolution, und nur so kann eine Gesellschaft entstehen, in der es keine Ausgebeuteten und keine Ausbeuter mehr gibt.

Die Ausführungen im Anhang wollen dem Leser, der sich mit Freinet und seiner weltweiten Bewegung „Moderne Schule" noch nicht befaßt hat, einen kurzen Überblick über sein Leben und Wirken und über seine engen Verbindungen zur deutschen Pädagogik und zu deutschen Pädagogen geben, damit er die Reformideen Freinets entsprechend einordnen kann.

Möge dieses Werk einen Beitrag leisten zur besseren Verständigung zwischen unsern Völkern und Anregungen bieten zur inneren Reform unserer Schulen, damit sie bei allem notwendigen Leistungsstreben wieder mehr das Kind, den heranwachsenden jungen Menschen mit seinen Bedürfnissen, Neigungen und Fähigkeiten in den Mittelpunkt ihres pädagogischen Bemühens stellen.

Mein besonderer Dank gilt Frau Hildegard Spath und den Herren E. Barth und Manfred Gaube, die mich bei der Übersetzung des Bandes tatkräftig unterstützt haben.

Hans Jörg

Einführung

Sosehr das Werk von Célestin Freinet auch für die Zweckmäßigkeit und Wirksamkeit seiner pädagogischen Praxis steht, so ruft es doch noch immer Zweifel, wenn nicht sogar Mißtrauen hervor.

Der Grund für eine solche Haltung, sei es nun eine vorsichtige oder mißtrauische, liegt sicherlich schon in der Tatsache begründet, daß er nicht die klassische Universitätslaufbahn einschlug, und auch darin, daß seine Pädagogik von Anfang an eine kollektive und kämpferische gewesen ist, das Werk von ,,Freischärlern'', deren Meriten nicht im Titel zutage traten, sondern in ihrer Leidenschaft, ihrer Zähigkeit und ihrem Mut. Gerade diese Werte vermittelt die Universität nicht, die nur befähigt ist, denjenigen die Lehrerlaubnis zu erteilen, die dort ihre Ausbildung erhalten haben. Es scheint, als gäbe es nur eine Möglichkeit, der Intelligenz zu dienen und den Geist ,,zu Ehren zu bringen''.

Das Erstaunliche war, daß es diesen Grundschullehrern der Anfangszeit ohne an einer Universität erworbene Lehrbefähigung, ohne Urkunden und Diplome – und, was noch bedeutender ist, trotz Widerständen – gelungen ist, ihr Unterfangen Schritt für Schritt aufzubauen und eine geistige Heimat ihres Handelns, das eine starke Ausstrahlung besitzt, zu errichten. Keiner war sich besser als Freinet, der Leiter dieser Aktion, des Wagnisses bewußt, dessen Erfolg, den er im Laufe eines halben Jahrhunderts erlebt hat, noch heute Zeugnis ablegt von seinem volkstümlichen Edelmut; ohne jedoch die ausweichenden Kritiken und den Verdacht der Konformisten der bürgerlichen Kultur zu entwaffnen.

Freinet hat bestimmt niemals die gesunde und loyale Kritik gefürchtet. Man kann keine Fortschritte erzielen, wenn man die Dinge nur von einer Seite her betrachtet. Aber jede Kritik muß zu ihrer eigenen Rechtfertigung organisch sein, sie muß aus den Gegensätzen eines Systems entspringen, das in seinem innersten Wesen dynamisch ist.

Um eine solche Kritik hervorzurufen, die sich auf die Gesamtheit eines Werkes bezieht, das Theorie und Praxis unlöslich miteinander verbindet, versuchte Freinet mehrmals Informationsveranstaltungen, sogenannte ,,Tage der offenen Tür'', unter der Leitung von Persönlichkeiten einzuführen, die mit der Erziehung und dem Verhalten der Primarschüler nicht vertraut waren. Im Jahre 1959, nach 35 Jahren allgemeiner kollektiver pädagogischer Praxis, schuf Freinet durch Gründung der Zeitschrift „Techniques de Vie"[1] für Akademiker die Möglichkeit der Kritik. Er bot so das komplexe Werk einer Psychopädagogik zur Untersuchung und Beurteilung durch Erziehungswissenschaftler an, um das Aufspüren innerer Widersprüche zu ermöglichen.

Humorvoll und einfach stellte er sein Problem vor:

Wir bieten heute den Lehrern, die die Freinet-Techniken praktizieren, den Erziehern und den Eltern, die sich für die unbedingt erforderliche Modernisierung unserer Erziehung interessieren, diese neue Zeitschrift an, so wie sie von unseren Anhängern selbst gefordert und gewollt ist.

Vergleich mit „Hausbau"

Als gute Arbeiter, die sich den historischen Forderungen ihres Berufes bewußt sind, haben wir die Fundamente unseres neuen Bauwerkes ausgehoben, wir haben seine Bauteile angepaßt, die Mauern errichtet, Öffnungen vorgesehen und das Dach angebracht, damit das schwierige Unterfangen, unsere Kinder zu Menschen zu machen, die fähig sind, den neuen Erfordernissen ihrer hohen Bestimmung erfolgreich und mit Würde gegenüberzutreten, normal voranschreiten kann.

Aber, und das ist ein schwerer Makel, dieses Bauwerk ist nicht nach den üblicherweise zugelassenen Normen errichtet worden: Bedeutende Theoretiker, Fachleute bestreiten die Gesetzmäßigkeit und die Festigkeit unserer Fundamente, sie kritisieren die moderne Technik, nach der wir die Mauern angeordnet und die Beleuchtung angebracht haben. Das Dach hat weder die vorgeschriebenen Maße noch die vorgeschriebene Neigung; es strebt zum Himmel, kühn wie der Turm einer Kathedrale, was für den Bau eines bescheidenen Schulgebäudes unzulässig ist. Wirft man uns nicht sogar vor, auf gefährliche Art und Weise mit unseren Kindern wie mit Versuchskaninchen zu experimentieren?

Und meiner Treu, wir sind stolz auf unser Bauwerk, wir fühlen uns wohl darin, und wir leisten dort in Ruhe eine Arbeit, deren Wirksamkeit zu loben uns ein leichtes ist. Aber, um ehrlich zu sein, die Befürchtungen und die Widerstände, auf die wir bei unseren Kritikern stoßen, bewegen und beunruhigen uns ständig.

---

1 C. Freinet in: Techniques de Vie, Nr. 1, Oktober 1959.

Wir selbst sind nicht in der Lage, ihre Aussagen zu prüfen; ihre gelehrte Sprache beeindruckt uns dermaßen, daß wir uns manchmal fragen, ob wir auf dem rechten Weg sind. Was diejenigen betrifft, die nicht ohne eine gewisse Ironie zusehen, wie wir uns auf diese Weise in ein Abenteuer stürzen, so erweist sich die Verdammung, deren Opfer wir sind, oft als eine Schranke, die diejenigen nicht zu überwinden wagen, die von der Autorität beherrscht und unterjocht sind.

Nun stellen wir uns ernsthaft die Frage: ‚Haben wir wirklich recht? Täuschen diese begeisternden Perspektiven, die sich um unsere Schule herum eröffnen und die in den blauen Himmel führen, nicht? Wird unsere Institution nicht unwiderruflich durch den komplexen Apparat von Studien und Maßnahmen, mit denen sich das traditionelle Erziehungswesen zu schützen scheint, verdammt?'

Unsere langjährige gemeinsame Arbeit gibt uns die auf Erfahrung gegründete Sicherheit der unbestreitbaren Überlegenheit unserer Pädagogik. Aber es wäre für uns und für diejenigen, die sich uns eines Tages anschließen werden, ebenso gut wie für die, die unser Unterrichtsverfahren anwenden, wenn auch sie uns die Beweise bringen könnten, die wir im Wettbewerb mit der traditionellen Erziehung erbracht haben; wenn sie unsere Quellen – von denen wir glauben, daß sie materieller Art sind – prüfen und entdecken könnten und wenn sie unseren Elan, unsere Hoffnungen rechtfertigen und etwaige Irrtümer oder Unzulänglichkeiten korrigieren könnten.

Nicht wir können diese Untersuchung durchführen, sondern diejenigen, die aufgrund ihrer Studien und ihrer Ämter eher in der Lage sind als wir, für unsere Techniken dieses Curriculum vitae zu verfassen, das wir heute unbedingt brauchen. Deshalb appellieren wir in dieser Zeitschrift an die Professoren aller Ausbildungsinstitutionen, an die Schulräte, an die Direktoren der Lehrerbildungsanstalten, an die Psychologen und die Psychiater, vorurteilslos mit uns das Phänomen *Ecole Moderne*, so wie wir es ihnen vorstellen, vom wissenschaftlichen Standpunkt aus zu betrachten. Wir werden ihnen selbst unsere Entdeckungen, unsere Begeisterung, die Möglichkeiten, die wir ahnen, unsere Ängste und unsere Zweifel mitteilen, aber wir bieten ihnen auch und vor allem ein weites Feld der Forschung an. Denn letzten Endes ist nicht die Theorie für uns ausschlaggebend, sondern ihre Umsetzung in die

Praxis. Das ist ein rein wissenschaftlicher Prozeß, dessen Ergebnisse von allen uneigennützig Suchenden akzeptiert werden. Es besteht kein Zweifel daran, daß mit den sinnestäuschenden wissenschaftlichen Entdeckungen der letzten Jahre, mit der immer mehr um sich greifenden Industrialisierung, mit dem Eintritt explosiver Elemente in den kulturellen Bereich, wie Radio, Kino, Fernsehen, sich in unserem Lebensbereich eine Veränderung vollzieht. Diese Veränderung hat in der Tat eine gleichartige Veränderung in der geistigen Haltung und im Verhalten der Kinder und Jugendlichen zur Folge. Die Prozesse des Erkennens, Denkens, Handelns und Regierens werden davon in hohem Maße beeinflußt. Nicht, daß sie für den Augenblick die Natur des Menschen veränderten – das tritt vielleicht erst später ein –, sondern dessen Beziehungen zur Umwelt werden dadurch notwendigerweise verändert.

Diese Erschütterung und diese Veränderung müssen durch eine Erneuerung, eine Veränderung des Erziehungsprozesses beantwortet werden, eine Veränderung, die, wie alle Veränderungen, die bisher klassischen Aussagen der Psychologie und der Pädagogik völlig umgestaltet.

In diesem Bereich arbeiten wir heute. Und für diese große Aufgabe, die niemals völlig erfüllt ist, werden wir nie zuviel guten Willen aufbringen.[2]

Die Diskussion ist heute immer noch offen. Dieses Buch verfolgt kein anderes Ziel, als das Problem voranzutreiben. Wir bringen einen Grundbegriff in die Ausführungen ein, der im Mittelpunkt des gesamten Werkes von Freinet steht: *der freie Ausdruck des Kindes*. Der freie Ausdruck ist nicht die Erfindung eines besonders fruchtbaren Gehirns, er ist die Offenbarung des Lebens selbst.

Man muß schon auf Lamarck zurückgehen, dem Freinet immer Hochachtung entgegenbrachte, um den freien Ausdruck von seiner unvollständigen und schulischen Bedeutung zu lösen, damit er die Weite eines fortschreitenden, vielfältigen und komplexen Lebens zurückerhält, für das Organfunktionen und Verbindungsinstrumente erforderlich sind. Dabei wird eine ständige Verbindung zwischen den inneren Antrieben und der wachsenden Vielfalt der äußeren

---

2 C. Freinet in: Techniques de Vie, Nr. 1, Oktober 1959.

Anreize hergestellt. In diesem unaufhörlichen Spiel verpflichtet sich das Lebewesen als Akteur seines eigenen Gleichgewichts, und zwar für die Dauer seines ganzen Lebens.

Für diesen ungeheuren Einsatz gibt es nur eine alles erfassende Vorgehensweise: das *Sich-Vorantasten*, das für das Fortschreiten des Lebens in allen Bereichen gilt, vom Einzeller bis zum physiologisch höchstentwickelten Lebewesen, d. h. zum Lebewesen mit den vollständig entwickelten Funktionen des Gewissens und des Willens.

Die so gestellte Aufgabe macht sich selbst frei von jeglicher metaphysischen Spekulation. Es liegt an uns, sie vor jeglicher Anpassung an die üblichen Methoden der Schule zu schützen. Das Werk Freinets ist ein Versuch, den Schiffbruch zu verhindern. Man darf mit Recht sagen, daß der *freie Ausdruck* für Freinet ein Abenteuer war. Beginnen wir mit seinen Anfängen.

I Anfängliche Erfahrungsorientiertheit

„Die besten Taten und die bestgemeinten Schritte riskieren,
den Irrtum zu verstärken und Schaden anzurichten, wenn man
nicht das Licht wiedergewinnt, das den Lauf des Lebens
erhellt.''

L'Education du Travail

Freinet beginnt seine Lehrtätigkeit mit der Erfahrung, die der
eines Menschen vergleichbar ist, der sich ins Wasser stürzt, ohne
schwimmen zu können. Sein gesamtes, von rein zufälligen tastenden
Lehrversuchen geprägtes Wirken, verschafft ihm jedoch Zugang zum
freien Ausdruck des Kindes. Aber „nichts ist von Natur aus so heikel
und von so kurzer Dauer wie ein Beginn'' (Teilhard de Chardin).
Eines jedoch ist trotz allem sicher: Der freie Ausdruck bedeutet die
Entfaltung des Lebens. „Bei diesem Suchen nach Verfahrenstechni-
ken, meinem eigentlichen Anliegen'' – so schreibt Freinet –, „bin ich
vom Punkt Null ausgegangen.''

Das ist in der Tat die Ausgangslage des jungen Volksschullehrers
und im Ersten Weltkrieg Verwundeten, als er zum Lehrer an der
kleinen Klasse der Jungenschule in Bar-sur-Loup (Dep. Alpes-Maritimes) ernannt wird. Während seiner Lehrtätigkeit, für die er sich in
früher Jugend entschieden hatte und der er entgegen dem Rat der
Ärzte treu bleibt, wird sich Freinet schnell seiner sowohl körperlich
als auch berufsmäßig bedingten Ohnmacht bewußt: Aufgrund seiner
als Folge einer schweren Lungenverletzung verminderten Atemtätig-
keit und der daraus resultierenden Verschlechterung seines Gesund-
heitszustandes erträgt er die körperliche und nervliche Belastung nur
schwer, die ein erfolgreiches Wirken mit lebhaften und von Grund
auf verschiedenen Kindern mit sich bringt. Außerdem wird er sich
seiner geringen Kenntnisse in bezug auf die Funktion des Lehrers
bewußt: Es handelt sich um die Unwissenheit eines Anfängers, der
sich in den schwierigen Nachkriegsjahren zurechtfinden muß.

Er war allein und vom Drama einer Jugend geprägt, die an der
Schwelle zum Erwachsenenleben zerbrach. Die lärmende und
lebhafte Lehrzeit der Kindheit lastete auf diesem Schicksal. Mit
unnachgiebiger Hartnäckigkeit in körperlichen und seelischen Anstrengungen begann der junge Lehrer die ebenso lange wie geduldige
Lehrzeit in seinem pädagogischen Beruf. Dies konnte er nur durch
einen Kompromiß erreichen, indem er einerseits seine eigene

Gesundheit schonte und andererseits den Kindern eine aktivere Rolle im Schulleben zukommen ließ.

Ganz offensichtlich ertrugen seine Schüler die stickige Klassenluft ebenso schlecht wie er. Deshalb öffnete man die Fenster, die vorher immer geschlossen waren. Man sah, wie der große Kastanienbaum seine rosa Blütenkerzen entfaltete und Meisen ihr Nest im Astwerk bauten; bekannte und vertraute Stimmen erklangen für einen Augenblick und verloren sich dann im Gespräch, und schweren Herzens hörte man, wie es sich entfernte.

„Haben Sie bemerkt, welch eine große Rolle die Farben, Klänge und Träume in der Sprache der Kinder spielen? In der Kindersprache ist alles leuchtend, luftig, frei und frisch wie fließendes Wasser."[3]

Der Ruf der Welt hatte Vorrang vor der Pädagogik: Die Schwelle wurde überschritten. Draußen erzeugen das Dorf, als der vertraute Hintergrund, wo die Zwänge aufgehoben sind und man eine allgemeine Zuneigung zu den Lebewesen, den Tieren und den Dingen der Natur antrifft, eine von Sensibilität geprägte Atmosphäre. Weiter entfernt vom Schulhaus verleihen die Felder, auf denen die Bauern emsig arbeiten, das Wogen der Bäume, die grünenden Wiesen und die kleinen Fußpfade dem Land einen sehr persönlichen Zug. Und während sie die bewegte Landschaft durchströmt, hallt die Luft dort wider, wo die Stimmen von Kindern erklingen, die dem Gefängnis für einen Augenblick entwichen sind.

Gerade weil Freinet selbst auch als Kind im Dorf aufwuchs, zeigt er, genau wie seine Schüler, ein empfindsames Verlangen nach dieser subtilen, geistigen und körperlichen Nahrung inmitten einer Schöpfung, die beständig neues Aufblühen von Leben bedeutet.

Trotzdem mußten sie wieder in den Stall zurück, in die verstaubte Klasse mit ihren Bankreihen, ihrer schwarzen Tafel und ihren vielen schulischen Verpflichtungen, die Steifheit und Nervosität bei den Schülern und ihrem Lehrer verursachen. Aber die endlosen Tage, Wochen und Monate mit ihren trostlosen Ungewißheiten verstrichen schließlich doch.

Freinet suchte eine Lösung für sein Problem, da er sich über seine körperliche und seelische Widerstandskraft keinen Illusionen hingab und sich auf tragische Weise in eine Sackgasse gedrängt fühlte. Er

---

3 C. Freinet, Les Dits de Mathieu, Neuchâtel 1959, S. 31.

fand den Ausweg während der Vorbereitung auf die Schulratsprüfung. Hier handelte es sich um eine Tätigkeit, die scheinbar weniger Zwang bedeutete und bei der er freier atmen konnte. Das resultierte aus seinen Fahrten in die Dorfschulen, einer Tätigkeit, die abwechslungsreichere Aktivitäten bot und die ihn außerdem nicht von der Welt der Kindheit abschnitt, der er sich verschrieben hatte. Die Vorbereitung auf die Prüfung verlangte von ihm die beharrliche Lektüre der im Programm vorgeschriebenen Autoren, darüber hinaus überflog er die Artikel der intellektuellen Vereinigungen, die die verschiedenen Strömungen der Gegenwart und jüngsten Vergangenheit im Bereich der Psychologie, Philosophie und Pädagogik widerspiegelten.

Die Lektüre hatte ihn schon während der langen Monate seiner Erholung von einer Kriegsverwundung begleitet, und sie war sein einziger Lichtblick in der trostlosen Einsamkeit. Eigentlich hatte in dieser Ansammlung von Autoren – Spezialisten der fachübergreifenden Humanwissenschaften – die Unterhaltung keinen Platz. Der Leser betrat urplötzlich den Bereich der intellektuellen Zweideutigkeit, der unwiderrufbaren Abstraktionen, eine formalistische Welt, die sich um so mehr vom eigentlichen Leben entfremdete, je mehr sie auf wissenschaftliche Wahrheit Wert legte. Diese Inszenierung von Erfahrungen und Forschungen, Kennzeichen für die Bedeutung einer Persönlichkeit, schien einer Welt anzugehören, die jenseits des Alltagslebens angesiedelt war, d. h. einem Alltagsleben, in dem man sich aufgrund der Sachzwänge dennoch zurechtfinden mußte. Auf jeden Fall erkannte er, daß eine derartige Psychopädagogik für ihn keine Hilfe war, um seine Probleme als Erzieher zu erhellen und ihm beim Verständnis der kindlichen Persönlichkeit und bei der Leitung seiner Klasse zu helfen.

Das Kind als Abstraktum, dessen geistige Fähigkeiten in vielen feinen Nuancierungen von klugen Köpfen in leblosen Begriffen und im Jargon von Spezialisten untersucht wurden, die sich immer auf dieselben Themen konzentrierten, gehörte ebensowenig zu seiner Welt als Volksschullehrer wie das Kind als Gegenstand einer wissenschaftlich-psychologischen Betrachtung.

Seine Schüler saßen in ihrer ganzen überschäumenden Lebendigkeit vor ihm, und gerade dieses Leben galt es in seinem dynamischen Schwung zu erfassen. In seinem tiefsten Innern wußte er: „Das Leben wird nur durch das Leben vorbereitet."

II Vom pädagogischen Empirismus zur experimentellen Pädagogik

„Man wird der Natur ein neues Vertrauen entgegenbringen und in ihrem Schoße die Lebensrichtlinien wiederfinden müssen, außerhalb deren niemand nutzbringend und aufbauend tätig sein kann."

L'Education du Travail

Die Entstehung des freien Textes

Der freie Ausdruck bewirkt, daß sich in der Klasse ein Klima entwickelt, in dem Freiheit und Vertrauen vorherrschen. Ganz selbstverständlich nimmt der *freie Text*, der durch das wichtigste Arbeitsmittel, die Druckerei, gefördert wird, eine Vorrangstellung ein. Aus dem gedruckten Text entsteht die *Schulzeitung*, die ihre Verbreitung durch die *interschulische Korrespondenz* verlangt.

Die allgemeine Erfahrung erhält in der experimentellen, gemeinsamen pädagogischen Praxis und im Bereich der „Internationalen Bewegung der Schuldruckerei" einen ganz entscheidenden Platz. Der Bruch mit der traditionellen Schule zeigt sich unter dem Motto: „Weg mit den Lehrbüchern in der Schule!" Da ständig neue, verschiedenartige Erfahrungen gemacht werden, erfordert eine neue Stufe der Erkenntnis die Differenzierung der *Techniken* und der *Methoden*.

Im Gegensatz zu einer abstrakt-unbeweglichen Pädagogik gibt Freinet der Spontaneität jedes Kindes, sei es ein Dorfkind, ein Kind aus einem abgelegenen Landhaus, ein Kind aus dem Wohnwagen oder auch ein Kind, das als kleiner Bürger vom Land in der rauhen Umgebung der Schulgemeinschaft sozialisiert wird, möglichst freien Spielraum. Nach den dunklen, kalten Tagen ist endlich in eine unbeheizte Klasse, wo durch die schlechte Luft alles beeinträchtigt ist und wo das Verhalten der nervösen Kinder schwer zu ertragen ist, der Frühling zurückgekehrt.

Die Ausflüge in die freie Natur kommen wieder zu ihrem Recht, sie finden immer häufiger statt und verändern nach und nach die Klasse zu einer *Spaziergangsklasse.* Man zog fröhlich los, und es gab offenbar keine Probleme. Aber man war jetzt schon darum bemüht,

all das im Auge zu behalten, was am Wege entlang die Aufmerksamkeit derer auf sich zog, die daran gewöhnt waren, schärfer hinzuse-
hen: Ein ständiges Suchen mit den Augen, den Ohren, mit allen für
den Zauber der Welt offenen Sinnen, ließ aus diesem Gang durch die
Landschaften, die wie neu erschienen, eine unaufhörliche Entdek-
kungsreise mit sogleich ausgetauschten und somit gemeinsamen
Erfahrungen werden. So wurde die kindliche Seele befreit, und es
entstand ein langsam aufgebautes, engeres Zusammengehörigkeits-
gefühl der Klassengemeinschaft, die von einem aufmerksamen
Lehrer entwickelt worden war.

Man konnte sicher sein, daß dies keine verlorene Zeit war, denn
alle Schulfächer kamen hier schließlich auf ihre Kosten. Es war wie
ein Film, der in schnellen Folgen abläuft, in dem die Geographie, die
Geschichte, das Rechnen, die kleinen und großen Wissenschaften
und manchmal die große menschliche Leidenschaft, Dinge, die nun
selbst mit eigenen Augen betrachtet wurden, den Beginn des Erfas-
sens der Welt bedeuten. Alles das geschah ohne Anstrengung, mit
lebendiger Beschwingtheit und Ursprünglichkeit im mündlichen
Ausdruck und fand seinen Niederschlag wie ein wohltuender Regen
im Frühling. Und darin bestand in seiner ganzen Wirklichkeit – man
wäre versucht zu sagen: in seinem ganzen Glanz – der *freie Ausdruck*
des Kindes.

„Die Kindheit ist keine Tasche, die man füllt; sie ist eine gut geladene
Batterie, bei deren zahlreichen, aber sorgfältig gespannten Fäden nicht die
Gefahr besteht, daß der Strom entweicht. Sie ist ein feines und starkes,
ausgedehntes Netz, das in die geheimsten Zellen des Organismus dringt, um
ihm Lebenskraft und Harmonie zu geben."[4]

Es handelt sich darum, diese Augenblicke wirklichen Elans, die im
Zeichen der Freiheit und der Freundschaft gewonnen werden, zu
verlängern, um die feinen Verbindungen des neuen Organismus zu
schützen, der unaufhörlich aus dem Staunen und aus der Freude über
die vorgefundenen Dinge lebt, um in den Bereich des Erkennens
einzutreten. Um dieses wohltuende Eindringen in die freie Natur zu
verlängern, schrieb der Lehrer nach der Rückkehr in die Klasse den
wichtigsten Punkt der Entdeckungen, die zufällig unterwegs gemacht
worden waren, an die Tafel:

„Der Loup ist unser Fluß. Er fließt dort unten ins Meer. Unsere

---

4 C. Freinet, Les Dits de Mathieu, S. 86.

Papas gehen zum Loup fischen. Sie fangen Karpfen, Forellen und manchmal Aale.

Die Apfelsinenbäume duften durch das ganze Tal. Bald wird die duftende Blüte gepflückt. Man bringt sie zur Destillerie, um daraus das Orangenblütenwasser zu machen.

Wir haben dem Weber zugesehen, wie er Tuch webte. Mit den Füßen setzte er die Pedale in Bewegung. Mit den Händen betätigte er das Schiffchen und webte die Fäden. Das Schiffchen machte ein Geräusch wie Grillen, wenn es sich bewegte.

Wir haben von dort oben die großen, hohen Schutzmauern des Schloßplatzes gesehen.

Das Hotel Cauvin war früher das Schloß.

Die Schutzmauern schützten das Dorf.

Während des Spaziergangs sind wir einen Augenblick stehengeblieben.

Wir haben Frau Piaulet geholfen, ihre Oliven aufzulesen.

Aus Oliven macht man Öl."

So entstand ganz natürlich und durch die Anregung, die das Leben selbst gab, der *freie Text*. Die Augen auf die Tafel gerichtet, las man gemeinsam Gegebenheiten, wie sie wirklich waren und das Kind ansprachen. So verlängerte man ganz von selbst die Dauer aller Eindrücke zum Wissen und zur weiten menschlichen Erfahrung hin, an der das Kind bereits durch die unmittelbare Sicherheit seiner Informationen partizipierte. Das Verdienst dieser Berichte – mündlich vorgetragen und oft spontan unter der Einwirkung der herausfordernden Wahrheit durch Gesten verdeutlicht – bestand darin, daß als wesentliche Fähigkeit die *Sensibilität* geweckt wurde: die Grundlage für die tatsächliche psychologische Erfahrung des Kindes, ein neuer Weg, den es zu erforschen galt. Gerade diesen übergingen die Universitätspsychologen stillschweigend; eingeschworen auf die Psychologie als positiver Wissenschaft, standen sie der täglichen Erfahrung voreingenommen gegenüber, bemühten sich indessen um rationelle Beschäftigungen und die Hierarchisierung geistiger Prozesse.

„Es gibt nur die Wissenschaft dessen, was allgemein ist", sagten die strengen Lehrer, die das Abitur gemacht hatten, abends in der Einsamkeit. Es gab zwischen ihrer Welt und der Welt der Freistunden ihrer Klasse eine unüberwindbare Lücke, die den Junglehrer auf einen Empirismus zurückwarf, der wenigstens das Verdienst hatte, im sprudelnden Leben der Kinder verankert zu sein.

„Startet also! Rüttelt das Leben wach und regt es an! Beschleunigt bei passender Gelegenheit, um Geschwindigkeitsverluste zu vermeiden! Ihr solltet sogar mit Vollgas anfahren können, ohne daß es gefährlich wird. Ein Wort, eine kaum angedeutete Geste, wird mehr Tragweite haben als hundert Reden über den Sinn und Zweck Eurer gemeinsamen Eroberung. Neue Horizonte werden sich Euch öffnen, einzig und allein aufgrund Eurer lebendigen Dynamik. Es werden Gedanken aufkommen, die Ihr vergebens in den Lektionen und in den Büchern gesucht habt."[5]

Der dynamische, fröhliche pädagogische Empirismus nahm seinen Weg. Die *freien Texte* an der Tafel wurden gelesen, wenn auch nicht immer mit Augen, die bereits durch die Praxis des Lesens geübt waren. Sie blieben aber auf der Platte einer immer lauernden Affektivität eingraviert und wurden mit Hilfe der Gedächtnistreue zumindest erraten. Diese Texte voller Leben wurden zum Vorbild für die Schrift. Sie wurden bei der Rückkehr vom Ausflug ins Heft geschrieben mit einer Schrift, die ebenso zögernd war wie das Lesen, das ihren Sinn erschloß. Doch, wie in jeder Klasse, wahrten die guten Schüler, die ohne Zögern und fehlerfrei schrieben, den Schein.

Dennoch verlor der von ungeschickten Händen abgeschriebene freie Text an Wahrheitsgehalt und menschlicher Dichte. Eingegraben in die Blätter eines bösen Schulheftes, wären sie bei einem unerwarteten Besuch des Herrn Schulrats von diesem streng zensiert worden. Wie aber konnte man die Aussagekraft dieser Blätter erhalten, damit sie nichts von der Begeisterung, die sie mündlich hervorgebracht hatten, verloren?

Es gehörte nur ein wenig Glück dazu, damit eine kleine Versuchsdruckpresse die Werkstatt eines bescheidenen Handwerkers verließ, um in der Klasse von Bar-sur-Loup zu einem pädagogischen Werkzeug ersten Ranges zu werden. Gleichzeitig erhielt der freie Text die Bedeutung des gedruckten Textes, trotz der Mißgeschicke, die von den Schülern und ihrem Lehrer verursacht wurden, die, so gut es eben ging, eine Lehre als Schriftsetzer machten. Eine neue Technik setzte sich durch. Nach und nach veränderte sie das Klima und die Arbeit der Klasse. Sie führte das Leben dort ein, wo die Lernschule an ihren Rechten festhielt. Sie führte zu einer entscheidenden Wende der ganzen Schulpraxis, und sie erschloß neue Gebiete für das Verhalten eines unverfälschten und sensiblen Kindes.

---

5 C. Freinet, Les Dits de Mathieu, S. 91.

Diese Texte aus der Druckpresse, die man mit gläubigen Augen herrlich fand, gingen von Hand zu Hand, wurden nochmals gelesen, Wort für Wort überprüft; sie riefen eine große psychische Aufmerksamkeit hervor und wurden wirklich persönliches Eigentum ihres Autors oder der Klasse. Blatt für Blatt wurden sie auf einen Kartondeckel geklebt, und so entstand ein ganz bescheidenes Buch, das mit Recht den Titel „Lebensbuch" bekam. Aufgrund eines kühnen Vorschlags ersetzte das Einbinden mit Schraubverschlüssen später die unsicheren Klebearbeiten, und auf ganz natürliche Weise wurde das „Lebensbuch" („Livre de vie") von den Kindern zum „Schraubenbuch" („Livre de vis") umgetauft, was ihm nichts von seinen Vorzügen nahm.

Nach und nach begannen auch die weniger begabten Schüler spontan kleine Texte über Ereignisse in ihrem persönlichen Leben und ihrem Familienleben, über Dorfereignisse zu schreiben. Dies gab dem freien Ausdruck Aufschwung und förderte die Aktivität und die seelische Gesundheit der ganzen Klasse. Soweit und so gut sich der junge Lehrer seinerseits von dieser Entstehung des schöpferischen Ausdrucks gewinnen ließ, und um zwischen den kindlichen Persönlichkeiten und der Persönlichkeit des Erziehers Brücken zu schlagen, schrieb er über die Texte der Kinder Gedichte von großer menschlicher Resonanz. Die Kinder nahmen diese schlichten und einfühlsamen Schöpfungen mit großer Freude auf, lernten sie sogar sehr oft auswendig und sagten sie auf, wenn sie gerade Lust dazu hatten.

Weil er um die tieferen Interessen seiner Schüler wußte, begann Freinet Erzählungen zu schreiben, die veröffentlicht wurden. Von diesen Erzählungen ist besonders die Geschichte „Tony l'Assisté" (Tony, dem Beistand geleistet worden ist) zu erwähnen, die von Pierre Rossi einfühlsam illustriert wurde[6].

Während dieser Zeit des intensiven Austauschs zwischen dem Erwachsenen und den Kindern nahm Freinet die Gewohnheit an, die bedeutsamen Vorkommnisse im Leben, im Verhalten und im Sprechen der originellsten Kinder in Heften zu vermerken. So wurde uns „Joseph, der Freund der Tiere" als ein ergreifendes Zeugnis für die liebevolle Bemühung eines Erziehers um eine verkannte und verschwiegene Kindheit hinterlassen.

---

6 C. Freinet, Tony l'Assisté. Editions de la Jeunesse. Saumur, März 1925.

„Mein einziges pädagogisches Talent besteht vielleicht darin, daß ich eine so gute Erinnerung an meine jungen Jahre bewahrt habe. Ich fühle und verstehe als Kind die Kinder, die ich erziehe. Die Probleme, die sie sich stellen und die für die Erwachsenen ein so großes Rätsel sind, stelle ich mir auch selbst und erinnere mich dabei an die Zeit, als ich acht Jahre alt war, und so lege ich – als Erwachsener und gleichzeitig als Kind – über alle Systeme und Methoden hinweg, unter denen ich so sehr litt, die Irrtümer einer Wissenschaft offen, die ihre Ursprünge vergaß und verkannte."[7]

Ein bedeutendes Arbeitsmittel : Die Druckerei

Zum Beginn einer neuen Betrachtungsweise der Pädagogik

Eine solche Erfahrung, die durch die Einführung eines neuen Arbeitsmittels von so großem Nutzen sowohl für den Menschen als auch für die Schule entstanden ist, kann man nicht für sich alleine ausleben. Sie trägt eine derartige Dynamik in sich, daß sie einfach allen, die sich der Erziehung verschreiben, mitgeteilt werden muß.

Freinet versucht also bei den Erziehern und darüber hinaus bei der fortschrittlichen Öffentlichkeit, die um Veränderungen auf sozialem, politischem und kulturellem Gebiet bemüht ist, dem Gehör zu verschaffen, was er bereits als pädagogische Praxis betrachtet. So erscheinen die Berichte über die Erfahrung von Bar-sur-Loup in der Zeitschrift „l'Ecole Emancipée" („Die emanzipierte Schule"), einer jungen pädagogischen Zeitschrift marxistischer Ideologie, die von der „Fédération de l'Enseignement" (Föderation des Erziehungswesens, 1925) herausgegeben wird. Henri Barbusse, den Freinet um eine Unterredung gebeten hatte, stellte ihm die Seiten der „Clarté" („Die Klarheit") zur Verfügung, einer Zeitschrift, die im Zeichen der Oktoberrevolution von 1917 gegründet worden war und die all diejenigen der jungen Kriegsgeneration ansprach, die als Verwundete aus dem Krieg der Jahre 1914–1918 zurückgekehrt waren. Solche Unternehmungen wurden von Erfolg gekrönt: Sie brachten dem jungen Erneuerer die Zustimmung und bald auch die Mitarbeit nonkonformistischer Lehrer ein. So führte die kleine Schule von Bar-sur-Loup lebendig und entschlossen die *schulische Korrespondenz* ein.

---

7 C. Freinet, Les Dits de Mathieu, S. 31.

Nach und nach interessierte sich die pädagogische Öffentlichkeit für das Vorhaben. So ließ der Meister der *Ecole Nouvelle*, Adolphe Ferrière, im Rahmen der *interschulischen Korrespondenz* für die Schule Jean-Jacques Rousseau in Genf „La Maison des Petits" („Die Schule der Kleinen") schreiben. Zwei Ausbildungsschulen von Lehrerbildungsanstalten schlossen sich ebenfalls der Bewegung an, die sich „Schuldruckerei" nannte, und zwar die von Nancy unter der Leitung von M. Duthil und die von Charleville mit M. Husson, der sein Leben lang ein treuer und wertvoller Mitarbeiter Freinets blieb.

Diese Versuche gediehen, gleich einem Schneeballsystem, so gut, daß ein Kongreß geplant wurde. Er fand in Tours statt (1927). Fünfzig Schulen der Bewegung, die ausländischen eingeschlossen, waren dort vertreten; auch Lehrer der Sekundarstufe nahmen daran teil. Dieser Kongreß von Tours hatte für Freinet eine historische Bedeutung: Dort wurde die „Internationale Bewegung der Schuldruckerei" gegründet, die offizielle Bestätigung einer neuen Pädagogik, der *Freinet-Pädagogik*.

Freinet lieferte auf diesem Kongreß die unwiderlegbaren Beweise für die jetzt schon soliden Grundlagen seines späteren Werkes. Die pädagogische und kulturelle Bedeutung seiner Pädagogik legte er in seinem ersten Buch, „Die Schuldruckerei", dar, das unter den Kongreßteilnehmern sehr begehrt war. Da erst in letzter Minute aufgelegt, gab es nur eine beschränkte Anzahl von Exemplaren. In diesem hauptsächlich praxisorientierten Werk rechtfertigte Freinet den neuen Geist einer Pädagogik, die mit der traditionellen Pädagogik brach. Er bemühte sich vor allem darum, die technischen Einzelheiten, die Handhabung des Materials genau zu beschreiben und auf Fehler hinzuweisen, die beim Umgang mit einem Werkzeug, das Gewissenhaftigkeit, Genauigkeit und Geschicklichkeit erfordert, vermieden werden müssen. All dies sind Werte, die sich durch die Erneuerung der Schulpraxis sowie den daraus resultierenden Vorteilen für Geist und Seele rechtfertigten. Diese verschiedenen Aspekte einer Pädagogik, die inzwischen zum Gemeingut geworden war, wurden übrigens während der Jahre 1926–1927 auch in Rundschreiben, Rechenschaftsberichten und anderen Mitteilungen behandelt. Der Kongreß entnahm ihnen Informationen und Kritiken, um einen weiteren Schritt nach vorne zu tun.

Bei diesem Kongreß lagen auch die ersten Schöpfungen der kindlichen Literatur aus: „la Gerbe" („Die Garbe"), eine Monatszeitschrift der Kinder, eine Sammlung von *freien Texten* der angeschlossenen Schulen und die erste Nummer einer Sammlung, „Enfantines" („Kindergeschichten"), die mit der Geschichte eines kleinen Schäfers aus den Hochalpen, „Franz, der kleine Schäfer" (Schule von Sainte-Marguerite), begann. Zeichnungen und Malereien von Kindern forderten zum erstenmal die mehr oder weniger zurückhaltende Kritik der Besucher heraus.

Zweifellos bewies dieser Kongreß von Tours, zu dem Erzieher, für die der Beruf eine Leidenschaft war, ihre Arbeiten und ihre Begeisterung mitbrachten, daß der *freie Ausdruck* des Kindes den Beginn eines Umbruchs in der Auffassung von Erziehung darstellte, eine allgemeine Erscheinung, die als erste über die einfache schulische Praxis der Lehrpläne und des Erwerbs von Wissen hinwegführte.

Ein wesentliches Problem blieb, was Freinet in seinem Rechenschaftsbericht über die Erfahrungen von Bar-sur-Loup in Verbindung mit denen der angeschlossenen Schulen ansprach, ein zentrales Problem, das auch im Mittelpunkt seines Werkes „Die Schuldruckerei" steht.

„Kosten diese Vorteile der Schuldruckerei, der zentralen Technik der Schulpraxis und dieser Ganzheitsunterricht nicht zuviel Anstrengung und zuviel Zeit? Anders ausgedrückt: Sind die unbestreitbaren Vorteile der Schuldruckerei bedeutend genug, um den öffentlichen Schulen empfohlen zu werden?"

Man hat schon so viele Gelegenheiten, seine Zeit in der Klasse zu verlieren, daß es wirklich gefährlich wäre, eine pädagogische Praxis einzuführen, die den Schaden noch verschlimmern würde.

Aber die Arbeit mit der Druckerei, dem wichtigen Werkzeug, das die Freiheit des Ausdrucks und der Aktivität des Kindes fördert, bedeutet nicht etwa Zeitverlust, sondern im Gegenteil Zeitgewinn, denn die daraus entstehenden Aktivitäten sind eine Bereicherung des kindlichen Verhaltens.

Worin liegen nun die Vorteile der neuen Technik?
– Manuelle Geschicklichkeit und harmonisches Aufeinanderabstimmen der Bewegungen.
– Vollendung der Arbeit: Erziehung zur Aufmerksamkeit; jedes Schriftzeichen hat seinen Wert, denn der gedruckte Text muß so perfekt wie möglich sein.
– Fortschreitendes Training des visuellen Gedächtnisses.
– Natürliches, müheloses Erlernen des Lesens und Schreibens der Wörter.

- Bleibendes Gespür für den korrekten Satzbau.
- Erlernen der Rechtschreibung durch Ganzheitsmethode und Analyse der Wörter und Sätze zu gleicher Zeit.
- Sinn für persönliche und gemeinsame Verantwortlichkeit.
- Neues Klima einer brüderlichen und dynamischen Gemeinschaft.

Die schulische Korrespondenz erweitert den Gesichtskreis des Kindes und motiviert seine menschlichen Handlungen. Sie entspricht dem Mitteilungsbedürfnis der Kinder und führt zu einer Einheit von Arbeit und Verhalten in der Klasse.

Der freie Text macht das Denken des Kindes frei, erleichtert seine Ausdrucksmöglichkeiten und ist Ursprung einer echten kindlichen Literatur, für die „Die Garbe" und die „Kindergeschichten" (Geschichten über lebende oder erfundene Kinder) bereits ein positiver Beweis sind.

Der freie Ausdruck fördert die Kreativität des Kindes auf dem Gebiet des Zeichnens, der Musik, des Theaters. Das bedeutet eine natürliche Erweiterung der Aktivität des Kindes, wobei es in immer stärkerem Maße verantwortlich wird für sein seelisches, geistiges und kulturelles Verhalten.

Insgesamt handelt es sich also um eine günstige Ausgangsposition für den Start ins Leben. Von dieser Basis aus schlagen diejenigen, die das Drucken praktizieren, zwei Fliegen mit einer Klappe: Sie kommen der Einheit von Theorie und Praxis ihrer Bewegung näher; damit wird zwangsläufig der Widerstand einer solchen neuen und aktiven Schule gegenüber der unterdrückenden traditionellen Schule, die von der Scholastik der Vorfahren beherrscht ist, immer stärker offenbar.

Freinet griff in diese Auseinandersetzung einige Monate später mit dem offenen Kampfbrief „Weg mit den Lehrbüchern in der Schule!" noch schroffer ein. So lautet der Titel seines zweiten Werkes über die praktische Pädagogik, das im Jahre 1928 herausgegeben wurde und auf das wir noch zurückkommen werden.

Man kann sich fragen, wie in einem so kurzen Zeitraum von höchstens fünf Jahren der pädagogische Empirismus seit seinen Anfängen in Bar-sur-Loup zu einer pädagogischen Praxis wurde, die durch mehrere hundert ähnlicher Erfahrungen pädagogisches Allgemeingut wurde. Weiterhin kann man fragen, warum sich auch in ständig zunehmendem Maße die Schlüssigkeit einer Pädagogik bestätigte, deren technische Sicherheit die Ideologie des freien kindlichen Ausdrucks wirkungsvoll orientiert und lenkt. Nur die

Praxis lehrt und erzieht. Das stimmt und ist sogar die Linie der Tradition. Aber die Praxis muß auch von wirksamen Richtlinien gelenkt sein, von einer Theorie, die der vorangegangenen Praxis entsprungen ist.

Freinet hatte das Glück, seinen ungewissen Weg, auf dem die Erfolge manchmal durch Irrtümer wieder zunichte gemacht wurden, durch die Prinzipien der *Education Nouvelle*, die zu dieser Zeit in die aktuelle Pädagogik Eingang fand, erhellt zu wissen.

Im September 1922 las Freinet die beiden Bände des Werkes „L'Ecole Active" („Die Tatschule")[8] von Adolphe Ferrière. Das war für ihn wie ein frischer Luftzug in dem Moment, als er mit den Schäden, die durch den traditionellen Unterricht, der in seiner Klasse aufrechterhalten worden war, und der raschen Vorbereitung auf sein Lehrerexamen kämpfte. Wie wir gesehen haben, hatte er seine Klasse bereits ein wenig zur Welt hin geöffnet und die ersten Spaziergänge nach draußen gewagt, was von seinem Direktor und einigen Eltern sehr kritisch beurteilt worden war.

So fand er beim Lesen der „Ecole Active" auf jeder Seite die Rechtfertigung seiner vorsichtigen Neuerungen zur Entkrampfung und freien Gestaltung des Unterrichts. Die Augenblicke des freien Ausdrucks der Kinder ließen sich von nun an im Sinn von Geist und Handeln namhafter Pädagogen rechtfertigen. Es war eine lange Ahnenreihe, ausgehend von Comenius, Luther, Rabelais, Montaigne, Rousseau, Pestalozzi und, in der Gegenwart, von Lehrern aus der unmittelbaren Schulpraxis, die den Beweis für den wirklichen Wert der neuen Theorie lieferten: Kerschensteiner (Arbeitsschule), Paul Robin (Ecole de Cempuis), Claparède (Schule der Kleinen in Genf) Decroly (Ecole de l'Ermitage in Brüssel), Frau Montessori (La Casa dei Bambini) und J. Dewey (Ecoles laboratoires).

„Die spontane, persönliche und produktive Aktivität", schrieb A. Ferrière, „ist das Ideal der *Ecole Active*. Man muß von den spontanen Aktivitäten der Kinder ausgehen, ausgehen von ihren manuellen, konstruktiven Tätigkeiten. Man muß ausgehen von ihren geistigen Tätigkeiten, von ihren Neigungen, ihren Interessen, ihren Vorlieben; man muß ausgehen von ihren moralischen und sozialen Äußerungen und davon, wie sie sich im freien, natürlichen täglichen Leben je nach den Umständen, den vorhergesehenen oder unvorhergesehenen Ereignissen, zeigen, das ist der Ausgangspunkt von Erziehung."

---

8 A. Ferrière, Die Tatschule, Paderborn 1923.

Diese Aussage einer Autorität verleiht die Sicherheit, die zum Ursprung der Verhaltensweisen der Lebewesen zurückgeht und das Blendwerk der unfehlbaren Begriffe und die Anmaßung der Systeme sogenannter Fachleute entlarvt. Nur so kann man das Kind kennenlernen, um ihm die Richtung seiner menschlichen Entwicklung zu zeigen.

Meine langjährige Erfahrung mit den einfachen Menschen, den Kindern und den Tieren hat mich davon überzeugt, daß die Gesetze des Lebens allgemein, natürlich und für alle Lebewesen gültig sind.

Es war die Lernschule, die das Erkennen dieser Gesetze in gefährlicher Weise erschwert hat, indem sie uns glauben machte, das Verhalten der Individuen gehorche nur geheimnisvollen Gegebenheiten. Ihre anmaßende Wissenschaftlichkeit nahm das Urheberrecht dafür in Anspruch, wie eine Art bewachtes Jagdrevier, zu dem das Volk, einschließlich der Lehrer, überhaupt keinen Zutritt hat.

Aber sind Sie sicher, daß die meisten dieser Ideen, die die Intellektuellen entdeckt zu haben glauben, nicht von jeher im Volke kursieren und daß es nicht die Irrtümer der Lernschule sind, die das Wesen dieser Ideen geschmälert und entstellt haben, um sie für sich zu monopolisieren und sich untertan zu machen?[9]

„Weg mit den Lehrbüchern in der Schule!"

„In jedem Beruf gibt es eine Technik, die beherrscht werden muß. Man beherrscht sie nicht durch Kniffe oder Zauberei, sondern nach einfachen Gesetzen und mit Hilfe des gesunden Menschenverstandes. Es gibt keine Widersprüchlichkeit zwischen Wissenschaft und Technik einerseits und gesundem Menschenverstand und Einfachheit andererseits. Der mit Verstand Suchende ist immer derjenige, welcher der Einfachheit und dem Leben nachgeht."[10]

Die Lehrbücher sind eine spezifische Erfindung der Schule, deren Gebrauch den Unterrichtsrahmen nicht überschritten hat. Es ist

---

9 C. Freinet, Les Dits de Mathieu, S. 5.
10 ebd., S. 9.

tatsächlich so, daß man Konversationsbücher für Ausländer auf Reisen, Lehrbücher für höfliches Benehmen, Lehrbücher für Autofahrer herausgab, aber das sind Werke, die nur in knapper Form die wesentlichen Dinge enthalten und in keiner Weise den Anspruch erheben, den Benutzer vom aktiven Erlernen der Sprache, der sozialen Anpassung, des Lenkens eines Wagens zu entbinden. Für wissenschaftliche Untersuchungen außerhalb des schulischen Rahmens legt man die Lehrbücher, so imposant sie auch sein mögen, zur Seite, um zurückzugreifen auf die Arbeit in der Bibliothek, auf die kritische Dokumentation, auf persönliche Argumentationen, die die Grundlage für eine uneigennützige Forschung bilden.[11]

Freinet machte jeden Tag in seiner kleinen proletarischen Schule diese Erfahrung der uneigennützigen Forschung, die den Forderungen des Geistes entsprach und von der Knechtschaft der Lernschule befreit war. Gewiß sind die negativen Umstände der Armut in der Klasse von Bar-sur-Loup mit ihrem staubigen Raum und dem alten Mobiliar ersichtlich. Aber da sind auch die unmittelbaren Realitäten der Arbeit, des menschlichen Klimas und der Organisation der verschiedenen Schulfächer. Die Druckerei, die im Mittelpunkt fast der gesamten schulischen Aktivitäten steht, machte aus diesem Ort, der nach außen hin ärmlich wirkte, ein Laboratorium für lebendige Erziehung, die die Grundlage für eine tiefgreifende Erneuerung des Bildungswesens darstellen sollte. Gewiß, die umfassende Schaffung betrieblicher Einrichtungen, die Vielfalt an Unterlagen, die Lehrwerkstätten bestehen zunächst nur aus Plänen, jedoch aus Plänen, die sehr bald verwirklicht werden sollten, sobald dem Erneuerer ein entsprechendes Budget zur Verfügung gestellt sein würde.

Für den Augenblick ist es wesentlich, einen Beweis für eine neue, wirksame pädagogische Praxis zu liefern, die dem schulischen Konformismus unvermeidlich Abbruch tun wird. Lernen wir zuerst einmal richtig lesen und schreiben – selbstverständlich ohne Fibel!

„Fibeln enthalten – mehr noch als die Lesebücher der nachfolgenden Klassenstufen – alle Makel der traditionellen Schule. Worin besteht eigentlich der spezifische Wert dieser Fibeln? Die Zeit ist vorbei, wo man den Kindern die reine, nackte Fibel in die Hand gab: a e i o u – ba be bi bo bu. Es

---

11 C. Freinet, Plus de Manuels scolaires, Boulogne 1928, S. 4.

wäre jedoch ein Irrtum zu glauben, daß sich die heutigen Abc-Bücher wesentlich von ihren Vorgängern unterscheiden und sich außer in ihrer Form und ihrer typographischen Aufmachung noch entwickelt hätten.

Was das Lesen betrifft, so ist die Mehrzahl der Methoden in erster Linie darum bemüht, zuerst und so schnell wie möglich das Kind mit den Elementen vertraut zu machen, die durch die Buchstaben und die Laute repräsentiert werden, so daß dem Kind die Möglichkeit gegeben wird, sie zu verbinden, um schließlich alle möglichen Kombinationen lesen zu können.

Bei den besten Methoden wird das Interesse angesprochen, indem man vernünftigerweise Wörter auswählt, die die behandelten Laute enthalten und sich so bemüht, die Aufmerksamkeit des Schülers auf den Laut zu lenken, den man isolieren will. Das ist das sogenannte *analytisch-synthetische Verfahren,* das gewiß einen großen Fortschritt gegenüber dem früheren rein alphabetischen System darstellt. Letztlich muß man jedoch feststellen, daß dieses Verfahren vor allem von dem Bemühen beherrscht ist, eine bestimmte Ordnung beim Erlernen der Laute einzuhalten, indem man von den Lauten, die durch einen Buchstaben dargestellt werden, zu den Lauten übergeht, die von zwei oder mehreren Lauten, die zu Wörtern zusammengesetzt sind, um dann schließlich zum Lesen von Sätzen zu kommen. Die Anwendungsübungen basieren auf diesem Bemühen. Man geht erst zu einem neuen Element über, wenn die vorhergehenden Elemente bekannt sind. Ein Kind kann also einen gegebenen Text erst lesen, wenn es die vorhergehenden Etappen durchlaufen hat. Ebenso hat ein Schüler, der aus irgendeinem Grund fehlt, Mühe, mit dem Leistungsstand seiner Mitschüler Schritt zu halten, falls er diesen überhaupt erreicht."[12]

Sogar nach Ansicht Dr. Decrolys „kann man heute bestätigen, daß das übliche Vorgehen beim Leseunterricht über den auditiven phonetischen Weg, bei dem man über das Erlernen der Silben und der Laute zur Verallgemeinerung kommt, vom psychologischen Standpunkt aus nicht abzulehnen ist"[13].

Lesen nach der Ganzheitsmethode

Diese veraltete Konzeption des Lesenlernens haben die zeitgenössischen Pädagogen durch eine Methode ersetzt, die auf dem

---

12 O. Decroly, La fonction de globalisation et l'enseignement („Revue de l'Enseignement" vom 29. Januar 1928).
13 G. Boon, Essai d'application de la méthode Decroly dans l'Enseignement Primaire (Office de Publicité, Bruxelles 1924).

basiert, was sie die *synkretische* (ganzheitliche) *Sehensweise* des Kindes nennen, d. h. die Tendenz des Kindes, eine Gesamtheit, ein Ganzes zu sehen, bevor es die Einzelheiten betrachtet.

„Die Mutter", sagte O. Decroly, „lehrt das Kind alle Schwierigkeiten der Sprache, ohne Anwendung irgendeiner Methode mit Hilfe der Umgebung des Kindes. Ohne daran zu denken, die Übungen zu analysieren oder etwa systematisch aufzubauen, macht sie sich nach und nach verständlich und läßt sich nachahmen. Wenn dieses Wunder des Spracherwerbs in der Art des mütterlichen Vorgehens – das nichts Formales und bewußt Logisches hat, aber trotzdem logisch ist – bei den Erziehern besser bekannt wäre, würden sie wahrscheinlich bei diesem Problem, das wir hier ansprechen, klarer sehen. Das Vorgehen der Mutter ist ein ganzheitliches Vorgehen (je nach Autor *synkretisch* oder *schematisch*)."[14]

Auf der Grundlage dieser *synkretischen Methode* oder, um es weniger wissenschaftlich auszudrücken, der *Ganzheitsmethode* hat Decroly die Notwendigkeit erkannt, im Leseunterricht direkt mit dem Lesen des Satzes zu beginnen, vorausgesetzt, daß dieser „eine Vorstellung, die dem Kind bekannt ist, ausdrückt".

Wir werden hier nichts über die psychologischen Grundlagen einer solchen Methode, die heute allgemein geschätzt wird, sagen. Wir nehmen uns nur vor, ihre praktische Durchführung in der Grundschule zu studieren, einige Unzulänglichkeiten zu kritisieren und zu zeigen, wie wir diese natürliche Methode logisch zu ihren äußersten Grenzen der Einfachheit bringen können. Die Theorie der Ganzheitsmethode erscheint uns ausgezeichnet, aber ihre Praxis wurde noch zu oft alten Gewohnheiten unterworfen.

Ovide Decroly kennt die erstrangige Bedeutung des Interesses für den Erwerb der Fähigkeit zum Lesen. Aber er läßt die Trennung von Schule und Leben zu leicht zu, weil er an die Notwendigkeit glaubt, das Interesse *zu wecken*, als ob dieses außerhalb der Klasse nicht bestünde. Das Interesse durch mehr oder weniger akademische Beobachtungsstunden zu wecken, die mit dem Anschreiben einiger lebloser Sätze enden und dem Kind nur zu oft gleichgültig sind, mit diesem Verfahren können wir uns nicht zufriedengeben. Zahlreiche Erzieher werden in der für die heutige Schule

---

14 O. Decroly, La fonction de globalisation et l'enseignement, Nr. 1, Brüssel 1928.

bezeichnenden Hast nicht oder wenigstens nicht immer bis zur wirklichen Beobachtung gehen. Sie werden bei der Beobachtung von Bildern stehenbleiben, unter die man vorher den auf das Bild zutreffenden Satz geschrieben hat, ein bequemes Vorgehen, das den in unseren Klassen üblichen Gewohnheiten in bezug auf Ordnung und methodische Vorbereitung entspricht.

Ich weiß wohl, daß Decroly diesen übertriebenen Gebrauch von Bildern verurteilt: „Das Bild wird auch nicht ausreichen", sagt er, „und man muß dies noch einmal betonen: Trotz der Nützlichkeit dieser Bilder sind sie nur eine Stütze, nur eine Hilfe; sie wollen durch die Realität, durch erlebte Aktivitäten, vorbereitet werden, denn sonst greifen sie, wie die Wörter, der Bildung klarer und geordneter Vorstellungen vor und schaden ihnen. Sie schaden, wie die Wörter, vor allem dadurch, daß sie keine Gelegenheit bieten zu handeln, zu experimentieren, zu realisieren."

Die Notwendigkeit, im voraus Zettel und Kärtchen für das Lesen nach der Ganzheitsmethode vorzubereiten, setzt voraus, daß der Beobachtungsgegenstand oder das Bild vorher vom Erzieher bestimmt und daß die Sätze aufgestellt wurden, ohne daß das Ausdrucksbedürfnis der Kinder während der Unterrichtsstunde genau berücksichtigt worden ist. Die zu lesenden Sätze können nun zwar von gewissem Interesse sein, aber sicherlich entsprechen sie nicht dem tatsächlichen Ausdruck der Kinder. Das so verstandene Lesen nach der Ganzheitsmethode, das zwar einen beachtlichen Fortschritt gegenüber den früheren Methoden darstellt, bleibt jedoch, und dies vor allem infolge materieller Notwendigkeiten, Sklave der vom Lehrer geleisteten Vorarbeit. Es könnte also keine für die Bildung von Interesse notwendigen Bedingungen erfüllen, die für eine in psychologischer Hinsicht ideale Erziehung erforderlich sind.

Die Fibeln, in denen nach der Ganzheitsmethode gelesen wird

Die Schwierigkeiten bei der Anwendung der Ganzheitsmethode in den Vorschulklassen und vor allem in den Elementarklassen mit mehreren Kursen hätten natürlich zur Entstehung von Fibeln führen müssen, die nach der Ganzheitsmethode konzipiert waren und versuchten, die Anwendung dieser Methode in unseren Klassen praktikabel zu machen. Trotz der Sorgfalt der Autoren, Bilder und Sätze nach Interessenschwerpunkten zu ordnen, haben wir es hier noch mit Lehrbüchern zu tun, denen wir in erster Linie vorwerfen:

– Lehrbücher zu sein;
– nicht dem Ausdrucksbedürfnis der Kinder zu entsprechen;
– mehr auf der Erklärung von Bildern zu basieren als auf der kindlichen Aktivität und sich neben das Leben des Kindes zu stellen, anstatt es zu erweitern und auf eine höhere Stufe zu heben.

Die Fibelautoren entgegnen uns, daß es dennoch ein stufenweises Fortschreiten zu verfolgen gilt und daß dies nicht das Lernen erleichtern soll, sondern daß vor den Augen der Kinder gleichzeitig alle Schwierigkeiten unserer Sprache zusammengefaßt werden müssen. Indem so eine Art Kompromiß geschlossen wird zwischen der analytischen Methode, der synthetischen und der Ganzheitsmethode, stellen sie dem Kind einfache Wörter vor:

die Ratte, der Braten, der Kabeljau,

aus denen die Kinder dann Sätze machen:

Toto rudert.

Marie hat gelacht.

Der Maulesel bewegt sich.

Die Tomate wird reifen.

Der Braten zieht die Ratte an.

Marie wird auf die Straße gehen.

Riri wird die Ratte töten.[15]

Ein Bild erklärt, daß Toto rudert. Was die anderen Sätze betrifft, versucht der Lehrer mit Hilfe irgendeiner schnell erzählten Geschichte einen Bezug zum Leben des Kindes herzustellen. Es wird ihm nicht immer gelingen, den Sinn vollkommen verständlich zu machen, und irgendein Schüler wird nicht versäumen zu fragen: „Warum bewegt der Maulesel die Tomate?..." Dies liegt daran, daß es dem Buch nicht gelungen ist, das Innere des kindlichen Wesens anzusprechen. Die ganz offensichtliche Einfachheit wird nur auf Kosten des Verständnisses der Sprache und der Entwicklung des Gedankens erreicht. Sie beruht auf einem ganz *formalen Fortschreiten*, das in keiner Weise einem tatsächlichen Lernerfolg entspricht. Das Kind lernt nichts als einige Silben

---

15 Delaunay, Fontaine und Raffin, La Lecture joyeuse (Editions de l'Enseignement, Marseille).

um den Preis einer Verdummung; denn wir glauben, daß immer dann von einer Verdummung die Rede ist, wenn man das Kind zwingt, etwas zu lesen, was es nicht versteht und nicht empfindet. Wollen wir uns also unter dem Vorwand, so schnell wie möglich den Kindern das Lesen beizubringen, damit zufriedengeben, die alten Fehler in neuer Form zu zeigen? Werden wir nicht unter dem Vorwand, die Schwierigkeiten abzustufen und die Intelligenz zu entwickeln, die Nasen der Kinder in Bücher ohne Leben stecken, und wird uns nichts Besseres einfallen, als mit den ganz Kleinen ewig eine rein autoritäre und unterdrückende Erziehung zu praktizieren, die wir für die älteren Kinder ablehnen? Wir bemühen uns doch gerade, werden die Schulbuchautoren ausrufen, die Lektüre angenehm zu machen. Geben nicht Delaunay, Lafosse und Raffin ihren Fibeln den Titel: ,,La Lecture joyeuse?''

Nun ja. Sie gleichen dem Kerkermeister, der Blumen in die Zelle des Gefangenen bringt und nun frei vom *fröhlichen Gefängnis* spricht. Was der Gefangene allerdings wünscht, ist die Sonne, die Freiheit und das Leben.

Illustriert Eure Fibeln, aber es wird Euch nicht gelingen, die schlechte Methode zu ändern, weil sie immer noch nachhinkt und unterdrückt. Wir sagen damit nicht, daß die Blumen – wir meinen: die Illustration – unnütz sind. Hübsche, naive, helle Blumen bereiten der Seele des Gefangenen bestimmt Freude, wie der Text auch sein mag. Was das Kind verlangt, ist die innere Sonne, die Luft, das Leben. Und Eure Methoden können ihm das nicht geben.

Wir konnten mit Sanderson den Schluß ziehen: ,,Eine Methode zu schaffen, die darauf abzielt, das Lernen leicht zu machen, bedeutet, seine Zeit zu vergeuden...''

Ausdruck

Die zeitgenössische Pädagogik, die die grundlegende Bedeutung des Interesses erkannt hat, begab sich ängstlich auf diesen neuen Weg. Sie versuchte, das Interesse des Kindes von außen zu wecken, aber so, als ob dieses nicht von sich aus fähig wäre, sich ganz einer Aufgabe zu widmen. Auch stellte sie keine Anforderungen an die Qualität dieses Interesses. Sie hat oberflächlich festgestellt, daß es nicht viel braucht, um das Kind zu fesseln: Kurze Übungen und häufiges Wechseln der Tätigkeiten genügen, um die Aufmerksamkeit aufrechtzuerhalten. Die Anhänger der alten Buchstabiermethode werden uns sogar sagen, daß das Kind sich manchmal über die Nacktheit der Buchstaben oder der Silben freut und es ihm nicht mißfällt, zu hören, wie seine Stimme im Gleichklang mit anderen Stimmen den Text der Lektion lässig herunterleiert.

Wir müssen hier eine wichtige Unterscheidung treffen, die nie übersehen werden darf, wenn wir vom Interesse sprechen, das die Schuldruckerei weckt. Das speziell schulische Interesse, das mit Hilfe der heute vorhandenen Unterrichtsmethoden erzielt wird – ob sie nun auf der methodischen Lektüre der Lehrbücher oder auf der Benutzung von vorbereiteten Kästchen basieren –, ist immer ein oberflächliches Interesse, das nicht der kindlichen Persönlichkeit eigen ist und das seine Wurzeln nicht im Innersten des Individuums hat.

„Wenn es nötig ist, das Interesse für einen Gegenstand oder eine Idee zu wecken, dann eben deshalb, weil diese Idee oder dieser Gegenstand dem Kind hilft. Außerdem machte man die uninteressanten Dinge nicht wirklich interessant. Man sprach einfach den Wunsch nach Freude an. Man regte das Kind nach einer bestimmten Richtung hin an, in der Hoffnung, daß es sich auf diese oder jene Art die Materialien aneignet, die es nicht anziehend findet. Nun gibt es aber zwei Arten der Freude. Es gibt die, die die Tätigkeit begleitet. Man findet sie überall dort, wo sich das Ich voll ausdrückt. Das ist die Energie, die frei wird, wenn man sich ihrer bewußt wird. Diese Art der Freude wird immer von der Betätigung selbst aufgezehrt. Sie existiert nicht unabhängig im Bewußtsein. Das ist die Art von Freude, die ein legitimes Interesse begleitet. Sie wird von den Bedürfnissen des Organismus erzeugt. Die andere Art der Freude entsteht durch einen Kontakt als Produkt unserer Aufnahmefähigkeit. Sie wird von außen hervorgerufen. Wir sagen: „Wir nehmen Anteil, etwas macht uns Freude." Diese Art der Freude kann von ihren Begleiterscheinungen isoliert sein. Sie existiert aus sich selbst heraus im Bewußtsein als Freude und nicht als Freude am Handeln.

Wenn der Erzieher an Gegenständen Interesse wecken kann, handelt es sich um die zweite Art der Freude. Er hat dabei von der Tatsache profitiert, daß der Reiz eines bestimmten Organs von einem gewissen Maß an Freude begleitet ist. Letzteres wird benutzt, um den Graben zu überbrücken, der das aktive Ich von einem bestimmten Gegenstand trennt, für den es sich nicht interessiert. Hier ist das Resultat eine Teilung der Energie des Ichs.

Aber wenn man beim Kind das Vorhandensein von Kräften erkennt, die nach Entfaltung drängen und die uns gewissermaßen das Signal geben, für ihr normales Funktionieren zu sorgen und sie zu disziplinieren, dann besitzen wir eine solide Grundlage für den Aufbau unseres Erziehungswerkes. Anstrengen muß man sich normalerweise erst, wenn man versucht, diesen Fähigkeiten freien Lauf zu lassen, damit sie wachsen und sich entfalten können. Und indem man diesen inneren Antrieben entsprechend handelt, erreicht man jene Ernsthaftigkeit, jene Aufmerksamkeit, jene Konzentration des Ichs auf ein gesetztes Ziel, die die feste und dauerhafte Gewohnheit nach sich ziehen, seine ganze Persönlichkeit in den Dienst höherer Ziele zu stellen. Aber diese Wirkung artet nie zu Fronarbeit, zu nachteiliger, vergeblicher Nervenanspannung aus, weil sie vom Interesse durchdrungen ist und weil sich das ganze Ich einsetzt."[16]

Bei der Suche nach unserer neuen Methode ist dies unsere ständige Bemühung: für unsere Erziehungsziele die Neugierde und den Tätigkeitsdrang zu nutzen, die jedem Lebewesen innewohnen, die inneren Gedanken unserer Schüler zutage zu fördern, sie ausdrücken zu lassen und sie zu ordnen, um sie schließlich mit Hilfe der Druckerei zu fixieren, bevor sie für die schulische Arbeit benutzt werden. Dann können wir sicher sein, daß unser Unterricht eine Spur hinterläßt, denn jedes Individuum ist dann auf das folgende Ziel ausgerichtet: sich auszudrücken, den gedruckten Ausdruck zu lesen und sich daran zu freuen. Die *guten* Lehrer werden uns vielleicht entgegnen, daß auch sie das Kind zum Sprechen bringen können, um zu dieser fruchtbaren Grundlage ihrer Erziehung zu gelangen. Aber ist es ihnen auch gelungen, den Gedanken, die kindliche Sprache aus dem Lesen vorgegebener, gedruckter Texte herauszukristallisieren? Und sind sie nicht immer gezwungen, in gedruckten Buchstaben *ausschließlich* das lesen zu lassen, was die Erwachsenen dachten, ausdrückten und druckten? Diese Praxis ist die Ursache einer Ichspaltung, einer unvermeidlichen Trennung zwischen den verschiedenen schulischen Aktivitäten. Diese Nachteile sind für die geistige und seelische Entwicklung des Individuums und für den Rhythmus der Erziehung äußerst schädlich.

Und Ihr, Ihr Mütter, gebt Ihr Euch viel Mühe, Eurem Kind das Sprechen beizubringen? Es scheint nicht so ... Es hat eines Tages „pa ...! pa ...!" gesagt, und siehe da, jetzt spricht es fast fließend. Man brauchte dafür weder eine Schulstunde noch eine besondere oder systematische Bemühung. Es hat sich langsam selbst dazu *erzogen*, weil es das Bedürfnis hatte, sich auszudrücken. Die Mutter hat auch nicht den Fehler begangen, das Lallen des Kindes

---

16 J. Dewey, L'Ecole et l'Enfant, Chicago 1902.

zu stoppen und es durch ein abgestuftes, *methodisches* und *wissenschaftliches* Lernen zu ersetzen. Das Kind sprach, seine Mama hat ihm lediglich geholfen, sich richtig auszudrücken.

Instinktiv gehen alle Mütter so vor, und es gelingt ihnen sehr gut, da alle Kinder mit unglaublicher Schnelligkeit sprechen lernen. Denken Sie dennoch daran, was der Erwerb des gesamten Sprechmechanismus an Anstrengungen erfordert! Denken Sie an die Anzahl der Wörter, die das Kind lernt, an die Flexibilität, die seine Ausdrucksfähigkeit sehr rasch erreicht! Die zerebrale, visuelle und physische Tätigkeit, alles ist in Gang gesetzt. Es genügt übrigens, ein kleines Kind sprechen zu sehen, um zu verstehen, an welchem Punkt diese Bemühung sein ganzes Wesen erfaßt. Es braucht keine Anregung. In seiner Lernbegierde und seinem Wissensdurst ist es unübertrefflich.

Da gibt es beispielsweise einen kleinen Schüler von fünf Jahren. Die Welt gehört ihm fast ganz, und die Sicherheit seiner Eroberungen ist immer aufregend. Um ihm das Leben oder eine Technik beizubringen, die bedeutend weniger kompliziert ist als die Sprache, braucht der Lehrer ganze Monate schulischer Bemühungen. Noch schwerwiegender ist die Tatsache, daß das Kind, das bis zu diesem Tag alles im Verlauf des täglichen Lebens gelernt hatte, sich zu einer ungewohnten Tätigkeit gezwungen sieht, deren Sinn es außerdem nicht mehr erkennt und die in ihm oft jegliches Bedürfnis, sich auszudrücken und jegliche Neugier verdrängt. „Die Pädagogen haben das fertiggebracht", würden nachlässige Eltern sagen, „und sie haben, als ob es ihnen Spaß machte, einfache und natürliche Dinge kompliziert!"

Lesenlernen leidet noch heute unter den Nachwirkungen der wunderbaren Zeiten, in denen Lesen und Schreiben ausschließlich Vorrecht einiger Privilegierter war. Das Prestige des *Gelehrten* erforderte eine sehr lange Lehrzeit, die nur die *Auserwählten* erfolgreich durchstehen konnten. Die Eingeweihten sagten vermutlich zu ihren Schülern: „So! Ihr wollt lesen lernen? Aber das ist äußerst langwierig und schwierig, ist Euch das klar?" Und sie haben tatsächlich so viele Hindernisse aufgebaut, daß Kinder, die spielend und durch das tägliche Leben ohne Anstrengungen schließlich eine reiche Sprache korrekt sprechen konnten, manchmal unfähig waren, einige hundert Wörter lesen und schreiben zu lernen. Die Lehrer stellten fest, daß ihre Bemühungen vergeblich waren und gelangten ihrerseits zu der Überzeugung, das Lesenlernen sei eine außerordentlich schwierige Sache. Diese durch den Beruf bewirkte Einseitigkeit hinderte sie oft daran, natürliche und zugängliche Wege einzuschlagen. Für das Kind von fünf bis sechs Jahren, bereits entwickelt und erzogen, ist die Schreib- und Lesetechnik offensichtlich leichter zu erlernen als die der Sprache während der ersten Lebensjahre. Es sprechen deshalb viele Gründe dafür, beim Erlernen dieser Techniken nicht übertrieben schnell vorzugehen. Auch sollten die Pädagogen dabei auf List, Zwang und Strafen verzichten.

Alle gegenwärtigen Verfahren, die ein spielendes Lernen vertreten, sind ebenso unnütz oder wenigstens unbedeutend für das Lesenlernen. Daß Pädagogen Spiele erfinden, um das Kind zu zerstreuen und gleichzeitig seine Sinne und seinen Verstand zu entwickeln, kann noch angehen. Aber man darf andere nicht mehr glauben machen, all diese Umwege seien für das Lesenlernen unumgänglich. Das Kind hat, sagen wir es noch einmal, durch das tägliche Leben sprechen gelernt – und das Spiel war nur eine natürliche Äußerung seines außerordentlich reichen Lebens. Ebenso muß es durch das Leben lesen und schreiben lernen, also ohne Anstrengungen, die seine Persönlichkeit spalten, sondern einzig durch seinen Willen nach Weiterentwicklung und Bereicherung.

Die eigenen Texte drucken

Lassen wir also das Beispiel der Pädagogen getrost beiseite und machen wir es wie die Mütter.

Unsere fünfjährigen Schüler kommen in die Schule. Ist es nötig, daß ihre Aktivität und ihr Entwicklungsbedürfnis an der Schultür aufhören? Das würde bedeuten, daß wir auf das wichtigste Erziehungsmittel, den Wunsch, zu lernen und sich weiterzuentwickeln, und das Bedürfnis zu leben, verzichten müßten. Sprechen wir nicht von *Lektion*; mischen wir uns unter die Schüler! Sprechen wir alle miteinander zunächst ohne bestimmtes Ziel, um gewissermaßen zu sondieren; denn es geht darum, die Idee herauszufinden, die im Augenblick alle interessieren könnte. Dazu sind weder große Talente als Erzähler noch unerschöpfliche Quellen erforderlich. Wenn man fast ein Genie sein muß, um bei kleinen Kindern von außen her starkes Interesse zu wecken, so ist es andererseits ganz einfach, ihr Inneres anzusprechen, wenn es gelungen ist, ihr Vertrauen zu gewinnen und ihr Ausdrucksbedürfnis zu fördern.

Wir hören also zu. Wir halten die Lebhaftigkeit dieses Erzählers im Zaume, der unser Publikum mit Beschlag belegen will; wir ermutigen jenen Neuling, der zuerst beim Sprechen errötet, sich dann beruhigt und lebhaft wird. Die Geschichten schäumen über: „Meine Hasenmutter hat kleine Hasen bekommen." „Ich habe Maikäfer gefunden, als ich Orangenblüten pflückte." „Gestern abend habe ich Pferd gespielt, ich habe Kirschen gegessen."

Eine dieser Geschichten erweckt jedoch etwas mehr das allgemeine Interesse: Ludwig, dessen Vater umherziehender Kesselflicker ist, ging für drei Tage am Loup entlang auf Tour. Nachts schlief er im Wagen, sein Bruder schlief im Wagenschuppen bei Belle, dem Maulesel. Ludwig hatte einen Strohsack. – Er schläft sehr gut in seinem Wohnwagen! Und dieser kleine ängstliche Kerl, der sich nicht getraut hätte, laut zu lesen, will nicht mehr aufhören zu sprechen. Er hebt stolz seinen Kopf, seine Augen leuchten. – „Ja, ja! Schreiben wir ‚das' von Ludwig!" sagen seine kleinen Kameraden.

Das ist nun die wahre Arbeit des Lehrers. Die Mutter vermittelt dem Kind die Sprache. Der Lehrer muß seinen Schülern beibringen, so korrekt wie möglich zu sprechen, dann ihre Ideen schriftlich auszudrücken und dann schließlich in den Büchern die Gedanken der anderen zu lesen.

Wählen wir alle zusammen den Inhalt des Textes aus. Es geht darum, Ludwigs Erzählung so getreu wie möglich und natürlich in gutem Französisch niederzuschreiben. Die Kunst des Erziehers besteht vor allem darin, zu dieser Niederschrift zu kommen, ohne den Gedanken des Kindes zu verändern – eine wesentliche Notwendigkeit. Wenn wir diesen Gedanken unter dem Vorwand, ihn zu gliedern, oder aus irgendeinem anderen persönlichen Grund verändern, stellen wir das Kind vor die bedauerliche Alternative, entweder sich *mit seinem ganzen Wesen* nicht mehr für den erarbeiteten Text zu interessieren oder die angebrachten Änderungen zu mißachten und den Wörtern eine ganz persönliche Bedeutung zu geben, die manchmal von ihrer etymologischen Bedeutung abweicht.

Der folgende Text steht nun an der Tafel:

„Eugen und Ludwig sind an den Loup gegangen. Ludwig schlief

im Auto, Eugen schlief im Wagenschuppen bei dem Maulesel Belle.''

Bemühen wir uns nicht, herauszufinden, ob dieser Text zu schwierige Wörter enthält. Die Schüler haben sie ausgesprochen; wenn sie sie nicht lesen können, werden wir ihnen dabei helfen, indem wir dabei die Mütter nachahmen. Das wäre die ideale Ganzheitsmethode, die darin besteht, sich den Sinn der graphischen Formen der Gedanken, die uns persönlich eigen sind, die wir zumindest fühlen und intensiv erleben, einzuprägen. Wir lesen also zunächst ganze Wörter und Sätze. Die Schüler, die am weitesten fortgeschritten sind, erkennen bereits die Silben und berichtigen die Denkfehler der Anfänger. Dieses Lesen erfordert keine Anstrengung und soll außerdem auch ohne Anstrengung erfolgen. Es geht lediglich darum, die Form und Verbindung der Wörter und Sätze aufzunehmen. Das natürliche und normale Interesse, das unseren Text hervorgebracht hat, genügt, daß diese Operation unter optimalen Bedingungen durchgeführt wird. Nennen wir nun die Buchstaben, lassen wir einige Silben *erraten*, Wörter wiederfinden, aber ohne Paukerei. Versuchen wir nicht, Überlegungen anzustellen, die für dieses Alter zu hoch sind, um dem Kind einige *logische* Vorstellungen von der Sprache zu geben. Verlieren wir nicht die Geduld, weil dieser oder jener Laut unserer Meinung nach unseren Schülern bekannt sein müßte. Fahren wir mit unseren lebendigen Übungen fort, helfen wir den Kindern, sich in dieser Übertragung der Gedanken wiederzuerkennen. Sie werden morgen ohne Mühe und ohne Zögern das lesen, was wir heute vergebens ihnen einzuschärfen versuchten.

Das Setzen und Drucken des Textes ist die natürliche Vervollständigung unserer vorbereitenden Arbeit. Wir ernennen fünf Schriftsetzer; zwei davon sind die Hauptbeteiligten Eugen und Ludwig. Jeder Schriftsetzer liest das Ganze, dann buchstabiert er seine Reihe, ohne die *kleinen Zwischenräume* zu vergessen, die die Wörter voneinander trennen. Ist die Aufgabe erteilt, lassen wir die Kinder in Ruhe arbeiten. Sie haben einen Satz Schriftzeichen der Größe 36 Punkt zur Verfügung, die in einem speziellen Setzkasten einsortiert sind. Sie setzen die Lettern selbst in den Setzrahmen und verwandeln so mechanisch und materiell den handgeschriebenen Text in den Drucksatz.

Es ist unnötig, die Kinder zu überwachen. Alle helfen sich gegenseitig so gut sie können, um eine fehlerfreie Reihe zu setzen, und es gibt kein Beispiel, wo sich ein Schüler von den Schwierigkeiten oder vom Mißerfolg hätte abschrecken lassen. Bei dieser Arbeit stellen wir dieselbe geduldige Ausdauer fest, die auch für die Kinder charakteristisch ist, die spielend mit einem Konstruktionsbaukasten beschäftigt sind. Dies ist ein sicherer Beweis dafür, daß diese Technik doch unseren jungen Schülern angemessen ist. Man muß in ihrem tiefen Interesse für ihr Material die wesentliche Ursache für die Sorgfalt sehen, die sie auf die Einordnung und die Pflege der Schriftzeichen verwenden. Dieses Material scheint ihnen heilig zu sein. In den zwei Jahren, seit wir es benutzen, ist kein einziges Schriftzeichen verlorengegangen, obwohl es in unserer Klasse stark verhaltensgestörte Kinder, ja sogar Kleptomanen gibt. Kindern zwischen fünf und sechs Jahren gelingt es sehr schnell, eine Reihe von 15 oder 20 Schriftzeichen *ohne einen Fehler* zusammenzusetzen. Und welche Befriedigung empfinden sie, wenn ihnen diese Arbeit perfekt gelungen ist! Rasches Ausgleichen der Zeilen und das Setzen in die Presse erfordern nur einige Sekunden und können außerdem von einem Schüler des Elementarkurses ausgeführt werden.

Das Drucken! Die Kleinen selbst besorgen alle Tätigkeiten: Einfärben, Auflegen des Blattes, Druck, Ordnen der bedruckten Blätter. Das stellt eine neue, sauber aufgetragene, ernsthafte, manuelle Arbeit mit einem genau bestimmten Ziel dar: das Drucken des vorher gedachten, gesprochenen, geschriebenen, gelesenen und selbsterstellten Textes. Eine Arbeit, nach der wie nach einer unschätzbaren Gunstbezeigung regelrecht verlangt wird und die mehr geschätzt wird als die Spiele in der Pause, da die Gruppe in der Druckerei mit der gleichen Ernsthaftigkeit und Geschicklichkeit ihre Arbeit vollendet, ohne sich um den Unterrichtsschluß zu kümmern.

Während die fünf Schriftsetzer am Druckereitisch arbeiten, schreiben die anderen Schüler der gleichen Stufe den Text von der Tafel in ein Heft oder auf ein Stück Papier ab. Diese Abschrift betrachten wir als die Grundlage unseres Schreibunterrichts. Der Anfänger, der kaum weiß, wie man einen Bleistift hält, versucht sich darin; er wird in den ersten Tagen nur unförmiges Gekritzel zu Papier bringen, das er durch irgendeine anregende Zeichnung glücklich ergänzt. Die systematischen Schreibübungen sind nur die Ergänzung, nur das Training, dessen Ziel es ist, den gewählten Text lesbar zu machen.

Die Ergebnisse, die wir mit dieser Methode mühelos erzielt haben, zeigen uns, was die Lerngeschwindigkeit betrifft, daß sie genausoviel wert ist wie die anderen Methoden und daß sie sie in beträchtlichem Maße durch die Art und die Logik ihrer Entwicklung übertrifft.

Die freie Zeichnung ist auf dieser Stufe die unbedingt erforderliche Ergänzung unserer Ausdrucks-, Lese- und Schreibmethode. Durch die Zeichnung erlebt jedes Kind die gemeinsam erarbeitete Geschichte erneut, und, was wunderbarer ist, es ergänzt sie, paßt sie seiner Persönlichkeit an und macht sie zu seinem innersten Eigentum. Es genügt ihm nicht, ,,Ludwig im Wagen'' zu zeichnen, es spannt ihm seinen eigenen Esel anstelle der schönen Mauleselin Belle vor. Das Nachbarhaus ist nun sein Haus, und sein Hund bewacht den Eingang. Vielleicht erweitert es die Episode durch irgendein besonderes persönliches Ereignis, das seiner Zeichnung den vollkommenen Ausdruck seiner eigenen Persönlichkeit verleiht.

Es ist uns gelungen, das Kind anzusprechen. Wir haben den Weg gefunden, der zu seiner Seele führt. Von jetzt an genügt es uns, die nachfolgenden Arbeiten einfach zu erlauben und zu ermöglichen.

Das Ausschneiden und Aufkleben sind ebenfalls wichtig. Nach dem Druck illustrieren die Schüler durch Ausschneiden und Aufkleben das kartonierte Blatt, das die tägliche Seite ihres Lebensbuches ist. Heute stellen sie den Wagen und das Pferd neben dem Haus unter das wachsame Auge eines riesigen Mondes. Sie kleben dann die gedruckten Reihen auf dieses Blatt, und so wird, von Tag zu Tag fortschreitend, das wunderbarste und nützlichste aller Lebensbücher hergestellt. So erreichen wir eine ideale Verwirklichung der ganzheitlichen Lesemethode als Ausdruck kindlichen Lebens selbst.

Alle Erzieher werden die Originalität und den pädagogischen Wert eines solchen Buches und seine unbezweifelbare Überlegenheit gegenüber allen existierenden Fibeln anerkennen. Wir können übrigens durch die Druckerei die Illustration unseres Lebensbuches ergänzen.

Unsere Schüler schneiden Karton in sehr schmale Streifen, die sie auf ein Brettchen kleben. Mit der Spitze einer Nadel gravieren sie die zusätzlichen Einzelheiten ein – und erhalten so ein richtiges Klischee, das ganz allein ihr Werk ist und von dem wir nun mit unserer Druckerei 20, 30, 50 Exemplare abziehen können. Diese

Klischees können in verschiedenen Farben abgezogen, dann ausgemalt, durchlöchert und zerschnitten werden. Hier haben wir den Ursprung einer Beschäftigung, die, weil motiviert, außerordentlich reich und fruchtbar ist.

Wir versagen es uns übrigens auch nicht, unsere Illustrationen durch die Anwendung von Kopierfarbe oder des Limographen (Umdrucker) zu vervollständigen. Diese Mittel nutzen den Kindern jedoch weniger als die Praxis des Druckens.

Wir legen Wert auf die Feststellung, daß diese Methode, die in einer Klasse von 42 Schülern zwischen 5 und 9 Jahren erprobt worden ist, in jeder noch so großen Klasse angewandt werden kann. Sie erfordert weder zusätzliche Arbeit für den Lehrer noch zusätzliche Ausgaben für die Schule, da der Verzicht auf Fibeln eine große Summe freisetzt, die zum Teil für die Druckerei verwendet wird.

Die Vorteile dieser Methode

Sagen Sie vor allen Dingen nicht: „Eine Neuheit, eine Arbeit, die den Tätigkeitsdrang der Kinder befriedigt!"

Eine Neuheit? Nach zwei Jahren Arbeit mit der Druckerei sind unsere Schüler mit ihrem Material ebenso vertraut, wie sie es mit einer Fibel sein könnten. Aber dennoch sind sie in jeder dieser Stunden mit der gleichen Freude bei der Sache.

Befriedigung des Tätigkeitsdrangs? Ist dieses Material nicht unbestreitbar dafür geeignet? Die Pädagogen weisen seit langem auf den pädagogischen Nutzen des Einordnens von Druckbuchstaben hin. Wir haben dieser Tätigkeit einen tiefen, hauptsächlich erzieherischen Sinn gegeben, der hier erklärt werden muß:

Wenn das Kind setzt, stellt es nicht Buchstaben nebeneinander, wie es Ziffern nebeneinanderstellen würde, um irgendeine Zahl zu erhalten. *Indem das Kind setzt, schafft es ein wenig Leben und, vor allem, einen Teil seines eigenen Lebens.* Dieser Setzrahmen, den es soeben ausgefüllt hat und dessen Fehler es jetzt berichtigt, enthält einen lebendigen Teil jenes Textes, der es interessiert hat; und das ist keine vergebliche Arbeit. Dann wird gedruckt. Das Kind sieht mit immer neuem Staunen, wie aus diesen Zauberklötzchen einige hübsche Satzreihen entstehen, die ganz sein Werk sind und die es begierig liest.

Ich täusche mich keineswegs: Trotz der Schwierigkeiten des

Setzens, trotz der Fehler, die sich einschleichen können (daß Buchstaben im Setzrahmen falsch gesetzt worden sind, daß das Zeilenende tiefer gerückt ist, daß man sich in der Reihe geirrt hat usw.), trotz der geforderten Perfektion – oder vielleicht gerade deshalb? – übt diese Setzarbeit in der Druckerei eine unglaubliche Anziehungskraft aus.

Aber verlieren Sie vor allem nicht die Geduld, und kommen Sie dem Setzer nicht zu Hilfe, um diese für das Kind so schwierige Arbeit im Handumdrehen zu beendigen; es würde Ihre gutgemeinte Absicht als echte Beleidigung auffassen. Es *will* diese Arbeit selbst tun. Es stimmt seine Kenntnisse und seine Bewegungen, so gut es kann, aufeinander ab. Das wird vielleicht eine halbe Stunde dauern, aber welch ein Gewinn und auch welche Freude! Sie müßten sehen, wie der Schüler freudestrahlend die Lettern in die Druckpresse setzt und sorgfältig in seinen kleinen geschlossenen Händen hält. Er hat seine Arbeit beendet und hüpft an seinen Platz zurück. Auf diese Weise werden enorm rasch Lernfortschritte erzielt.

Jenes Kind kennt nur erst einige Zeichen, aber es wollte setzen. Es sucht den Buchstaben „S". Es geht von der Tafel zum Setzkasten und vom Setzkasten zur Tafel; es vergleicht, es fragt seine Mitschüler, die schon weiter fortgeschritten sind, manchmal seinen Lehrer, und es wird den Buchstaben „S" schließlich genau und gut kennen. Jede Setzübung läßt auf diese Weise sehr deutlich Fortschritte im Buchstabieren und im Lesen feststellen.

Kein Pädagoge konnte übrigens bis heute leugnen, daß eine so verstandene schulische Aktivität äußerst erzieherisch wirkt. Man hat uns lediglich entgegengehalten: „Daß Sie so bei den Schülern den Wunsch nach dem Lesen wecken und ihnen den Sinn dafür vermitteln, ist gewiß; aber fügen Sie den normalen Schwierigkeiten des Lesens nicht die Schwierigkeit des Lesens der Lettern in Spiegelschrift hinzu?" Es ist gefährlich, den Kindern eine Schwierigkeit in den Weg zu legen, wenn sie sie nicht überwinden können. Aber kommen Sie und beobachten Sie unsere Schüler bei der Arbeit, und beurteilen Sie selbst, ob sie den Eindruck erwecken, eine Arbeit zu verrichten, die ihre Kräfte übersteigt! Sie werden sehen, ob sie einschlafen wie vor ihren Lehrbüchern. Wenn es Schwierigkeiten gibt, um so besser; denn unsere Schüler strengen sich gerne an, um das selbstgesteckte Ziel zu erreichen.

Diese Schwierigkeit wird übrigens sehr rasch überwunden,

außer bei den leicht verwechselbaren Buchstaben b–d, p–q, é–è, deren Benutzung man bis zu einem ziemlich fortgeschrittenen Alter hinauszögert, trotz der Korrekturverfahren, die wir ausgedacht haben. Aber die Erfahrung hat uns gelehrt, daß dieses Zögern keinen gefährlichen Einfluß auf das Lesenlernen hat. Verwechseln nicht alle Anfänger, gleich nach welcher Methode sie lernen, lange Zeit diese Buchstaben? Diese Verwirrung wird bei uns, und zwar in sehr großem Ausmaß, durch die ganzheitliche Betrachtung des Textes korrigiert. In der Praxis begeht der Schüler, der vor den Buchstaben b–d, p–q zögert, wenn sie einzeln gelesen werden, nicht mehr denselben Fehler beim Lesen dieser Buchstaben in Wörtern und Sätzen.

Wenn nach einigen Wochen dieser Übung ein Pädagoge, der für die *abgestufte Form* jedes Unterrichts ist, oder ein durch eine offenbar zu schwierige Prüfung verwirrter Schulrat uns sagen würde: ,,Wo stehen Ihre Anfänger, bei welcher Silbe?" Wir würden antworten: ,,Wir wissen es nicht!"

Fragen Sie die Mutter:
– ,,Was kann Ihr Kind sprechen? Wie weit ist es mit dem Sprechen?"
– ,,Du meine Güte", wird sie Ihnen antworten, ,,es gibt Wörter, die es ganz gut ausspricht, andere, die es zu artikulieren versucht.
– Einige andere bringt es im Kauderwelsch hervor, wenn ich ihm dabei helfe.
Aber es fängt an, sich verständlich zu machen. Ich verstehe es jedenfalls und bin zufrieden. Sehen Sie doch, wie glücklich es ist, den ganzen Tag sprechen zu können! Es würde nicht aufhören. Von Monat zu Monat macht es unglaubliche Fortschritte. Bald wird es fließend sprechen."

Wir sagen Ihnen mit der gleichen zuversichtlichen Gewißheit: ,,Unsere Schüler kennen fast alle Buchstaben des Alphabets, was macht es aus, wenn sie einige selten gebrauchte Buchstaben noch nicht kennen! Die schwierigen Silben? Sie fangen an, sie lesen zu können. Das hängt von ihrer Stellung innerhalb der Wörter ab. Sie kennen eine große Anzahl, die sie fehlerfrei lesen und andere, die wir ihnen ganz vorlesen müssen, damit sie sie wiederholen. Das hängt von jedem einzelnen ab, denn jeder geht nach seinem eigenen Tempo vor. Aber sie beginnen das Geschriebene zu verstehen. Alle lesen unsere Texte, wenn wir ihnen hier und da helfen. Wir schreiben gerne ihre kleinen interessanten Geschichten, die sie uns diktieren und die wir sie dann lesen lassen. Aber sie sind noch viel eifriger als wir, das, was sie ausgedacht haben, auch zu lesen. Und dann, von heute auf morgen, ohne daß man es merkt und ohne sie dazu zu zwingen, werden sie fließend lesen. Sie haben lesen und schreiben gelernt, wie sie sprechen gelernt haben. Sie sind langsam, *Schritt für Schritt*, vom Sprechen zum Lesen gekommen. Wären sie mit anderen, von Zwangsmaßnahmen begleiteten Methoden ebenso früh zum richtigen Lesen gekommen? Diese Art von Kenntniserwerb wäre sicher auf Kosten ihrer Intelligenz und ihres gesunden Menschenverstandes erfolgt, und das heißt: auf Kosten ihres *Lebens*.

Übrigens erfolgt das Lesenlernen bei der Gruppe intelligenter Schüler, denjenigen, die immer schnell vorgehen, beachtlich schneller und kann praktisch auf einige Wochen reduziert werden. Das Verständnis des Ganzen, das die Grundlage unserer Methode ist, ermöglicht es allen Schülern sehr früh, die für die anderen Kurse vorbereiteten Texte abzuschreiben und zu lesen, was die Arbeit in heterogenen Klassen erleichtert.

Durch dieses natürliche Erlernen des Lesens wird jeder Schüler, gleich, zu welchem Zeitpunkt er in die Schule kommt oder wie weit er sich aufgrund von Versäumnissen oder Krankheiten im Rückstand befindet, zur Gemeinschaftsarbeit erzogen, der er sofort sein ganzes Interesse entgegenbringt. Dieser Vorteil darf vor allem bei unseren ländlichen Schulen, wo die schulische Arbeit durch Versäumnisse aus verschiedenen Gründen stark beeinträchtigt wird, nicht übersehen werden. Wir schließen aus unserem Unterricht keineswegs systematisch jene wichtigen Elemente aus, die durch die aktuellen Methoden – ältere oder neuere – in den Unterricht eingeführt wurden. Wir besitzen schöne Bilderbücher, die die Kinder einzeln für sich oder in Gruppen oder mit Hilfe eines Kameraden lesen können, der schon etwas weiter fortgeschritten ist. Und die Fibeln, wenn sie anregend und angenehm zu lesen sind, haben ebenfalls ihren Platz in den Regalen unserer kleinen Bibliothek. Wir verkennen auch nicht die Vorteile, die die verschiedenen, von zeitgenössischen Pädagogen ausgedachten Spiele für die Schule mit sich bringen, und unterstützen die natürlichen und in beachtlichem Maße erzieherisch wirkenden Tätigkeiten wie die Gartenarbeit, die Pflege von Haustieren etc.

Aber die gegenwärtige Schule betrachtete diese Tätigkeiten als unbedingt erforderlich für das Lesenlernen. Sie machte sie zum

Hauptanliegen der schulischen Arbeit. Wir stellen das natürliche Gleichgewicht wieder her, indem wir den handschriftlich festgehaltenen und dann in der Schuldruckerei gedruckten Ereignissen aus dem Leben der Kinder den Vorrang geben. Wir sind sicher, daß wir auf diese Weise unserem gesamten Elementarunterricht eine neue Lebenskraft verleihen.

Abschaffung der Schulbücher

Unser Kampf gegen die Schulbücher, schon im 1. Schuljahr, wird einigen ziemlich verwegen erscheinen, denn zu sehr bemühten sich die zeitgenössischen Autoren und Herausgeber, die Lektüre ihrer Werke attraktiv zu machen: durch Anpassung des Textes an das Interesse des Kindes und an die schulischen Erfordernisse, durch reiche, anregende Illustration, durch die Buchdruckerkunst, die allen Launen der Autoren gerecht wird. Es sieht tatsächlich so aus, als sei das Schulbuch im Begriff, die höchste Stufe an Reichtum und Perfektion zu erreichen. Wir dürfen hinsichtlich dieser gewiß beachtenswerten Bemühung nicht nachlassen, immer wieder zu betonen, daß wir hier nicht die Bücher schlechthin kritisieren, sondern einzig und allein die Art und Weise der Verwendung dieser Lehrbücher durch die Erzieher.

Neuere Erfahrungen, aus den Vereinigten Staaten, Österreich und Rußland, von der pädagogischen Welt mit freundlichem Interesse verfolgt, werden uns helfen, die Abschaffung sämtlicher Schulbücher für diese Stufe zu rechtfertigen. „In Österreich", sagt uns R. Dottrens, „gibt es das Lesebuch, so wie wir es kennen, nicht mehr. Es wurde durch sehr kurze Werke verschiedenen Inhalts ersetzt, die ein, zwei, höchstens drei Monate benutzt werden". Eine unvollkommene Methode, die nur eine Notlösung ist. Die österreichischen Pädagogen waren sich des Zwangs und der Eintönigkeit beim Gebrauch der Schulbücher bewußt und sorgten in einem gewissen Maße für Abhilfe. Sie verbesserten aber lediglich die Form sowie die Art und Weise der Benutzung von Schulbüchern. Sie packten jedoch das Übel nicht bei der Wurzel, wie wir es heute tun.

„In den angelsächsischen Ländern", schreibt E. Rion[17], „bekom-

---

17 E. Rion, L'Education enfantine (Libr. Nathan, Paris).

men die jungen Leser nach den Fibeln kleine illustrierte Bücher, die volkstümliche Erzählungen enthalten . . .''

Nur in Winnetka (USA) startete der große Pädagoge Carleton Washburne einen breit angelegten Versuch, der gleichzeitig den Vorteil der Abschaffung der Schulbücher und den Vorteil der Individualisierung des Unterrichts aufzeigte.

,,In Winnetka ist die Technik einer Lesestunde ganz anders als bei uns. Wenn Sie während der Lesestunde in eine Klasse der öffentlichen Schulen von Winnetka gehen, werden sie feststellen, daß jedes Kind in einem anderen Buch liest. Alle lesen wie im Leben, lautlos, außer dem einen, der in der Nähe des Lehrers laut liest. Auf diese Weise kann dieser Schüler vom Lehrer die Hilfe bekommen, die er persönlich braucht, ohne daß die anderen gezwungenermaßen seine Fehler hören und, vor allem, ohne dem Rest der Klasse kostbare Zeit zu stehlen. Jeder Schüler kann auf diese Art und Weise ein Buch lesen, das seinem Entwicklungsstand und seinen persönlichen Interessen entspricht. Das Lektüreprogramm fordert für jede Stufe die aufmerksame Lektüre von 15 Büchlein jährlich und ein Ergebnis, das der ‚Norm' entspricht, die aufgrund des Tests von Monroe aufgestellt worden ist. Anstatt den 30 Schülern ein Exemplar des gleichen Buches zu geben, richtet man also eine kleine Bibliothek mit 30 verschiedenen Büchern ein, unter denen sich 20 Bücher der entsprechenden Stufe befinden sollten und einige sehr einfache Bände, die die Geographie, Geschichte und Naturwissenschaften behandeln.''[18]

Ist der ,,Dalton-Plan'', so gesehen, nicht auch eine Arbeitstechnik ohne Schulbücher?

In Rußland, wo man sich so sehr um die Verflechtung von Schule und Leben bemühte, erkannte man die Notwendigkeit, sich von dieser verbreiteten Technik des Gebrauchs der Schulbücher zu lösen.

,,Das Buch muß leicht, interessant und zugänglich sein, um bei den Kindern den Wunsch nach persönlicher Lektüre zu wecken. Deshalb ist es nötig, daß in jeder Klasse mehrere Bücher verschiedenen Inhalts vorhanden sind.''[19]

Nur die Schwierigkeit eines gewaltsam individualisierten Unterrichts in unseren öffentlichen Schulen und die Notwendigkeit, so

---

18 R. Buysse, L'individualisation du traitement pédagogique (Revue Belge de Pédagogie 1–12–25 und 1–1–26).

19 O. Plavinskaïa in: Narodni Outchitel (UdSSR), September 1927.

früh wie möglich die Technik des Lebens zu lehren, machten bis heute den Gebrauch der Schulbücher unumgänglich.

Wenn wir heute eine endgültige und praktische Lösung für das Problem der Schulbücher geben, wollen wir zeigen, daß diese Methode die natürliche Schlußfolgerung der Entwicklung moderner Vorstellungen von der Organisation in der schulischen Arbeit ist. Der Weg ist weder neu noch einzigartig; aber das Werkzeug, dessen ungeheure Vorteile für die Schule wir aufgezeigt haben, wird sicherlich zur Entwicklung der Arbeitspädagogik beitragen.

Grundlagen der Methode

„In dem Maße, wie eine Idee eine Projektion instinktiver Neigungen darstellt, ist sie für den Geist ein bedeutendes, dynamisches, interessantes Phänomen."[20]

Bis zum heutigen Tag hat man dem Eigenwert der Vorbilder, die man den Kindern gab, eine zu große Bedeutung beigemessen. Die Wahrnehmbarkeit des Denkens und der literarischen oder wissenschaftlichen Form ist in der Erziehung nur zweitrangig. Das wichtigste ist, das Kind zum Denken zu bringen und seine Gedanken zu verstehen, es zu motivieren, damit es sich entfaltet und sich weiterentwickelt.

„Wir führen das Kind, während es uns führen sollte", sagt Dr. Decroly. Das ist eigentlich eine Binsenweisheit, aber dennoch muß eine ähnliche Auffassung von der Erziehung die gegenwärtig angewandten Methoden umstoßen.

Ist die Anpassung des Unterrichts an die Natur des Kindes nicht eines der großen Anliegen der gegenwärtigen Schule? Aber es handelt sich dabei nur um eine oberflächliche und rein schulische Anpassung. In unseren Klassen glaubt man, den Unterricht angepaßt zu haben, wenn das Kind dahin kommt, wohl oder übel zu schlucken, was man ihm vorsetzt, und man offenbar den logischen Weg gefunden hat, der das Denken des Kindes mit dem Denken des Erwachsenen verbindet. Das ist die statische, autoritäre, tote Konzeption eines Werkes, das doch Leben sein sollte. Uns genügt es nicht mehr, unseren Unterricht nur anzupassen. Wir müssen zu den instinktiven Neigungen vordringen, von denen

20 J. Dewey, op. cit.

Dewey spricht. Wir müssen dem Kind alle Lebensenergien bewahren und sie in ihm anregen. Wir müssen aus der schulischen Arbeit eine echt geistige und seelische Bereicherung machen. Wie werden wir dieses Ziel erreichen?

Wir werden nicht systematisch von der Wissenschaft oder den Leistungen der Erwachsenen ausgehen, um von daher zum Kind zu gelangen. Wir werden den umgekehrten Weg einschlagen. Indem wir das Kind so, wie es ist, betrachten, mit seinen besonderen Interessen und Bedürfnissen, mit seinen Gedankengängen und seiner speziellen Logik, werden wir ihm helfen, sich zu entfalten. Wir werden die Umgebung und die Mittel organisieren und vorbereiten, die es ihm mit unserer Hilfe ermöglichen, den Kenntnisstand des Erwachsenen zu erreichen.

Die erste Bedingung ist offensichtlich, den Weg zu finden, der zur Seele des Kindes führt, und die Technik zu entdecken, die es uns ermöglicht, die erforderliche Verbindung herzustellen. Kann das durch den systematischen Gebrauch von Schulbüchern gelingen, die von Erwachsenen aufbereitet worden sind? Kann vor allem in der Literatur selbst die beste Auswahl an Lektüre das Kind in seinem Inneren ansprechen? Gewiß nicht! Die offenbar am besten angepaßten Erzählungen wecken lediglich oberflächliches Interesse, das eher ein Vergnügen, eine Zerstreuung als eine *Projektion von Aktivität* ist. Die einzige Ausnahme werden die Seiten bilden, auf denen die Erwachsenen mit *Naivität* ihr Leben oder das Leben der Kinder ihrer Umgebung erzählen konnten.

Müssen wir aber die Elemente, die sich in unserem Innersten befinden, so weit herholen? Fordern wir doch unsere Schüler auf, ihr Leben natürlich und einfach zu erzählen. Lesen wir diese Aufsätze, die wirklich der Ausdruck des persönlichen dynamischen Ichs sind, das sich in ständiger Entwicklung befindet. Gehen wir noch weiter! Schaffen wir ständige Verbindungen zwischen den Schülern entfernter Klassen. Kurz, organisieren wir auf den Gebieten von Buch und Zeitschrift eine Gesellschaft von Kindern, die ihre eigene Literatur produziert, die sich nicht durch das Nachahmen beeindruckender Vorbilder, sondern durch die Arbeit und das Leben vervollkommnen wird.

Wir hören sogleich Proteste. Diese Pädagogen haben kein Vertrauen zum Kind. Sie verbringen ihr Leben damit, das Kind zu dressieren, als ob es sich um ein Tier handelt, bei dem man keineswegs versteht, was seine Schreie bedeuten sollen. Jene *kindischen* Geschichten: ein so einfaches Spiel, bei dem die Reisenden durch Steine dargestellt werden; diese bewegende Geschichte einer kindlichen Freude; jener kleine Schäfer, der mit Erstaunen seine Schafe betrachtet, die soeben geschoren worden sind. Kann man ihnen die Ehre erweisen, ihnen in der Schule Beachtung zu schenken? „Pfui! Geben wir unseren Schülern ernsthafte Geschichten zu lesen, in denen von großen Persönlichkeiten die Rede ist, die eine manchmal unverständliche Sprache sprechen. Nur das ist der strengen Pädagogik würdig!"

Hören wir trotzdem, wie einer der bedeutendsten Reformer des gegenwärtigen italienischen Erziehungswesens, G. Lombardo Radice, über die kindlichen Werke denkt:

„Ermutigen Sie die Kinder, frei über das zu schreiben, was sie interessiert, ohne dabei um etwas anderes besorgt zu sein als darum, ihnen die Möglichkeit zu geben, etwas auszudrücken, was sie erleben, fühlen, denken! Sie werden nicht nur für die Seele des Kindes wertvolle Dokumente erhalten, sondern auch Werke von einer erreichten Kunstfertigkeit, deren Vorzüge durch die Aufsätze, die nach den alten Rezepten verfaßt worden sind, nur noch mehr zur Geltung gebracht werden."[21]

Aufsätze? Briefe? werden uns andere Lehrer entgegnen. Wenn wir an unsere Schüler von 13 Jahren diese Anforderungen stellen, können sie uns nur Texte von lächerlicher Dürftigkeit liefern. Kann man eine Methode auf einer solchen Arbeit aufbauen?

Die Erfahrung lehrt uns jeden Tag, daß Kinder vom 6. Lebensjahr an, sobald sie den Sinn ihrer Leistungen erkennen, außerordentlich köstliche Aufsätze und Briefe schreiben. Diese Aufsätze und Briefe werden von den Kindern, die sie empfangen, wenigstens verstanden und nachempfunden – und das ist für uns ein nicht zu übersehender Vorteil. Dieses *vollkommene* Verständnis bedeutet sicher eine der großen Freuden und Vorteile der kindgemäßen Basis unserer Erziehung. Wenn, wie Tolstoi sagt, „das Interesse des Kindes für eine Unterrichtsform das unfehlbare Zeichen dafür ist, daß diese Form ihm angemessen ist und einem seiner geheimen Bedürfnisse entspricht", befinden wir uns ganz gewiß auf dem richtigen Weg.

Wenn man sah, wie wir dem kindlichen Ausdruck in der Erziehung die erstrangige Bedeutung beimessen, glaubte man

---

21 G. Lombardo Radice, Athena Fanciulla, Florenz 1925.

manchmal, wir träumten davon, unsere Schüler dem Einfluß aller geistigen, künstlerischen oder wissenschaftlichen Ausdrucksformen der gegenwärtigen Zivilisation zu entziehen. Das lag niemals in unserer Absicht. Ebenso wie das Kind für seine Erziehung die Hilfe und die Ratschläge des Lehrers braucht, ist es notwendig, daß es in großem Maße aus den Geschichten aller Arten schöpft, die Denkmäler der menschlichen Erfahrung sind. Indem man vergaß, daß die Bildung des Individuums nur von einer aktiven und freien persönlichen Anstrengung kommen kann, die den Bedürfnissen unseres Wesens entspricht, hat man die Behandlung von Texten, die von Erwachsenen verfaßt wurden, zum wesentlichen Element der Erziehung erhoben, und darin liegt der Irrtum.

Das Interesse und Bedürfnis, sich schöpferisch zu betätigen und auszudrücken, bilden das wirkliche Gerüst unserer Pädagogik. *Die Bücher sind nur Hilfsmittel dazu.* Auf diesem Weg der natürlichen Erziehung ist alles Freude und Leben. Hier braucht man dem Kind weder zu helfen, noch es zu trockenen Schulaufgaben zu zwingen. Sein Bedürfnis nach Beschäftigung, sein Wissensdrang, seine Arbeitslust reichen für alles aus, vorausgesetzt, man räumt ihm die Möglichkeit ein, diese Bedürfnisse auf nützliche Weise zu befriedigen. Von dem Tag an, an dem das Kind, in materieller, geistiger und seelischer Hinsicht von den schulischen Fesseln befreit, sich so entfalten kann, wird die Erziehung die Welt wirklich weiterbringen.

Das Lesen

Unserer Meinung nach liegt der Hauptfehler nicht so sehr in der Tatsache, daß man einen Text laut lesen läßt – vor allem in der Vorschule und Eingangsstufe –, sondern darin, daß alle Schüler einer Klasse während der Lesestunde *folgen* müssen. Trotzdem ist diese Praxis in Frankreich noch allgemein üblich, wo das gemeinsame Lesen unter der strengen Aufsicht des Lehrers die einzig mögliche Methode zu sein scheint. Man verlangt von den Schülern, daß sie *sich anstrengen.* Dabei kümmert man sich nicht darum, ob diese Anstrengung wirklich der Lektüre des Buches gilt oder eher darauf verwandt wird, die wahnsinnige Lust zu unterdrücken, eine Seite umzuschlagen, um Neues zu betrachten oder zum Fenster hinauszuschauen und auf das Gezwitscher der Vögel in den Zweigen zu lauschen. Man hat die eindringliche Warnung John Deweys immer noch nicht verstanden:

„Wenn ihm die Arbeitsaufgabe als eine Fron erscheint, dann ist es psychologisch gesehen gewiß, daß das Kind im Begriff ist, sich die Gewohnheit anzueignen, seine Aufmerksamkeit zu teilen; es lernt, sein Auge, sein Ohr, seine Lippen und seinen Mund auf die Dinge zu richten, die man ihm vorlegt, so daß es sie in sein Gedächtnis einprägt, während sich gleichzeitig seine geistigen Vorstellungen von dieser mechanischen Arbeit befreien, um sich dem zuzuwenden, was von lebendigem Interesse für seinen im Wachstum begriffenen Organismus ist."[22]

Werden wir diese Spaltung der Persönlichkeit weiterhin akzeptieren? Es geht nicht darum, sich auf das mögliche Interesse für einen Text zu berufen. Man kann Freude dabei empfinden, zweimal, fünfmal sogar eine interessante Lektüre neu zu beginnen. Aber wenn sich diese Wiederholung eine halbe Stunde hinzieht, wenn man nicht fortfahren kann, weil man jenem Klassenkameraden nicht vorausgehen will, der noch Silbe für Silbe liest, oder weil man keine visuelle Akrobatik anstellen will, um jenem anderen, der fließend liest, zu folgen; wenn die Furcht vor dem Lehrer und die Angst vor dem schicksalhaften „Ein anderer fährt fort!" die ganze Stunde beherrschen, ist das Kind dann nicht gezwungen, eine psychologische Abwehrhaltung einzunehmen?

Die Erzieher, die so leichten Herzens ihren Schülern die widernatürliche *Disziplin* auferlegen, sollten sich doch manchmal fragen, ob sie diese für sich selbst akzeptieren würden, ohne zu versuchen, sich ihr mit allen Arten kindlicher List zu entziehen. Daß man sie auf unbequemen Sitzen einpfercht, daß man ihnen ein Buch vor die Nase legt, das auf einer Seite aufgeschlagen ist, die sie nicht umschlagen dürfen, daß man sie nacheinander lesen läßt und sie zwingt, dieser einschläfernden Wiederholung zwanzigmal zu folgen! Vielleicht werden sie dann nachsichtiger mit ihren armen Schülern.

Sie werden wahrscheinlich entgegnen, das sei eine unerläßliche Notwendigkeit. Wir werden dagegen gerade den neuen Weg aufzeigen, der ebenso schnell und ebenso sicher ist und trotzdem den Bedürfnissen sowie Wünschen der Kinder entspricht und vollkommen erziehend wirkt.

Wir haben die übliche Lesestunde abgeschafft. Wenn der gedruckte Text aus der Presse kommt, lesen wir ihn so, wie der

---

22 J. Dewey, op. cit.

Verfasser den neuen Text durchliest. Einige Minuten lang liest jeder Schüler das Gedruckte mehrmals still für sich. Dann geht die Arbeit weiter: Grammatik, Vokabeln, Wörter suchen oder freies Arbeiten. Danach gehen wir dazu über, daß jeder *einzeln* für sich laut liest, was dann der tatsächlichen Lesestunde entspricht.

Niemand ist gezwungen zu *folgen*. Wir vermeiden dabei radikal alle mit der kollektiven Lesestunde verbundenen Nachteile. Ohne Zwang und Unterdrückung herrscht die Freude und der Wunsch zu lesen vor. Folglich gibt es keine Heuchelei mehr von seiten des Schülers und keine bewußte oder unbewußte Anwendung einer List, sondern nur noch ein ehrliches und aufrichtiges Sich-Bemühen.

Auch der Erzieher braucht sich nicht mehr unnötig zu ereifern, nicht mehr ständig wie ein mürrischer Kerkermeister aufzupassen, um darüber zu wachen, daß die Augen nur ja nicht vom Text abweichen. Wir haben jede Gelegenheit des Ungehorsams und Ärgers ausgeschlossen und können ruhig und vertrauensvoll arbeiten.

Ein zu liberales Vorgehen! wird man sicherlich sagen. Die Augen der Kinder müssen sich lange Zeit auf den Text richten, damit dieser sich ihnen einprägt! Wir antworten zuerst, daß unsere Schüler, die ihren Lesetext selbst *geschaffen* haben, indem sie ihn Buchstabe für Buchstabe zusammensetzten und ihn aus ihrem bescheidenen Material hervorzauberten, sich ihn ganz aneigneten, und zwar viel besser als durch dreißigmaliges, mechanisches Lesen! Wir messen weiterhin der unterbewußten Aufmerksamkeit des Kindes eine große Bedeutung bei. Es fertigt eine Zeichnung an oder schreibt eine Aufgabe ab, die nicht all seine Fähigkeiten mit Beschlag belegt. Ohne seinen Willen, ohne daß es sich dessen bewußt ist, folgt es dem lauten Lesen seiner Kameraden; und wir stellen manchmal erstaunt fest, daß die, die zum Schluß lesen, ihren Text auswendig kennen, ohne besonders gut aufgepaßt zu haben.

Von Zeit zu Zeit lesen wir jedoch gemeinsam eine Lektüre in Form eines *Textwettrennens*, wie wir es gewöhnlich nennen. Jeder Schüler liest einzeln und hört auf, wenn er eine bestimmte Anzahl von Fehlern gemacht hat. Der nächste fährt dann fort. Derjenige, der am längsten liest, wird dafür sogar belohnt; die weniger Geschickten sind schnell aus dem Spiel; aber alle folgen wenigstens aufmerksam der Lektüre. Dieses Verfahren wird selbstverständlich nur gelegentlich angewandt. Wir verlangen von diesen Gemeinschaftsveranstaltungen nicht die Leistungen, die für das rasche Erlernen des Lesens erforderlich sind.

Diese Leseübungen würden tatsächlich nicht ausreichen, da jeder Schüler in der Tat jedesmal nur einige Minuten liest. Mit der alten Methode des gemeinsamen Lesens wird wenigstens der Schein gewahrt. Sie haben eine Lesestunde von dreißig Minuten gehalten. Was bedeutet es schon, wenn die Anstrengung eines jeden unbedeutend bleibt! Die Forderungen des Lehrplans sind erfüllt. Wir passen uns in keiner Weise den heuchlerischen Praktiken an, wir suchen ehrlich nach pädagogisch idealen Techniken.

Es ist uns heute möglich, kühn vorzugehen, da wir die beiden wesentlichen Bedingungen erfüllt haben:
– Unsere Arbeitsmethoden mit der Druckerei, die durch den interschulischen Austausch vervollständigt worden sind, haben bei unseren Schülern das Interesse am Lesen und den Wunsch danach geweckt. Durch diese Methoden haben sie den tiefen Sinn verstanden. Es genügt uns, für eine schulische Organisation zu sorgen, die die Befriedigung dieses Bedürfnisses ermöglicht.
– Wir besitzen andererseits in den zweimal im Monat erscheinenden Zeitschriften, die wir beziehen, in den Exemplaren der „Garbe'' und unseren eigenen Ausgaben, die aus den Arbeiten der Kinder entstanden, einen ersten Bücherfonds, der regelmäßig aufgestockt wird und den, wie wir aus Erfahrung wissen, die Kinder sehr schätzen. Es genügt, ihnen diese Bücher zur Verfügung zu stellen, damit alle ohne Zwang so viel lesen, wie sie können.

Unsere Schüler lesen ihre Bücher zu Hause. Aber wir haben in unserem Stundenplan außerdem, zwischen 14 und 15 Uhr, 30 bis 40 Minuten freie Arbeit außerhalb des Klassenzimmers vorgesehen. Unser Traum wäre es natürlich, daß unserer Schule kleine Arbeitswerkstätten angeschlossen wären, um während der schönen Jahreszeit Arbeiten im Freien durchführen zu können. Da wir keine solche Einrichtung besitzen, gehen unsere Schüler im Winter unter den überdachten Teil und im Sommer unter die Ulmen des Schulhofes, dorthin, wo sie glauben, gut zu sitzen, und sie arbeiten trotz allem. Sie sind zu zweit oder zu dritt weggegangen, haben ihr Lieblingsbuch mitgenommen und lesen laut, einer nach dem anderen oder alle zusammen. Die größeren praktizieren bereits das lautlose Lesen, dem die zeitgenössischen Pädagogen so große Bedeutung beimessen.

Auf dem Schulhof geht es zu wie in einem Bienenkorb. Natürlich gibt es auch Unstimmigkeiten; eine Grimasse gegen einen reizbaren Kameraden gibt manchmal Anlaß zur Beschwerde – oder ein kleiner Leser von sechs Jahren lenkt sich einen Moment ab, indem er herumspringt. Das zu bestrafen ist übrigens nicht nötig, denn diese Minuten freier Arbeit werden immer als eine Belohnung betrachtet; es genügt lediglich, die Schüler, die zufällig ihre Kameraden stören, daran zu erinnern. Nach einem Jahr der Erfahrung sehen wir in diesem Verfahren keine Nachteile. Im Gegenteil. Die Vorbereitungskurse und der Elementarkurs beginnen zu unterschiedlichen Zeiten, so daß wir uns beiden der Reihe nach widmen können, um zu unterrichten oder die erforderlichen Ratschläge zu erteilen. Diese Stunden der freien Arbeit erscheinen uns aufgrund der ernsthaften Aktivität, die dabei entwickelt wird, als einer der fruchtbarsten Augenblicke des Tages.

Warum ganze Stunden durch langweiliges Abschreiben verlieren? Wir schreiben in unseren Klassen nur unsere Texte und die des regelmäßigen interschulischen Austausches ab. Wir haben die anderen schulischen *Aufgaben* auf ein Minimum reduziert, und entsprechend den amtlichen Erlassen von 1923 (wir fordern, daß das Kind im Vorbereitungskurs ein Drittel seiner Zeit dem Lesen widmet – zehn Stunden wöchentlich, sieben Stunden im Elementarkurs) haben wir der Lektüre den ihr gebührenden Platz eingeräumt. Die erzielten Ergebnisse – ohne zusätzliche Bemühungen des Lehrers – befriedigen uns sehr. Die Anzahl der gelesenen Seiten ist immer beträchtlich in bezug auf den Stoff, der den Schülern in den alten Klassen geboten wurde. Es lassen sich auch rascher, und vor allem mit Freude an der Arbeit, die menschlich, ohne Zwang und ohne Aufregung ist, Fortschritte erzielen. Es erstaunt also nicht, daß eine solche Beschäftigung in großem Maße zur Erziehung und Weiterentwicklung der Individuen beiträgt, was unser Fernziel bleibt.

Grammatik

„Der Grammatikunterricht soll genauso einfach wie konkret sein. Der Lehrer soll von Texten ausgehen, die die Kinder vor Augen haben, um ihnen die gewöhnliche Funktion des Substantivs, des Artikels, des

Adjektivs, des Pronomens und des Verbs zu erklären. Es geht nicht darum, abstrakte Definitionen zu formulieren, deren künstlicher Charakter schnell durch eine vertieftere Kenntnis der Sprache enthüllt würde. Es geht darum, die Kinder durch die Praxis der gesprochenen oder geschriebenen Sprache dahin zu führen, daß sie die verbalen Formen mit ausreichender Genauigkeit in die Rubriken einordnen, die die Grammatiker angelegt haben, um ein wenig Ordnung in das Chaos der sprachlichen Gegebenheiten zu bringen. Dann, wenn die Schüler diese Kenntnisse einmal erworben haben, wird man sie bitten, sie anzuwenden und die Artikel, die Adjektive und die Substantive, die Verben und die Subjekte einander zuzuordnen."[23]

Das ist die ausdrückliche Verdammung der grammatikalischen Vorgehensweise, die darin bestand, „die Wörter und dann die grammatischen Prinzipien in Form von Regeln zu lernen, und die mit dem Erlernen der Satzbauregeln endete, um schließlich zum Sprechen und zum Schreiben zu gelangen".

„Das grammatikalische Vorgehen ist in der Tat das klassische Verfahren, das von vielen Lehrern bevorzugt wird. Was jedoch durch die Praxis erwiesen zu sein scheint, ist die Erkenntnis, daß dies eine sehr unsichere Methode ist, um den Gebrauch der Umgangssprache zu vermitteln, und daß man, wenn dies gelungen ist, nicht leugnen kann, daß auch andere Faktoren in geringerem oder größerem Maße dazu beigetragen haben. Offensichtlich gewöhnen sich nur wenige Gehirne leicht an dieses Verfahren, und deshalb haben viele eine Abneigung gegen das Lernen."[24]

Ebenso wie das Kind lernen kann, sehr korrekt zu sprechen, ohne die Regeln des Satzbaues zu kennen, glauben wir, daß es lernen kann, korrekt zu schreiben, ohne die grammatischen Regeln zu kennen. Wir akzeptieren die Notwendigkeit dieser Regeln vor allem, wenn wir richtig schreiben wollen. Einige systematische Übungen, verbunden mit unserer täglichen Arbeit, werden die wichtigsten Regeln natürlich verdeutlichen. Was die Syntax betrifft, so lehren wir sie durch das Leben. Sind unsere besten Grammatiklektionen nicht, wie wir es bereits gesagt haben, unsere Schüleraufsätze? Wir erleben darin die französische Syntax. Unsere tastenden Versuche selbst tragen dazu bei, den grammatischen Weg aufzuzeigen.

---

23 Amtliche Richtlinien des französischen Kultusministeriums von 1923.
24 O. Decroly, L'Application de la fonction globale dans l'enseignement (Revue de l'Enseignement vom 25. März 1923).

Die Lehrpläne schreiben auf dieser Stufe außerdem keine unerreichbaren Kenntnisse vor. Einige Anmerkungen, einige Übungen oder einige Spiele über den Singular und den Plural, die Pronomen und die Verben sollen behandelt werden. Wenn diese Übungen auf selbstverfaßten Texten aufbauen, werden sie von den Schülern mit Freude durchgeführt. Wir reduzieren sie außerdem auf ein Minimum, denn sie sind weder nötig noch wichtig. Das Wesentliche bleibt immer der lebendige Aufsatz, das lebendige Lesen und Schreiben.

Der Wortschatz

Der gleiche Orientierungswechsel findet auch beim Erwerb des Wortschatzes statt.

Die Schule beabsichtigt bis zum heutigen Tage, den Kindern Wörter beizubringen, ohne sich darum zu kümmern, ob bei den Kindern dafür Bedarf besteht und ob sie Gebrauch davon machen werden. Wir dachten, daß es zumindest unnötig ist, mechanisch Theorien über neue Wörter zu lehren, und wir verbannten diese Art von Wortschatzübungen völlig aus unserer Klasse. Für das Kind sind allein solche Wörter eine Notwendigkeit und Bereicherung, deren Gebrauch es kennt oder zumindest wünscht, weil sich diese Wörter sogleich in sein Leben eingliedern und Bestandteil seiner Persönlichkeit werden.

Heißt das, daß wir systematisch davon absehen, überhaupt neue Wörter zu lehren? Wir sehen unsere Aufgabe, dem Kind einen gewissen Wortschatz beizubringen, auf zwei Ebenen. Das Kind, das zu uns kommt, kennt schon eine beträchtliche Anzahl von Wörtern. Ob es sie in der Mundart, auf italienisch oder französisch kennt, spielt keine Rolle. Besteht unsere Aufgabe also nicht darin, von diesem schon vorhandenen Wortschatz auszugehen, um die umgangssprachlichen Elemente in gutes Französisch zu übertragen? Gerade das aber ist unser Ziel, das wir mit unseren Einzelaufsätzen oder mit den in Gemeinschaftsarbeit verfaßten Aufsätzen verfolgen.

Die erste Konsequenz jener Neuorientierung unserer schulischen Arbeit basiert auf der kindlichen Ausdrucksweise und besteht darin, daß die gedruckten Texte dem Wissensstand unserer Klassen stets vollständig angemessen sind und damit gleichzeitig auch von allen Kindern desselben Niveaus verstanden werden.

Lediglich einige technische Ausdrücke oder lokal gebrauchte Wörter erfordern manchmal eine Erklärung. Darüber hinaus brauchen wir den gedruckten Texten, die ausgetauscht werden, fast nie etwas hinzuzufügen. Jede erklärte Lektüre wird überflüssig. Das Kind daran zu gewöhnen, die zahlreichen Wörter, über die es verfügt, richtig zu gebrauchen, ist das nicht die wahre Grundlage des Wortschatzes?

Wir versuchen indessen, diese einfache Grundlage zu erweitern. Das Leben selbst übernimmt diese Bereicherung. Das Kind wird nicht ständig mit grammatischen Übungen gequält. Wenn sich sein sozialer Lebensbereich ausdehnt und es die Notwendigkeit nach neuen Wörtern empfindet, läßt es sich niemals abschrecken und versteht, dem Bedarf entsprechend, auf grammatischem Gebiet schöpferisch zu werden. Unsere Aufgabe ist gerade, ihm in diesem Augenblick zu helfen, damit es nicht auf den falschen Weg gerät und den Wörtern eine falsche, schwer zu korrigierende Bedeutung zuordnet. Schließlich erweitert das freie Lesen in unseren Bibliotheksbüchern jeden Tag den Wortschatz unserer Schüler und erspart uns alle methodischen Übungen.

Wir führen jedoch fast jeden Tag Vokabelübungen durch, die wir „Jagd nach Wörtern" nennen. Aber sie haben nicht das Ziel, neue Wörter zu lehren. Wir wollen vorzugsweise die vorhandenen Kenntnisse ordnen, nach bestimmten Merkmalen Gruppen bilden, um die Struktur und den Gebrauch der bekannten Wörter genauer zu erklären: Endungen, Wurzeln, Doppelkonsonanten, Pluralbildung usw. Wir vermeiden es immer bei dieser Arbeit, selbst neue Wörter auszusprechen. Wir ordnen nur die Kenntnisse, die dem schulischen oder gesellschaftlichen Leben entstammen – eine nicht eben hochtrabende Beschäftigung, die jedoch zumindest in einem Verhältnis zu unseren Schülern steht und deren großen pädagogischen Wert man nicht bestreiten kann. Sie ist vorbehaltlos mit der Idee zu vereinen, die unsere Bemühungen leitet: vom Kinde ausgehen, ihm helfen, seine Persönlichkeit zu vervollkommnen, und nicht mehr mit unserer Selbstgefälligkeit als Erwachsene verbale Reichtümer spenden, die niemals die Seele unserer Kinder erreichen.

Die Organisation der freien Arbeit

Man hat zu sehr den schönen schulmeisterlichen Unterrichtslektionen gehuldigt, die den Lernstoff *wie in einen Trichter* gossen.

Die neue Konzeption ist unter allen Gesichtspunkten rationeller; wirklich gewinnbringend erweist sich nur noch die persönliche schöpferische Aktivität, die gewollte Anstrengung, um die Neugier, den Wissensdurst und den Forscherdrang zu befriedigen.

Die Rolle des Erziehers wird weniger pedantisch-anmaßend sein. Das Wesentliche besteht zunächst darin, im Kind diese langlebigen Kräfte zu wecken oder vielmehr zu bewahren, die die wahre Erziehung bedingen, um dann die Schüler zu befähigen, ihre Bedürfnisse zu befriedigen, indem man ihnen alle Elemente liefert, die zu ihrer Instruktion und zu ihrer Weiterentwicklung beitragen. „Die Schule", sagte Tolstoi, „ist künftig vielleicht nicht mehr das, was wir darunter verstehen, mit Fußböden, Bänken, Stühlen; sie wird vielleicht ein Theater, eine Bibliothek, ein Museum, eine Unterhaltung sein." Wir können diese Entwicklungsstufe noch nicht beanspruchen, aber wir können von heute an unsere Arbeitsbedingungen ändern.

In unserer alten Schule bemüht sich der Lehrer am meisten. Was sage ich? Er ist oft der einzige in seiner Klasse, der irgendeine Aktivität an den Tag legt, als ob diese genügte, um junge Schüler auf das Leben vorzubereiten. Der offensichtliche Mißerfolg der heutigen Schule ist gewiß zu einem großen Teil auf diesen Irrtum der Erzieher zurückzuführen, die zu lange an die Allmacht ihres Wortes und ihrer von der Schulverwaltung überwachten Unterrichtsstunden glaubten, die sie den mit verschränkten Armen vor ihnen sitzenden Schülern erteilten. An dieser Konzeption braucht keine Kritik mehr geübt zu werden. Aber wir müssen wenigstens neue Verfahrensweisen finden, die uns aus diesem Schlendrian herausführen.

„Zusammenfassend ist zu sagen, daß die Erziehung darin besteht, die Fähigkeiten des menschlichen Lebewesens zu organisieren."[25]

Organisieren wir also die schulische Aktivität! Schaffen wir die Arbeitsschule! Unsere Schüler brauchen Beschäftigung, selbst wenn ihre Tätigkeiten von uns geringschätzig als „Spiele" betrachtet werden. Lassen wir sie arbeiten! Begnügen wir uns damit, es so zu tun wie der Ingenieur in der Fabrik: die großen Linien unserer gemeinsamen Anstrengung vorzubereiten; die

---

25 W. James, Causeries pédagogiques, Payot, Paris 1909.

Arbeit, ihre Versorgung, ihre Absatzmärkte zu organisieren; dafür zu sorgen, daß jeder auf dem Platz eingesetzt wird, wo er für sich selbst und für die Gemeinschaft am nützlichsten sein kann, um unter optimalen Bedingungen eine maximale Arbeitsleistung zu garantieren.

Die „Versorgung" und die „Absatzmärkte" sind vollständig in unseren Klassen zu finden: Brieffreunde, die uns ihre Arbeiten schicken und die unsrigen erhalten, Austausch verschiedener Unterlagen, Kauf von Büchern, die zu unserer Arbeit passen, für die Bibliothek usw.

Wie ist diese Arbeit nun zu organisieren? Nur einige Übungen, wie das Lesen und Abschreiben des gedruckten Textes, sollen von allen Schülern gleichzeitig ausgeführt werden. Aber um Faulheit und Unaufmerksamkeit nicht zu begünstigen und um unaufhörlich an das Arbeiten zu gewöhnen, bemühten wir uns darum, die freie Beschäftigung über die unmittelbar erforderlichen Aufgaben hinaus zu erlauben. Dazu haben wir verschiedene numerierte Übungen mit Antworten zur Selbstkorrektur auf Arbeitskarten vorbereitet, die den Schülern ständig zur Verfügung stehen. Alle Fragen sind auf Karten in einem Kästchen mit der Aufschrift „Grammatik: Fragen" eingeordnet, die Antwortkarten sind im Kästchen „Grammatik: Antworten".

Die Rechenübungen wurden genauso vorbereitet. Wir verfügen mit diesen Blättern über ein abgestuftes Arbeitsprogramm, das jeder Schüler absolvieren muß, indem er die vorgegebene Reihenfolge beachtet. Gewiß interessieren sich die Kinder nicht immer leidenschaftlich für diese Arbeit, aber sie haben verstanden, daß man, um richtig zu schreiben – und sie sehen diese Notwendigkeit ein –, die grammatischen Regeln kennen muß. Sie wollen alle die Operationen beherrschen und erkennen die Bedeutung der Übungen. Sie sind andererseits so mitgerissen von dieser Arbeit, die so viel Spaß macht und der man sich ganz hingibt, daß sie selbst diese trockenen Übungen mit Vergnügen absolvieren. Wir greifen in diese Arbeiten nicht sanktionierend ein, das Kind kontrolliert sich selbst. Wir verzichten in unseren Berichten auf jegliche schulische Heuchelei. Wir haben außerdem – und insbesondere durch die Druckerei – dem Kind die Gewohnheit vermittelt, fleißig und gewissenhaft zu arbeiten. Die Erfahrung lehrte uns, unter diesen Bedingungen dem Kind getrost großes Vertrauen entgegenzubringen. Das Kind, das – von sich aus und wenn es den Wunsch danach verspürt – eine Arbeit verrichtet, deren Notwendigkeit es einsieht, strengt sich natürlich an, vor allem dann, wenn die Tätigkeit, die man ihm anbietet, wie unsere Arbeitskarten, ein gewisses Maß an Unvorhersehbarem und erzieherischem Spiel enthält.

Die Vorbereitung der Arbeitskarten ist übrigens nicht die ganze Organisation der freien Arbeit. Wir glauben, daß, namentlich im Rechnen als einem metrischen System, das persönliche Experimentieren die Grundlage des Wissenserwerbs liefert. Die verschiedenen Maße sind nicht mehr in einem imposanten Kompendium eingeschlossen, aus dem man sie nur zur speziellen Unterrichtsstunde hervorholt; sie sind da, zugänglich für Schüler, die sich einzeln oder in Gruppen ihrer nach Belieben bedienen können. Papier, Karton, Sperrholz stehen den jungen Handwerkern ebenfalls zur Verfügung, die nach Beendigung der gemeinsamen Arbeit ihre Inspiration in eine schöne Illustration zum täglichen Text oder in köstliche Klischees übertragen, die wir dann nachmittags drucken.

Ist eine solche Technik in der Mittel- und Oberstufe anwendbar?

Als Freinet sein Buch „Plus de manuels scolaires!" schrieb, besaß er keine direkte Erfahrung mit Klassen der Mittelstufe und mit Abschlußklassen. Die traditionell geführte Klasse seines Direktors, die der seinen gegenüberstand, war ein ständiger Beweis dessen, was aus pädagogischer Sicht zu verurteilen ist. In seiner Klasse hatten die begabten Schüler, was die grundlegenden Techniken betrifft, schon das Niveau der Mittelstufe erreicht. Diese Tatsache verlangt, Arbeitsweisen einer anderen Stufe anzubieten.

Aber in enger Zusammenarbeit mit den Lehrern der Schulen, die man als „seine Filialen" bezeichnen könnte, verschaffte sich Freinet unermüdlich seine Belege. Die Unterlagen, die er von den Arbeitsschulklassen erhält (Schulen mit Koedukation oder Dorfschulen mit mehreren Jahrgängen, städtische Schulen mit Klassen, in denen es nur einen Kurs oder Zusatzkurse gibt), erlaubten eine pädagogische Auswertung, die den wesentlichen Inhalt der Zeitschrift „Die Schuldruckerei" (L'Imprimerie à l'Ecole) ausmachte. Freinet wurde im Jahre 1928 nach Saint-Paul berufen, um eine Klasse zu übernehmen, die die Elementarstufe, Mittel- und Oberstufe umfaßte; anschließend wirkte er in einer koedukativen Klasse in Vence, die von Kindern im Alter zwischen drei und fünfzehn Jahren besucht wurde. Er hatte nun Zeit und Grund, das Problem der pädagogischen Praxis in Klassen aller Schulstufen vertieft zu erproben. Zur gleichen Zeit begann er, seine Leitgedanken, die für das erzieherische Problem der Volksschule (Ecole populaire) richtungweisend werden sollten, genau darzustellen.

Die Disziplin und die Arbeit

Wie sieht die Klasse aus, in der die Schüler nicht alle zur gleichen Zeit die gleiche Aufgabe machen, wo sie nicht alle mit verschränkten Armen lässig warten, bis die für diesen Tag bestimmte Lektion vorgetragen ist, wobei sie mogeln, wo es nur geht? Wie soll die ganze schulische Arbeit und der Stundenplan geregelt werden?

In den Klassen ohne Leben, wo die Schularbeit – die mit Recht *Pflicht* (devoir) genannt wird – niemals ohne die strenge Aufsicht des Lehrers ausgeführt wird, wo die größten Anstrengungen der Schüler manchmal darauf verwandt werden, Mittel und Wege zu finden, sich der erniedrigenden Vorherrschaft der Schule zu entziehen, ist der Erzieher von den Erfordernissen der Disziplin und des Unterrichtens vollauf in Beschlag genommen.

Das alles ändert sich, wenn das Kind sich seinen Wissensdurst vollständig bewahrt hat. Ein Teil der Beschäftigung des Lehrers, nämlich die, seine Schüler zur Arbeit zu zwingen, ist nun frei geworden. Es verbleiben dem Erzieher fast nur noch edle und leidenschaftliche Beschäftigungen: Er leitet die Gemeinschaftsarbeit, überwacht, entscheidet als Schiedsrichter, gibt Anregungen, mißbilligt manchmal. Das erzieherische Wirken erhält die Ruhe und Vertraulichkeit, die dafür unbedingt erforderlich sind.

Nun garantieren wir kein völliges Stillschweigen. Wir wollen außerdem keine widernatürliche Unbeweglichkeit. Das ist am Anfang vielleicht ein wenig mühsam und für den Erzieher zweifellos anstrengender als die Führung einer Gruppe schläfriger Schüler. Aber das ist das Leben! Und im schönsten Sinne des Wortes ist das die aktive und frohe Erziehung.

Die Disziplin bleibt jedoch die erste Sorge des Lehrers, der Angst davor hat, „der Lehrer zu werden, der den Kindern preisgegeben ist", der die Sanktionen eines Schulrates fürchtet, der die ruhige Klasse vorschreibt, „in der man eine Stecknadel fallen hört". Freinet wird noch öfter auf dieses wichtige Thema zurückkommen, da die ganze schulische Arbeit davon abhängt.

„Menschlich sein, dem Kind Vertrauen entgegenbringen, soweit wie möglich Unterdrückung und Zwang vermeiden, ist sehr gut", sagen unsere Freunde. Was uns mehr interessiert, ist, zu wissen, wie wir diese für jede gute Erziehung wünschenswerten Ziele in unseren Klassen praktisch verfolgen können. Das Problem ist in der Tat nicht einfach, vor allem in unseren Volksschulen. Wir nehmen nicht für uns in Anspruch, endgültige Lösungen anzubieten, sondern wir wollen einen Weg aufzeigen, den wir für zuverlässig und heilsam halten.

Zunächst muß unserer Meinung nach dem Begriff „Disziplin" ein neuer Sinn gegeben werden, oder – besser – dieser Begriff muß vielmehr in seiner geläufigen Bedeutung aus unserem pädagogischen Vokabular verschwinden. Das Kind nämlich, dem man Beschäftigungen anbietet, die seinen physischen und psychischen Bedürfnissen entsprechen, ist immer diszipliniert, das heißt, es braucht weder eine Regelung noch einen Zwang von außen, damit es arbeitet oder sich dem Gesetz der Gemeinschaftsarbeit unterwirft. Wir können versichern, daß, wenn wir in der Lage wären, unseren Schülern die Möglichkeit zu geben, ihren Bedürfnissen und ihren Interessen entsprechend zu arbeiten, wir nur noch eingreifen müßten, um die Arbeit und die Beschäftigung unserer Gemeinschaft zu organisieren, aber alle alltäglichen schulischen Disziplinschwierigkeiten hätten keine Daseinsberechtigung mehr.

Die Einführung der Druckerei in unseren Schulen läßt uns all das ahnen, was in diesem Sinne verwirklicht werden könnte.

Disziplin im traditionellen Sinn verlangte die strenge Kontrolle der *Aufgaben*. Wir konnten jedoch unseren Unterricht so gestalten, daß unsere Schüler von sich aus mit einem unglaublichen Fleiß mehr Aufsätze verfaßten, als die Lehrpläne es vorschreiben. Die Lehrbücher gaben im Detail an, wie man die Aufmerksamkeit der Kinder während des Lesens gewinnen kann, und unsere Schüler lesen mit Ernsthaftigkeit und Neugier die Bücher ihrer Brieffreunde. Ebenso mußten wir ihnen die trockenen Formen einer leblosen Grammatik beibringen, während sich im Lichte der schulischen und gesellschaftlichen Erfordernisse alles aufhellt.

Wenn es in einer Klasse keine freie Aktivität als Grundlage der gesamten Organisation gibt, dann ist eine besondere Disziplin notwendig, und zwar sowohl, um das Kind zu unerwünschten Arbeiten zu zwingen, als auch, um seine brachliegenden Aktivitäten, die sich um jeden Preis durchzusetzen versuchen, zurückzudrängen. Es ist falsch, zu glauben, diese Disziplin könne liberal sein oder es könne ihr zugestimmt werden. Selbst wenn sie unter dem Einfluß Erwachsener von den Schülern selbst aufgestellt wird, bleibt sie trotzdem eine ihrem Wesen nach unterdrückende Disziplin, die das so schwierige Problem des wechselseitigen Handelns der Erzieher und derjenigen, die erzogen werden, unberührt läßt.

Das Problem der Disziplin scheint sich uns wie folgt zu stellen: Das Kind, das sich mit Begeisterung betätigt, diszipliniert sich selbst, sofern es nicht automatisch durch die Arbeit an Zucht und Ordnung gewöhnt wird. Unsere wahre Arbeit besteht darin, unseren Schülern alle erzieherisch wirkenden Tätigkeiten zu erlauben, die ihre Persönlichkeit zufriedenstellen, aufmerksam die *Technik* der Tätigkeiten zu studieren, die eine Disziplin voraussetzt, welche ihre Motivation im gesteckten Ziel findet. Das einzige Kriterium wird nun nicht mehr die Frage sein: Sind diese Kinder brav, gehorsam und ruhig? Sondern: Arbeiten sie mit Begeisterung und Schwung?

Diese freie Beschäftigung ist leider nur unter bestimmten günstigen Bedingungen in bezug auf Ausstattung und Organisation möglich. Die zu großen Klassen, in zu kleinen Räumen untergebracht, können sich die neuen Arbeitstechniken überhaupt nicht aneignen. Die Volksschulklassen sind aufgrund ihrer Konzeption und ihrer Zusammensetzung leider Sitzschulen, mit einem Platz für jeden Schüler, wo Gruppen sich weder zusammensetzen noch bewegen können ohne Lärm und Gefahr, was für die Gesamtheit der Klasse nachteilig wäre. Deshalb forderten wir eine adäquate materielle Ausstattung als Grundvoraussetzung jeder Volksschularbeit.

Eine andere Tatsache, die fast immer die Anwendung einer strengen Zucht erfordert, ist der Zwang, unseren Schülern Wissenselemente zu vermitteln, die in keiner Beziehung zum Geist des Kindes stehen. Ich denke dabei ganz besonders an das kaufmännische Rechnen und den offiziellen Unterricht in Geschichte. Solange die Prüfungen in ihrem Wesen selbst nicht geändert werden, wird die Schule darunter leiden, Wörter zu lehren, anstatt den Geist der Kinder zu bilden und zu entwickeln. Was konnten wir trotz dieser Schwierigkeit in der soeben definierten Richtung in unserer Klasse verwirklichen? Welchen Kompromiß fanden wir, um in unserem System, das sich so wenig um die Erziehung des Volkes bemüht, die Verwirklichung dieser Vorstellungen, die bei allgemeiner Durchführung einen großen finanziellen Aufwand erfordern, in Gang zu bringen? In welchem Maße können unsere Kollegen uns nachfolgen? Wir werden versuchen, diese Fragen in den folgenden Kapiteln zu beantworten.[26]

Techniken und Methoden

Im gleichen Maß, wie das pädagogische Arbeitsmaterial reichhaltiger wird und die aus diesem häufig mehrfach einsetzbaren Material entstehenden Techniken sich bewähren und vervollkommnen, können auch gewisse Gefahren den inneren Zusammenhalt einer an sich einheitlichen Pädagogik aufs Spiel setzen. Freinet fürchtet in der Tat, daß Spezialisten einer Pädagogik des Details sich davon anregen ließen – einige seiner Kameraden hatten sich darin zu wahren Meistern entwickelt – und daß so die Grundlinie des Denkens und Handelns im Sinne der Techniken verlorengehe, die durch den freien Aufsatz und die verschiedenen Aspekte des *freien Ausdrucks* im weitesten Sinn als Ausdruck des Lebens geschaffen wurde.

Außerdem liegt ihm auch daran, die Kritik seiner Verleumder zu widerlegen, die darauf abzielt, ihn ausschließlich auf einen empirischen Pragmatismus des Typographismus in der Schule festzulegen. Deshalb besteht er von Anfang an darauf (wir schreiben das Jahr 1928, in dem das Buch „Plus de manuels scolaires!" erscheint), daß ein grundlegender Unterschied gemacht wird zwischen der *Methode* und den *Techniken*. Dieses Thema greift er zudem während seines ganzen Lebens bei verschiedenen Gelegenheiten immer wieder auf, d. h. immer dann, wenn Scholastiker ihn nur als den *Praktiker* abstempeln wollen, dessen Arbeit allein auf dem Gebiet der Primarstufe Gültigkeit besitze.

Dieser wichtige Begriff „Methode" ist von Lehrbuchschreibern derart entwertet worden, daß es uns heute schwerfällt, ihm die

---

26 C. Freinet, L'Imprimerie à l'Ecole, Februar 1930.

genaue und volle Bedeutung wiederzugeben, die wir ihm in der Erziehung zuerkennen möchten. Wer „Methode" sagt, meint ein Erziehungssystem, das auf sicheren, wissenschaftlich bewiesenen und durch absolute Logik verbundenen Elementen basiert. Die pädagogische Wissenschaft aber steckt noch in ihren Kinderschuhen, und keine heute existierende Methode kann diesem Anspruch genügen.

Nur die Kirche, die sich nicht um die Wissenschaft kümmert und sich unerschütterlich – so glaubt sie zumindest – auf die Offenbarung und den Glauben stützt, besitzt ihre eigene, durch jahrhundertelangen Gebrauch erprobte Erziehungsmethode mit ihren Verfahrensweisen und Techniken, die trotz aller pädagogischen Entdeckungen fast unverändert blieben. Diese Methode beabsichtigt keineswegs die Befreiung des Individuums, sondern trachtet alleine danach, seine Anpassung an die bestehende Ordnung und seine immer größere Unterwerfung unter den Willen seiner Herren zu erreichen. Außer diesem verhältnismäßig logischen Versuch gab es in der Volkserziehung noch keine echte Erziehungsmethode.

Schon von Anfang an verherrlichte unsere staatliche und konfessionslose Schule den Unterricht; sie meinte, daß die Vermittlung der Grundkenntnisse des Lesens, Schreibens und der Naturwissenschaften zur maximalen Erziehung der Bürger beitragen könne. Hat nicht Condorcet von synoptischen Tafeln gesprochen, mittels derer die Schüler eine wahre Enzyklopädie überfliegen könnten und durch die sie in die Lage versetzt würden, ohne große Überlegung über Materien, die sie nur schlecht kennen, zu sprechen, einen Zeitungsartikel zu schreiben oder eine Rede im Parlament zu halten?

„Heute verlangt die herrschende Gesellschaft wie zur Zeit Fontenelles die Vermittlung einer *umfassenden Wissenschaft der Welt*, so daß sie sich immer eine Meinung über alle Dinge bilden kann, ohne eine spezielle Ausbildung erhalten zu müssen. Wir wissen, was es bedeutet, sich von der Philosophie des 18. Jahrhunderts inspirieren zu lassen, also aufgeklärte Geister zu formen. Das heißt, das Wissen so zu vulgarisieren, daß die jungen Republikaner in die Lage versetzt werden, einen ehrenvollen Platz in einer Gesellschaft nach den Vorstellungen des *Ancien régime* einzunehmen. Das bedeutet, daß sich die Demokratie nach dem Beispiel des verschwundenen Adels formen soll. Das heißt auch, daß die neuen Herren in den weltmännischen Rang ihrer Vorgänger erhoben werden. Aber an dem Tag, an dem das Proletariat, wie die Bourgeoisie nach der Revolution, zum Bewußtsein kommt, daß es fähig ist, nach seinen eigenen Lebensbedürfnissen zu denken, wird ein großer Umschwung eintreten.''[27]

Das Gemeinverständlichmachen wissenschaftlicher Dinge ist immer noch die Grundlage unseres Erziehungssystems. Die Erziehung wird in den Hintergrund gedrängt, und es fällt ihr schwer, von dort zu entkommen.

Entsprechend dieser Auffassung von der Rolle der Schule ging man daran, Unterrichtsmethoden zu entwickeln: Methoden zum Erlernen der Sprache, des Aufsatzschreibens, des Rechnens, des Schreibenlernens, der Geschichte etc. Jedes Fach hatte seine Methode. Aber war nicht schon das Wort Methode selbst widerrechtlich angeeignet, und hatte man überhaupt das Recht, Vorgehensweisen als Methoden zu bezeichnen, die sich auf kein einziges sicheres Element bezogen und die zudem jedes Jahr von anderen abgelöst, manchmal sogar lächerlich gemacht wurden? Es ist nicht so, daß wir etwa glauben, es sei unmöglich, eine wissenschaftliche Methode für das Lesen zu entwickeln. Das kann nur für eine sehr ferne Zukunft gelten, wenn die Pädologie einmal alle Geheimnisse des kindlichen Dynamismus enthüllt hat. Bis zu diesem Tag sind alle Versuche, auch die ausdauerndsten, unbeständig. Zudem können sie auch schädlich sein, wenn sie, wie es heute nur zu oft geschieht, auf Verfahrensweisen einer falschen Wissenschaft basieren, die das Kind verdummen, anstatt zu seiner wirklichen Erziehung beizutragen. Das weist uns auf die Notwendigkeit eines gemeinsamen Leitplanes in einer Erziehungsmethode hin, die den verschiedenen Verfahrensweisen des Unterrichts und der Erziehung, die man zu Unrecht ,,Methoden'' nannte und die wir ,,Techniken'' nennen werden, den Weg zeigt, den wir einschlagen müssen, wenn wir nicht unsere Kräfte vergeuden wollen.

Die Unterrichtung des Volkes ist also nicht mehr unsere einzige Sorge. Sie hat zu auffällig gezeigt, daß sie nur zu häufig die Seele ruinierte. Sie verbesserte den Menschen nicht und brachte uns häufig um die Schätze des gesunden Menschenverstandes und der Originalität, die uns unwissende Menschen offenbaren.

---

27 G. Sorel, Les Illusions du Progrès, Marcel Rivière, Paris 1920.

Der gesunde Menschenverstand eines Rabelais, Montaigne, Rousseau und Pestalozzi kommt allmählich wieder zu seinem Recht. Zur Bildung reicht es nicht aus, daß das Kind alle Lehrstoffe, die man ihm auf mehr oder weniger ansprechende Art präsentiert, in sich hineinschlingt; es muß aus sich heraus handeln, selbst kreativ sein. Vor allem muß es auch wirklich in einem normalen Milieu leben und darf nicht in unseren modernen *Kerkern einer eingesperrten Jugend* einschlafen.

So intensiv zu leben, wie nur möglich, liegt nicht dort im Endeffekt das Ziel unserer Anstrengungen, und sollte es nicht die wesentliche Aufgabe der Schule sein, die optimalen Möglichkeiten zu entwickeln, um dieses Ziel zu erreichen?

Der Begriff der „Ecole Active" („Die Tat-Schule"), deren eifriger Begründer A. Ferrière war, befriedigt uns nicht mehr völlig. Ich weiß, daß A. Ferrière selbst in diesem Begriff seine ganze Bejahung einer neuen Erziehung ausdrückt. Aber um die Positionen klar herauszustellen, müssen wir die Begriffe präzisieren. Der Begriff der Aktivität kann großen Einfluß auf unsere Techniken haben. Doch selbst bei weitgehendster Deutung sagt er nichts über den Umschwung in der Orientierung der Schule aus, den wir empfehlen. Der Begriff „Erziehung" scheint uns jedoch ausreichend.

In der herkömmlichen Schule unterrichtet der Lehrer tatsächlich, manchmal behauptet er sogar, seine Schüler zu erziehen. Wir sagen: „Das Kind muß sich selbst erziehen, sich selbst erheben *im Wettstreit mit den Erwachsenen.*" Wir verlagern die Achse der Erziehung. Das Zentrum der Schule ist nicht mehr der Lehrer, sondern das Kind. Wir brauchen nicht auf die Bequemlichkeit oder die Steckenpferde des Lehrers zu achten: Das Leben des Kindes, seine Bedürfnisse und seine Möglichkeiten sind die Grundlagen unserer Methode der Volkserziehung.

Das soll eine Methode sein? Es ist eine einfache ideologische Richtung! Wir behaupten nicht, daß wir von heute auf morgen das einführen können, was später die Methode sein wird. Aber indem wir uns auf die Lehren unserer besten Pädagogen stützen, können wir zumindest sagen: Hier existiert eine stabile Basis für eine freiheitliche Erziehung der arbeitenden Klasse. Wie wird es uns gelingen, diese methodische Linie mit einem Maximum an Erfolg einzuhalten? Dort liegt das *realistische Problem,* das nach unserer Meinung in seiner ganzen Komplexität untersucht werden muß:

die materielle und soziale Organisation der Schule, der Rhythmus der schulischen Arbeit, die Möglichkeiten für die Entfaltung der Kinder usw. Dabei sprechen wir keineswegs von Methoden, sondern nur von „erzieherischen Techniken". Durch diese neue Bezeichnung wollen wir zuerst einmal zeigen, daß die verschiedenen Lösungen, die wir für diese Probleme finden, ohne den Geist der Methode, der sie dienen müssen, von sich selbst her bedeutungslos sind. Wir wollen aber auch zeigen, daß diese Verfahren selbst, so neu und sorgfältig erarbeitet sie auch sein mögen, unserer Vorstellung nach unvollständig und zu häufig Veränderungen und dauerndem Streben nach Perfektion unterworfen sind, um auf einem sicheren Weg zu unserem erzieherischen Ideal zu führen.

Wenn wir darauf bestanden haben, diese wichtige Unterscheidung zwischen *erzieherischen Methoden* und *Arbeitstechniken* zu treffen, so deshalb, damit man nicht weiterhin das Werk der Erziehung und Befreiung mit den Werkzeugen verwechselt, die seine Vollendung erlauben, und damit man nicht unsere praktischen Forschungen vom großen sozialen, politischen, ökonomischen und philosophischen Problem trennt, das in der Suche nach einer Volkserziehung besteht. (C. Freinet, Plus de Manuels scolaires, Boulogne 1928)

Dr. Decroly selbst präzisiert seine Gedanken über diese wichtige Frage der Techniken und Methoden oder, besser, über die Methode folgendermaßen:

„Ich teile vollkommen Ihre Ansicht. Wie ich auch in den ‚Elseneur'-Sitzungen wiederholt habe, kann derzeit keine Methode die endgültige Lösung aller Probleme der Erziehung und des Unterrichts geben. Die Pädagogik muß noch in vielen ihrer Teilgebiete entwickelt werden.

Was man die ‚Decroly-Methode' nennt, hat, ehrlich gesagt, nicht den Charakter der Methoden, von denen man gewöhnlich spricht. Sie ist nicht auf eine Seite des Problems der Erziehung oder der Lehre beschränkt; sie erhebt auch keinen absoluten oder exklusiven Anspruch, wenn sie den anderen unbeugsam gegenübertritt; und sie will keinen Kodex von unbeweglichen und endgültigen Dogmen aufstellen.

Sie sucht vielmehr alle Kräfte der Erziehung und des Unterrichtswesens zu umfassen; sie wehrt sich gegen Steifheit und Perfektionismus, denn sie will offen bleiben, bereit zu jeder positiven Entwicklung. Sie leiht sich bei anderen Methoden die als nützlich erkannten Ziele und Mittel aus; sie nimmt Anregungen aus den Regeln, die in allen wissenschaftlichen Disziplinen vorherrschen, ohne sich dabei nicht auch bestimmter Arbeitshypothesen zu bedienen..."

Eine derart maßgebende Meinung konnte Freinet nur erfreuen. Übrigens entnimmt er den Werken Decrolys vielerlei Anhaltspunkte, die es ihm erlauben, sein Experiment, das bisher mancherlei Ungewißheiten ausgesetzt war, fortzusetzen. Denn Decroly ist ganz sicher die Autorität mit dem tiefgreifendsten Einfluß auf die „Bewegung der Neuen Erziehung", weil er mehr als jeder andere Pädagoge versucht, Theorie und Praxis miteinander zu verbinden. Die „Ecole de l'Ermitage" (Decroly-Schule), die er in der Nähe von Brüssel mitten in der freien Natur gründete, bemüht sich, seine synthetischen Erziehungskonzepte zu verwirklichen.

Für Decroly muß sich die Schule gleichzeitig in den Bereichen des tatsächlichen Lebens der Kinder und auf spekulativer Ebene entwickeln. Diese beiden Tendenzen sind untrennbar verknüpft durch die organische und psychische Einheit des Kindes, eine Einheit, die durch die Vereinigung von äußerem und innerem Milieu des Individuums realisiert wird. Ausgehend von dieser einheitlichen Konzeption, vertritt Decroly von der klassischen, abstrakten und analytischen Psychologie abweichende Standpunkte. Wir denken funktional und nicht abstrakt. Es gibt keine Denkfunktion, die außerhalb konkreter Erfahrungen stattfindet; ganzheitliche Aktivität des Wesens paßt sich mit all seinen Handlungs- und Ausdrucksmöglichkeiten allen Umständen an:

„Die neuen Sichtweisen der funktionalen Psychologie (insbesondere der von Dewey und Claparède) haben die Aufmerksamkeit zurückgelenkt auf die Ganzheit des psychologischen Problems, auf die psychischen Interaktionen und mentalen Interferenzen, die aus der Mentalität ein organisches, unlösbares Ganzes machen." (O. Decroly, Brief an Freinet aus dem Jahre 1928)

Diese Ansichten finden bei Freinet ein positives Echo: Schon in seiner Klasse in Bar-sur-Loup, wo er die natürliche Ganzheitsmethode eingeführt hatte, wirkte er unablässig im Sinne der nach Einheit strebenden Manifestation des kindlichen Verhaltens durch die Ganzheitsmethode.

Wenn Clémenti sagt: „Herr Lehrer, die Kirschen singen mit dem Stiel", so ist das mehr und besser als ein originelles Bild, es ist eine ganzheitliche Anschauung von dem nach Einheit strebenden Prozeß des Lebens.

Wenn Lulu feststellt: „*Die Sterne fallen nie herunter, nicht einmal, wenn genügend da sind*", befindet er sich instinktiv mitten im Kernpunkt der nach Einheit strebenden Gesetze des Weltalls. Das Streben nach Ganzheit ist der Prozeß des Lebens. Dieses Streben erlaubt es dem kleinen, neugeborenen Lamm, seine Mutter in der Herde wiederzuerkennen, dem Küken, sich am ersten Objekt zu orientieren, an das es sich festklammert, wenn es aus dem Ei schlüpft, und dem jungen Hündchen, sich an den Herrn zu halten, der es füttert. Wir befinden uns hier in einem entscheidenden Empirismus, dessen potentielle Möglichkeiten wir dringend herausfinden müssen. Dadurch, daß er zurückgeht zur Quelle der potentiellen kosmischen Energie, findet Freinet den Schlüssel, der die nach Einheit strebenden Kräfte aller Lebewesen freisetzt, nämlich das tastende Vorgehen *(tâtonnement)*. Wir werden darauf noch zurückkommen.

Die ständige Erweiterung des pädagogischen und kulturellen Horizonts

Die begeisterte Propaganda und optimistische Rechtfertigung der Freinet-Techniken durch Freinet und seine Anhänger kann den Eindruck von mehr oder weniger militanten Sektierern erwecken, die in einem Ghetto eingeschlossen sind, außerhalb dessen es für sie kein Heil gibt.

In Wahrheit ist die Realität jedoch anders. Nur wenige der bereits bekanntgewordenen Erneuerer werden der erziehungswissenschaftlichen Forschung anderer so offen gegenüberstehen wie Freinet und in seiner Folge die Erzieher der Internationalen Bewegung der „Schuldruckerei".

Das ist der Stand unserer gemeinsamen Erfahrung. Alle zusammen müssen wir die neue Arbeitstechnik entwickeln. Kollegen, die nach der Decroly-Methode der *Centres d'intérêt* (Interessenzentren) arbeiten, werden uns ihre Erfahrungen dazu mitteilen, ob die neue Aktivität unserer Klassen mit der schulischen Arbeit nach dieser Methode vereinbar ist.

Ebenso werden wir aus unseren Erfahrungen erkennen, was wir von der Praxis der freien Gruppenarbeit (Cousinet-Methode) erwarten und was wir davon in unseren Klassen anwenden können.

Wir müssen viel von unseren russischen Kameraden lernen,

weil die Druckerei, die Korrespondenz und der interschulische Austausch uns zwingen, uns wie sie auf das soziale Leben hin zu orientieren, um dort die wichtigen Elemente für die schulische Arbeit zu finden. Wir werden auch nicht zögern, in die Schule der amerikanischen Pädagogen zu gehen und in großem Maße das Arbeitsmaterial, das unsere neuen Aktivitäten wie die Druckerei, den interschulischen Austausch, den Zettelkasten und die Arbeitsbücherei bedingt, zu taylorisieren. Wir wiederholen nochmals, daß wir nicht unbedingt das Neue oder die Originalität suchen, obwohl wir sie keineswegs fürchten.

Wir nehmen unseren Vorteil dort, wo wir ihn finden: Wir passen die existierenden Techniken so gut an unsere Arbeit an, wie wir können. Unser Wunsch ist es nur, gleichzeitig das Material, das unseren Bedürfnissen entspricht, zu finden und ebenso Arbeitstechniken auszubauen, die es uns erlauben, die kreativen Fähigkeiten der Kinder für die Erziehung am besten auszunutzen.[28]

Man braucht nur die Fachzeitschriften dieser Jahre der begeisterten empirischen Forschung durchzublättern, um sich von dem Vorhandensein eines leidenschaftlichen Interesses für jeden nicht konformistischen Versuch zu überzeugen und um festzustellen, welche Offenheit und Objektivität bei allen Forschungen der Pioniere der Volksschule vorherrscht. Die *internationale Korrespondenz* ist eine ständige Einrichtung, die die Freinet-Bewegung (die übrigens von Anfang an international angelegt war) mit allen Pädagogen der Welt und ihren weitläufigen Erfahrungen verbindet. Die neuen Entwicklungen in der Sowjetunion, in den USA, in Deutschland, in Belgien, in Italien und in England werden unter Mitwirkung der anwesenden Anhänger gesammelt und analysiert. Dies geschieht in dem ständigen Bemühen um Verständnis und Bereicherung.

Die Chronik der Zeitschriften und Bücher der „Schuldruckerei" ist von großem dokumentarischem Reichtum, und wir halten uns unaufhörlich auf dem neuesten Stand über alles, was sich in der Pädagogik ereignet.

Die Freinet-Bewegung gehört übrigens in ihrer Gesamtheit der „Internationalen Vereinigung der Neuen Erziehung", unter Vorsitz der herausragenden Persönlichkeit von Adolphe Ferrière, an. Alle

---

28 C. Freinet, L'Imprimerie à l'Ecole, 1. 10. 1930.

Kongresse oder die verschiedenen Veranstaltungen der Vereinigung werden regelmäßig von Druckern oder Freinet selbst besucht. Informationsreisen ins Ausland werden dank der gegenseitigen Hilfe der Anhänger der verschiedenen Länder organisiert. Freinet macht es sich zur Aufgabe, die neuen Schulen, die in Europa die Avantgarde der Pädagogik der ganzen Welt bilden, zu besuchen, wie die deutschen Schulen von Petersen in Jena, Altona (Hamburg) (1923–1924), die avantgardistischen und polytechnischen Schulen der Sowjetunion (1925) und besonders die grenznahen Decroly-Schulen, Montessori-Schulen und das „Haus der Kleinen", das Claparède in Genf gegründet hat.

Es ist eine schwierige Zeit für pädagogische Neuerer in Frankreich. Zahlreiche Druckerkameraden werden von ihrem Dienstort versetzt, wodurch ihre konstruktiven Arbeiten in Schulen, die sich in einer sozialen Umwelt befanden, die ihnen wohlgesinnt war, beendet wird. Der Kampf der Verwaltung gegen die Schuldruckerei hat begonnen. Freinet aber nimmt den Kampf auf dem Gebiet der Pädagogik, das doch so schwer zu verteidigen ist, auf.

Die Druckerei in der Schule entwickelt sich und ist unbedingt notwendig. Es steht uns nicht mehr zu – und weniger noch den Kräften der Reaktion –, ihre Entwicklung zu begrenzen.

Zudem braucht die Schuldruckerei keinerlei Propaganda und auch keinen besonderen Schutz. Unsere Anhänger, die alten und die neuen, brauchen nur ihre Arbeiten zu zeigen und von den unbestreitbaren Vorteilen dieser Technik zu sprechen, damit sich andere Kollegen uns anschließen. Ich habe noch nie eingreifen müssen, um die Ausstellungen zu organisieren, auf denen unser Handwerkszeug und unsere Arbeiten mit großem Interesse geprüft wurden; denn unsere Gruppe ist in keiner Weise vergleichbar mit diesen mühselig aus passiven Anhängern konstituierten Organisationen, die von einer stark zentralisierten Geschäftsstelle verwaltet werden. Wir begnügen uns im Gegenteil damit, die individuellen oder lokalen Anstrengungen zu koordinieren oder zu unterstützen und zusätzliche Unterlagen zu liefern. Das ist zwar immer noch ein umfangreiches Vorhaben, aber zutiefst ermutigend und fruchtbar.

Ein anderer Grund, warum unsere grundlegende kooperative Arbeit nicht unter den zunehmenden Schlägen der Verwaltung, die seit einem Jahr gegen die Kameraden in unserem Verwaltungsrat geführt werden, gelitten hat, ist der, daß wir ohne Unterlaß von unseren Anhängern vorangetrieben werden, die uns mit Anfragen, Vorschlägen, Entwürfen und Projekten überhäufen, die sie in Gang brachten. Zum Ende dieses Jahres besitzen wir mehr denn je die Voraussetzungen, unsere kooperative Aktion in völliger Übereinstimmung mit den Gruppierungen, die für die schulische Befreiung durch die proletarische Befreiung kämpfen, fortzusetzen.[29]

---

29 C. Freinet, L'Imprimerie à l'Ecole, Juli 1930.

III Unter einem kapitalistischen Regime gibt es immer eine Pädagogik der Klassenunterschiede

Die pädagogische Praxis der neuen Erziehung macht die Entfremdung der Schule vom Volk im kapitalistischen System noch offensichtlicher:

Dort herrscht Zerrüttung, Baufälligkeit der Schulgebäude, Mangel an Unterrichts- und finanziellen Mitteln und eine Feindseligkeit der Obrigkeit gegenüber jeder Eigeninitiative der Lehrer; die proletarischen Kinder leiden unter Entbehrungen und Unterernährung.

Es bestehen Ausbildungsmängel bei den Lehrern, die sich der pädagogischen Forschung widmen, im Vergleich zu den Universitätslehrern, die hochspezialisiert und im Besitz aller Mittel zur Unterstützung ihrer pädagogischen Arbeit sind.

Es besteht auch eine ständige Opposition zwischen den Vertretern einer intellektualistischen Kultur und denjenigen einer allgemeinen Kultur der Empfindsamkeit und des gesunden Menschenverstandes.

Es gibt eine Klassen-Schule

Die Berührungen mit den Werken bedeutender ausländischer Pädagogen, denen im Rahmen ihrer Fähigkeiten alle Möglichkeiten zur Raumgestaltung und Ausstattung mit typisch persönlichen Werken in einem Klima von Frieden und Entspannung zur Verfügung stehen, sind eine Gelegenheit, den Graben, der zwischen den Versuchen der wohlhabenden Klasse und den Versuchen der Klasse des einfachen Volkes in Frankreich liegt, weiter aufzureißen. Die neue Pädagogik verfügt weder über die gleichen Vorgehensweisen noch über den gleichen Anklang.

Zwar bezeugen Decroly- und Montessori-Schulen, die geographisch so nah beisammen liegen, die unleugbare Erneuerung des Unterrichtswesens, nämlich die Verdammung der Scholastik. Da sie sich aber darauf beschränken, die Theorien ihrer Gründer zu praktizieren, arbeiten sie gleichsam hinter verschlossenen Türen. Zudem sind sie der Beweis, daß ihre soziale Verankerung im bürgerlichen Milieu liegt. Es droht ihnen auch keine Gefahr von der Regierung, die sie ja unterstützt.

Die Lehrer der Schuldruckerei arbeiten demgegenüber unter unzureichenden materiellen und pädagogischen Bedingungen und können sich diese typisch bürgerlichen Schöpfungen auch nicht zum Vorbild nehmen. Das sei hier ganz objektiv und ohne politische Absicht festgestellt; es rechtfertigt aber unsere unumstößliche Stellungnahme. Die Armut der Volksschulen, die sich in tausend Details zeigt, weil sie durch ständigen Entzug gelähmt sind, diese Not, so möchte man sagen, ist eine Herausforderung zur Erneuerung des Erziehungswesens.

Wir befinden uns in den Jahren der Wirtschaftskrise von 1929–1935: Im familiären und sozialen Bereich sind die Kinder des einfachen Volkes ein Opfer der Massenverarmung, die einen großen Einfluß auf ihre Gesundheit, ihr Verhalten und ihre geringe Anpassung an die Forderungen der Schule ausübt.

Die Praxis des auf Freiheit und Vertrauen basierenden Ausdrucks ist der Beweis dafür, daß es eine unterschiedliche Erziehung der sozialen Klassen gibt. Es ist jedoch sehr gewagt, solch eine Feststellung in den *freien Texten* zu treffen. Das ist die erschütternde Erfahrung, die Freinet in seiner Schule in Saint-Paul-de-Vence machte, wo die Aufsätze und Untersuchungen seiner Schüler zu der einfachen und nackten Wahrheit führten, daß es Arme gab, denen es tatsächlich an allem fehlte, und Reiche, die mit allen Gütern überhäuft wurden.

,,Ich esse jeden Tag Reis. Meine Mutter kann kein Fleisch kaufen. Sie hat kein Geld.''

,,Meine Mutter sagt, wenn das lange dauert, wird großes Unglück geschehen. Das muß in Ordnung kommen, weil die Eltern ihre Kinder nicht mehr leiden sehen wollen.''

,,Nein, Madame, ich habe keine Magenschmerzen, ich habe Hunger.''

Das ist sicherlich etwas anderes als die übertrieben gesäuberten Texte unserer Schulbücher, in denen die Arbeiter und Bauern nur in schöner und idealisierter Darstellung erscheinen.

Aber wir haben den Kindern unser Wort gegeben. Was sie uns sagen, was sie schreiben, was sie fühlen, drücken sie nicht in literarischen Stücken aus, wo Wörter die harte Wahrheit aufzeigen, sondern durch Tatsachen, durch den Aufschrei und durch die Realität. Durch sie gelangen wir zu den größten Enthüllungen über den sozialen Zustand und das Leben, über die Mühen eines

Teils der Ärmsten der Menschheit. Wir dringen ein in die Geheimnisse des harten Familienlebens, das lästige Aufeinanderwohnen in den Elendsvierteln, die Ausbeutung der Not und – auf dem Lande – in die Schicksalsschläge des uralten und letztendlich erfolglosen Kampfes, den der Bauer mit der Erde führt, um der Ungewißheit des nächsten Tages oder der Last, die ihm der ländliche Arbeitsablauf, übertriebener Individualismus und Ausbeutung auferlegen, zu entrinnen. Diese Tatsachen werden uns nicht so genau von den Schülern zugetragen. Das Kind hat nur eine unklare Vorstellung, weil ihm häufig Vergleichsmöglichkeiten fehlen, die es seinen Staat verfluchen lassen würden. Durch seine Arbeit – die in unseren Klassen so vorrangige Bedeutung hat –, durch seine Spiele und Träume spüren wir Erwachsenen die barbarische Ungerechtigkeit, die auf ihnen liegt und die uns zum Revoltieren bringt.

Dürfen wir den unbefangenen Ausdruck des Lebens unserer kleinen Proletarier verbieten? Sollen wir die Realität ihrer Enthüllungen verschleiern, ihre Tragweite beschneiden, nur damit wir ungünstige Ansichten über das derzeitige soziale Regiment vermeiden? Aber im Namen welcher großen Prinzipien, auf welcher Basis und mit welchem Ziel sollen wir intervenieren?

Man spürt die außerordentliche Tragweite der Frage. Wir wollten einfach und ehrlich eine Pädagogik praktizieren, die auf dem Leben unserer Schüler aufbaut, eine Schule nach Maß und Maßgabe der Arbeiter- und Bauernsöhne in unseren Schulklassen. Das ist aus humaner, psychologischer und pädagogischer Sicht unendlich wünschenswert und unbestreitbar.

Zufällig aber sind die wirtschaftlichen und sozialen Gegebenheiten so, daß die einfache Bezugnahme dabei Gefahr läuft, als eine die herrschende Ordnung verletzende Art angesehen zu werden. Auf der einen Seite schreiben uns die Lehrpläne vor, die Kinder dazu zu erziehen, daß sie sich umschauen, abwägen und wertschätzen lernen, auf der anderen Seite würden unsere Vorgesetzten uns entgegenhalten, daß gewisse unbestreitbare soziale Wahrheiten, die übrigens jeder Erwachsene verbreitet, nicht von den Kindern ausgedrückt werden sollen. Sie sollen nicht mehr schreien: „Ich habe Hunger!" Sie sollen nicht mehr sagen, daß sie zu sechst in einem Zimmer schlafen, daß sich die Ernte nicht verkauft oder daß sie keine Schuhe mehr haben. Wenn man diese Wahrheiten zu sehr offenlegen würde, wäre die Gesellschaft gezwungen, etwas zu tun.

Lest also mit euren Schülern Lesestücke, in denen die Kinder achtbar leben, ohne sich jemals zu beklagen! Das ganze Problem einer Klassenschule wird dadurch mit großer Deutlichkeit aufgeworfen.

Wir glauben und haben es schon gesagt, daß eine psychologisch orientierte Schule die Natur und die Bedürfnisse und das Leben ihrer Schüler zur Basis haben muß und daß in diesem Sinn unsere von kleinen Proletariern besuchten Schulen einen *proletarischen Unterricht* bieten müßten. Das ist normal und unwiderlegbar. Klassenorientierter Unterricht? Wenn man so will, und zwar in dem Maße und nur insoweit, als dieses Proletariat eine Klasse ist.

Wir betonen hier, daß wir den Wörtern „Klasse" und „Proletarier" keinerlei politischen Inhalt geben. Wir haben die Tatsachen objektiv und nüchtern betrachtet. Wir verwahren uns gegen die Behauptung, Klassenkampf zu betreiben, da wir Neid- und Haßgefühle nicht fördern. Wenn die Tatsachen aber so liegen, daß die Kinder von sich aus dazu kommen, Feststellungen zu treffen, die der Regierung abträglich sind, können wir nichts dafür. Nicht wir sind es, die unrecht haben, sondern die Fakten oder die Regierung, die sie absegnet. An diesen Regierungen ist es dann auch, die sozialen Widersprüche abzuschaffen, deren Existenz der Ideologie unserer Kinder Schaden zufügen könnte. Um wieviel gefährlicher erscheint uns der Auftrag, zu dem man uns nötigen möchte.

Forderungen, wie: der Wahrheit, dem Recht und der Gerechtigkeit zu dienen, sind in einer Gesellschaft fehl am Platz, die diese Werte mit Füßen tritt. Wir müssen einem System dienen: als Arme unter Armen. Indem wir die Söhne der Armen erziehen, müssen wir unsere moralische Überlegenheit, unseren Einsatzwillen und unser Wissen in den Dienst der reichen Ausbeuter stellen. Verstümmelt und voller Haß auf den von uns geführten Krieg, müßten wir schon wieder die kapitalistische Erpressung rechtfertigen. Wir müßten unsere Schüler laufend anlügen, ihnen eine überaus zweifelhafte Moral eintrichtern, die keinerlei Beziehung zur wahren Moral hat, die wir vertreten und lehren. Wir sehen sehr gut und wissen, was man von uns will, nämlich daß wir fortfahren mit dem unmoralischen und antipädagogischen Einpauken von Wissen, das keine Menschen, sondern friedfertige Diener eines Regimes hervorbringt. Man möchte uns, die proletarischen

Lehrer, zwingen, vorbehaltlos die *Schule der bürgerlichen Klasse* zu verwirklichen.

Darauf antworten wir: „Nein." Wir sind Erzieher. Unsere erste Aufgabe ist es, die Kinder, die uns anvertraut sind, zu respektieren, sie zu erziehen, sie aufzurichten. Aus diesem Grund stellen wir uns gegen jeden Dogmatismus, der sich auf außerpädagogische Betrachtungen stützt. Wir stehen nicht im Dienst von vergänglichen Regierungen oder wechselnden Regimen. Wir stehen im Dienst der Kinder und der Gesellschaft, auf die wir diese Kinder nach den Regeln der Wahrheit und der Freiheit vorbereiten wollen, froh und stolz, daß wir uns auf alle Kräfte stützen können, die das gleiche Ziel einer Befreiung und Erneuerung verfolgen.[30]

Die uneinheitliche Lehrerausbildung

Immer wieder machen wir die Feststellung, daß Unterschiede im Verhalten und der Lebensart bei angesehenen Lehrern offenkundig werden, die sich ihrer Fähigkeiten und der Beweiskraft ihrer Worte sicher sind, und bei den Lehrern, die für den pädagogischen Empirismus und gegen den schulischen Konformismus kämpfen.

Die Lehrer des Volkes – insbesondere Freinet, der sich in seiner Lektüre und in seinen Schriften ständig mit der erzieherischen Aufgabe auseinandersetzt – sind sich der Unzulänglichkeit ihrer Grundschulbildung voll bewußt. Die Männer und Frauen, durch deren Schriften und Taten die „Neue Erziehung" Anerkennung erzielte, wie Binet, Decroly, Claparède, M. Montessori und Dewey, sind Vertreter der Universität. Sie alle orientieren sich an der Biologie oder dem Beruf des Mediziners. Sie können der Funktion und den Problemen der Erziehung eine wissenschaftliche Breite geben, was zumindest dem Anschein nach ihre pädagogischen Innovationen rechtfertigt, sie absegnet und ihren Ruf festigt: Medizin, Biologie und Pädagogik sind sich ergänzende Wissenschaften, die ein weites Feld von Forschungsmöglichkeiten eröffnen.

Man muß feststellen, daß diese Gelehrten durch die Praxis der Medizin und Biologie eine sehr klare Meinung über die organische

---

30 C. Freinet in: L'Educateur Prolétarien, Nr. 1, Januar 1933.

und psychische Ganzheit des Kindes erlangt haben. Mehr als alle anderen Pädagogen leiten ihre klinischen Versuche sie dazu an, mit der zersplitterten Wissenschaft einer Psychologie zu brechen, die die Gegenstände ihres Forschens voneinander trennt. In einer Persönlichkeit sind alle Fähigkeiten so vereinigt wie die Organe in einem Organismus. Die Ganzheit eines Lebewesens ist nicht statisch, sondern genetisch, funktionell, dynamisch, und alles steht in Verbindung mit dem Milieu, dem sie angehört und mit dem sie spontan reagiert. Besser könnte man die Begründung für den *freien Ausdruck* nicht belegen.

Für Freinet, den polytechnischen Praktiker, sind das nur ganz einfache, geradezu banale Ideen, die ganz natürlich aus dem aktiven Leben entspringen. In jedem von uns sind sie unausgesprochen; versteckte Gedanken, die darauf warten, ans Licht zu treten, eine unvermeidliche Folge des gestaltenden Lebens. Ist die wissenschaftliche Spezialisierung aber nicht in Gefahr, sich den natürlichen und offensichtlichen Befunden in den Weg zu stellen?

Binet, Decroly und M. Montessori haben sich in der Medizin auf Behinderte spezialisiert. Als Spezialisten haben sie Techniken, Werkzeuge, Spiele und Tests geschaffen, die auf schwachsinnige und langsam begreifende Kinder zugeschnitten sind. Diese Ausnahmefälle fordern die direkte und gewissenhafte Anwesenheit des Lehrer-Arztes, damit das zurückgebliebene Kind in mehr oder weniger ausgedehnten Etappen die Wiedereingliederung in seine Umgebung erlangen kann. Der Patient muß sich selbst erziehen und im Rahmen der erzieherischen Handlungsmöglichkeiten wirken. Im Fall von behinderten Kindern gibt es, wie es scheint, keine anderen Lösungen, und die Ergebnisse, die die internationale Pädagogik bisher auszeichneten, sind sicher positiv.

Aber durften wir uns ohne Einschränkung von diesem Ansatz und dieser Richtung einen bedeutenden Teil für die neue zeitgenössische Erziehung ausleihen? Dort haben wir auf jeden Fall folgendes gewonnen: den kindgemäßen Unterricht, die Notwendigkeit des funktionalen Interesses, ohne das keine Faser des amorphen Wesens schwingt, die Individualisierung des Unterrichts, die es jedem Schüler erlaubt, seinen eigenen Lernrhythmus auszunutzen, die Versachlichung und das Experimentieren, die den extremen Intellektualismus, an dem wir starben, nach und nach korrigieren, alles Errungenschaften, deren Tragweite für den

Prozeß der pädagogischen Modernisierung wir nicht genug hervorheben können.

Aber bringt es nicht auch große Gefahren, wenn wir uns ohne Vorbehalte der Erziehung der Behinderten anschließen, und wäre es nicht auch Zeit, sich einzusetzen für die Realisierung einer natürlichen und humaneren Pädagogik?

1. Die Behinderten-Pädagogik lehrt uns, vorsichtig vorzugehen, Stufe für Stufe auf dem Weg vom Verstehen zum Aneignen und Handeln. Sie vergißt, daß es auch Individuen gibt, die vier Stufen auf einmal nehmen können oder gar mit einem Satz die Treppe überwinden und für die es höchst nervenaufreibend ist und auch ein wenig demoralisierend, wenn sie auf der Stelle treten müssen.

2. Die Behinderten-Pädagogik hat den Anschauungsunterricht und das Experimentieren, aber auch das didaktische Material und die Spiele ins rechte Licht gerückt. In diesem Bereich wohnen wir einer echten Regression bei, die unter dem Deckmantel des Fortschritts Gedankenflüge und Kühnheit beschränkt.

3. Dr. Decroly hat der peinlich genauen Beobachtung, die Stück für Stück erfolgt und Steinchen für Steinchen zusammenträgt, zum Durchbruch verholfen. Sie ist sehr hilfreich bei der Arbeit mit Behinderten. Aber sie vernachlässigt völlig diese andere Art der Beobachtung, die nach anderen synthetischen Prozessen mit Sinnen und Möglichkeiten arbeitet, die manchmal noch mysteriös scheinen, diese Beobachtung, die wie ein Blitz einschlägt und die in einem Augenblick sieht, was eine stundenlange Beobachtung nicht zu entdecken wußte.[31]

Decroly und M. Montessori greifen auf vergleichende Kontrollen ihrer Schüler und eine abgestufte Skala der Fortschritte sowie auf den Übergang zu Situationen mit gestaffeltem Schwierigkeitsgrad zurück, wobei alles bis ins Detail von Erwachsenen geschaffen worden ist. Daher rührt auch die mißbräuchliche, in manchen Fällen auch unterdrückende Rolle des Lehrers, der für das Verhalten des Schülers unentbehrlich geworden ist. Solche Gefahren werden noch verstärkt, weil die Klassen von Decroly, M. Montessori, Binet und Dewey mittels zwischengeschalteter Personen funktionieren, wenn es um die pädagogische Praxis geht. So kennt der Lehrer als Erzieher dort

---

31 C. Freinet, Les Dits de Mathieu, Neuchâtel 1959, S. 98.

nicht die Vorteile eines alltäglichen Eintauchens in die kindliche Gemeinschaft, das ihn den Pulsschlag der schulischen Gemeinschaft fühlen läßt und ihn am spontanen Austausch teilhaben läßt, wo man nicht müde wird, zu geben und zu nehmen, weil alle eingespannt sind in die Strömungen eines grenzenlosen Lebens.

Freinet befindet sich bei seinen Schülern immer wie der Schäfer in der Mitte seiner Herde und widmet sich völlig seiner erzieherischen Berufung. Er hält sich nur für einen Mann mit großer vielseitig orientierter Aktivität, gesundem Menschenverstand und natürlicher Güte. In seinen Augen sind das positive Werte, die seinem Beruf nützlich sind. So hat er denn auch keine Minderwertigkeitskomplexe wegen seiner Grundausbildung. Er ist kein Universitätsgelehrter, er hat aber wirkliche tiefe und grundlegende Erfahrung gesammelt, nämlich die des Schäfers, des Arbeiters, die in ihm wie mit unauslöschbarer Tinte auf Pergament geschrieben ist. Das läßt die Bücherschreiber lächeln und ruft Mitleid bei ihnen hervor. – Das gibt ihm aber auch Grund, Vertrauen in sich selbst zu gewinnen und ohne Furcht vor die Herde der Kinder zu treten, für die er die Verantwortung übernimmt. Seit Jahrtausenden schon, d. h. heute noch genauso wie in den frühesten Anfängen der Menschheit, kommt der Arbeit des Schäfers besondere Bedeutung zu – ohne abgewertet zu werden und ohne daß sich die Tugenden einer sehr umfassenden empirischen Wissenschaft verlieren würden, die in weiter Ferne, nämlich bei den Quellen des Lebens, die Gesetze der kosmischen Energie sucht. Niemand wird von dieser notwendigen Unterwerfung unter die Gesetze der Natur, die unerbittliche Schicksalsfügungen sind, so beherrscht wie der Schäfer, niemand bringt dem spontanen Rhythmus des innersten Organismus der Kreatur soviel Aufmerksamkeit entgegen; keiner erfaßt wie er in seinem Wesen, an der vom wiedergefundenen Instinkt am weitesten entfernten Stelle, die goldenen Regeln der Führung der Herde, die aus sanfter Unterwerfung und beständiger Autorität bestehen. Schriftsteller mit großer Hirtenerfahrung und großem Talent haben unzählige und inhaltsreiche Werke über diesen Vorstoß eines intuitiven Wissens geschrieben, das inmitten der Natur in Kontakt mit der Kreatur tritt. ,,Les hautes terres''[32] von J. Finbert – der hellste und genialste der herdenführenden Denker – wäre, wenn nötig, das

---

32 Albin Michel in: E. J. Finbert, Les hautes terres, Paris 1955.

bewegendste und berechtigste Plädoyer für eine neue Menschlichkeit. Um diese zu erreichen, muß man, wie schon gesagt, einen anderen Weg einschlagen. Diesen Weg hat Konrad Lorenz beschritten, als er sein Labor verließ, um seine vom Instinkt inspirierte Erforschung einer Herde von Wildgänsen zu betreiben. Auf diesem Weg, durch das einfache Gespür eines Berufes, der den elementarsten Mächten des Lebens geweiht ist, stößt Freinet zum Herzen des Phänomens der universellen Erziehung vor. In den Augenblicken des Fragens und des Zweifelns, wenn der intellektuelle Geist über den zu untersuchenden und zu lösenden Problemen pausiert, wird er zurückkommen zu den freien Räumen der Weiden, um Schritte zu unternehmen, die den Menschen ins Zentrum der gelebten und erworbenen Dinge stellt. Einen Schäferhund zu dressieren ist ein erzieherisches Werk von großer Feinheit, das sich nur nach den Bedürfnissen, der Begeisterung und dem Empfindungsvermögen des ungeduldigen Tieres richtet, das zur Verwirklichung und zum Schicksal seiner Rasse kommen will. Die Erziehung von Kindern erfordert die gleichen Schritte, die dem Rhythmus und der Spontaneität des innersten physiologischen und psychischen Organismus angepaßt sind. So bleibt für Freinet während seines ganzen Lebens die Hirten-Erfahrung das Leitmotiv für sein erzieherisches Experiment. Angesichts der Schwierigkeiten, denen er in seiner erzieherischen Funktion gegenübersteht, wird er immer wieder seine pastorale und seine pädagogische Berufung, die er beide aus dem reichen Inhalt des Lebens zieht, einander gegenüberstellen.

„Sie haben unrecht", wetterte der alte Schäfer, „Ihre beiden Zicklein so lange im Stall zu lassen, die es nur gewohnt sind, im Warmen hinter ihren Stallwänden zu schlafen, aus ihrem Brotkorb zu fressen, hinter ihrer Mutter herzulaufen und gleich anfangen zu blöken, wenn sie sich hinter einer Hecke verloren fühlen. Sie werden sehen, wenn Sie sie zur Herde tun, werden sie nicht mal fähig sein zu ‚folgen'. Sie werden sich von den Hunden beißen lassen, sich im Geröll ein Bein brechen oder sich in den Stangen des Pferches verfangen..."

Das Leben wird durch das Leben vorbereitet.

Wenn Sie fürchten, daß Ihr Sohn eine Beule an die Stirn bekommt, seine Schürze zerreißt, sich die Knöchel und die Hände schmutzig macht, daß er fallen oder ertrinken könnte, dann sperren Sie ihn ins gemütliche Eßzimmer ein, oder nehmen Sie ihn, wenn Sie ausgehen, an die Leine, aus Furcht, er könnte sich zu schnell den Kinderbanden anschließen, die in den Straßen, zwischen den Weinbergen und im Dickicht furchtlos ihre ersten Erfahrungen machen. Errichten Sie rings um seine persönliche Aktivität eine Reihe von Barrieren, die genau wie die Wände des Stalls Ihren kleinen Menschen daran hindern werden, seine Muskeln spielen und seinen Geist wandern zu lassen. Wählen Sie aufmerksam die Reden aus, die Sie für ihn bestimmen, und auch die Bücher, die ihm immer ein falsches Bild dieses Lebens, das ihn mit Nachdruck ruft, geben, gerade weil es nur ein Bild ist. Und bleiben Sie standhaft gegenüber den begehrlichen Blicken, die er auf verbotene Tätigkeiten wirft, wie die Zicklein, die, den Kopf zwischen den Stangen, ihre Augen und Sinne auf die Natur richten, die sie anzieht.

Suchen Sie für ihn eine gut konformistische Schule aus, wo man keinen Hammer benutzt und kein Reagenzglas, wo man nicht mit der Druckerei schreibt und sich nicht mit der Farbwalze beschmutzen kann, wo man sich nicht mit dem Schnitzmesser, das auf dem Linoleum, das man gerade schneidet, unglücklich abrutscht, verletzen kann, wo er seine Schuhe nicht schmutzig macht mit dem Schlamm der Wege oder mit Gartenerde. Lektionen und Aufgaben..., Aufgaben und Lektionen... Das ist der Geist, der unter Luftabschluß verkrusten muß.

Nachher werden Sie sich wundern, wenn Ihr Kind mit den Händen ungeschickt ist, wenn es beim Spielen und bei der Arbeit zögert, wenn es unruhig und schüchtern ist gegenüber den Forderungen der Anstrengung, wenn es in einer Welt, in der es nicht mehr genügt, lesen und schreiben zu können, sondern wo man mit Entschluß und Heroismus zupacken muß, aus den Gleisen gerät. Das Leben wird durch das Leben vorbereitet.[33]

---

33 C. Freinet, Les Dits de Mathieu, S. 33.

Empfindungsvermögen und Intellektualismus

„Ich halte das Empfindungsvermögen für eine der grundlegendsten Eigenschaften jeder lebenden Zelle, für das große
ursprüngliche Phänomen, von dem sich all die anderen
Ordnungen, seien es physiologische oder intellektuelle, ab-
leiten."

Claude Bernard

Diese Spannweite der erzieherischen Aufgabe bis hin zu den Wurzeln
des Instinkts und den Einflüssen des Milieus, dieses gegenseitige
Durchdringen seines pastoralen und seines pädagogischen Könnens
erklären Freinets Mißtrauen gegenüber gewissen „Geistesspeziali-
sten". Diese bezeichnet er als:

„die Geschichtsschreiber, die wahren oder falschen Weisen, die engstirnigen
Denker, die immer wieder die bildenden Tugenden des Unterrichts anpreisen,
was so weit geht, daß sie uns glauben machen wollen, daß er die einzige und
bestimmende Determinante des Fortschritts ist und daß durch sein Verdienst
alleine Schulen entstehen, das Volk sich bildet und die Welt sich verändert"[34].

Nur der Intellektualismus trennt mit falschen Erklärungen, mit der
Ankettung der logischen und formalen Gedanken, die Kultur und die
tatsächlichen Gegebenheiten des Lebens voneinander.

„Die moderne Kultur hat eine schwere Kluft zwischen dem Leben und dem
Denken geschaffen, eine Kluft im Evolutionsprozeß zwischen dem einzelnen
und dem sozialen Organismus."[35]

Durch die Lektüre philosophischer und psychologischer Werke, die
Freinet analysierte und kommentierte, erhielt er einen Überblick
über den Inhalt und die Form gewisser „Geisteswissenschaften" und
insbesondere über die wissenschaftliche Psychologie. Wenn er diese
edle Brüderschaft von Meistern des Denkens verlassen hat, so
geschah dies nicht nur, weil ihm diese Offenbarungen den Weg nicht
erhellten, sondern hauptsächlich deshalb, weil sie seine eigenen
Forschungen zu verwirren drohten. Der Intellektualismus ist ein
bedeutender Aspekt der bürgerlichen Kultur, gegen den man
unbedingt kämpfen muß.

Den Lehrern der Neuen Erziehung ist, obwohl sie sich um

---

34 C. Freinet, L'Education du Travail, Neuchâtel 1960.
35 ebd.

pädagogische Praxis bemühen, eine Art Metaphysik des Handelns, die normalerweise von den Intellektuellen beansprucht wird, keineswegs fremd. Dies trifft beispielsweise für die Professoren Wallon und Diéron zu, denen Freinet in Versammlungen der „Französischen Gruppe der Neuen Erziehung" begegnet. Freinet wirft ihnen vor, daß sie sich in einer Psychologie allgemein begrifflicher, mehr oder weniger ablenkender Tatsachen verirren, die nicht präzisiert, was für eine praktische und menschliche Pädagogik fundamental wichtig ist. Er stellt tatsächlich fest, daß – vor allem bei den Theoretikern der „Neuen Schule" – eine scheinbar perfekte Theorie in bezug auf die Ideen existiert, die in Wirklichkeit von der Praxis durchbrochen und dem Zufall der Improvisation überlassen wird, wogegen man in der Praxis die Lösung für Probleme des täglichen Lebens finden kann.

Das stimmt ganz besonders für die pädagogische und philosophische Theorie von Dewey, den fruchtbarsten Theoretiker der „Ecole Active", der unzählige Grundwahrheiten von Erkenntnissen über das Kind in die Welt setzt. Daraus hat er jedoch leider keine schulische Praxis abgeleitet, der man folgen könnte. Die technische Organisation der Schule, die er vorschlägt, wirft philosophische Doktrinen auf, die er in seiner Konzeption von einer idealen Laborschule rechtfertigt, die niemals realisiert wird. Nur als maßgeblicher Kritiker wird er in die praktische Pädagogik eingehen, nämlich durch die Analyse neuer amerikanischer Schulen, die ohne ihn eingerichtet wurden. Deweys Konzeption, die auf dem Prinzip der Einheit basiert (Einheit des Kindes mit der Schule, der Schule mit der Gesellschaft, des Menschen mit der Natur), ist mythologisch und jeglicher gelebten Erfahrung fremd. Sie unterstützt die aufbauende oder zerstörende Auswirkung des sozialen Milieus auf die Persönlichkeit des Kindes, je nachdem, welcher Klasse es angehört.

Freinet schrieb im Jahre 1930:
Wir müssen den Gedanken J. Deweys gegenüber große Vorbehalte machen, insbesondere, was seine Auffassung von der Kulturrevolution, der Erziehung und der Demokratie anbelangt. Da gibt es Seiten, die durch die Geschehnisse der letzten zehn Jahre veraltet sind und deren jüngste Krise, die notwendig auch die amerikanische Schule erreicht, die Schwächen unterstreicht. Dewey spricht zu idealistisch von der Demokratie. Er scheint gewisse proletarische Realitäten zu ignorieren, von denen die Schule des Volkes,

deren Verfremdung im kapitalistischen System aller Länder der Erde immer wieder betont werden muß, abhängt.[36]

In den Schriften der berühmtesten Pädagogen unserer Zeit findet man nie jene Sorge um die Lebensfreude, den allgemeinen Ausdruck der *Sensibilität*, die als Prüfstein von Freude und Leid so wichtig im Leben des Kindes ist. Die Erforschung des intellektuellen Wissenserwerbs ist immer der bestimmende Faktor bei allen Aktivitäten von Pädagogen, die sich sehr wohl darum bemühen, bei ihren Maßnahmen Interesse und Vergnügen miteinander zu verknüpfen. Sie sind aber noch mehr darauf bedacht, alles darüber zu erfahren, warum es zu einer gewissen Verworrenheit zwischen *Unterricht* und *Erziehung* kommt.

Nichts dergleichen ist bei Pestalozzi, Ligthart, Makarenko oder Bakulé festzustellen, die dem Geschehen des Lebens immer offenes Verständnis entgegenbringen, die vom humanitären Handeln fasziniert sind und denen deshalb jede spekulative Handlung fremd ist. Man muß das Los derjenigen geteilt haben, die Not gelitten und Schmerzen ertragen haben, um im innersten Selbst zu fühlen, daß jede Erziehung mit dem Versuch, Freude zu bereiten, beginnen muß.

Die Kinderliteratur, die sich im Lauf der Jahre entwickelt und an Umfang gewinnt, bringt den Freinet-Erziehern erstklassige Zeugnisse über die psychische Persönlichkeit des Kindes. In unzähligen *freien Texten*, in „la Gerbe" (Garbe-Sammlungen von Kinderaufsätzen) und in „les Enfantines" (Kindergeschichten), wird die Psychologie des Kindes aus dem Volk spürbar. Diese Psychologie besteht aus Sensibilität, Spontaneität und Lebenslust und ist trotz Hindernissen und Prüfungen eng mit dem Dasein des proletarischen Kindes verbunden. Das sind Tugenden, die man bewahren sollte und die einer umfassenden Wissenschaft der Psychopädagogik dienen müßten. Vom Jahre 1928 an, als er seinem erzieherischen Werk schon Zusammenhang und Wirksamkeit gegeben hatte, entwarf Freinet neue Perspektiven für die psychologische Tragweite des freien Ausdrucks.

Die derzeitige Schule sündigt vor allem durch die Schwäche ihrer psychologischen Grundlagen. Neuere Untersuchungen, wie die

---

36 C. Freinet, L'Imprimerie à l'Ecole, Cannes, 1. Januar 1930.

von Piaget oder Van de Zande, bringen unvermutete präzise Angaben über das kindliche Denken und die Modalitäten seines Wissenserwerbs. Die Schuldruckerei und der *freie Text* bringen der Psychologie Möglichkeiten des Fortschritts, die wir kaum ahnen können.

Die pädagogischen Verbesserungen gehen in hohem Maß auf psychologische und hauptsächlich pädagogische Entdeckungen zurück. Zudem befindet sich die Erziehungswissenschaft noch im Stadium des Tastens, und die Unterstützung der genialsten Persönlichkeiten reicht nicht aus, das Problem in entscheidender Weise voranzubringen.

Um eine so wechselhafte und flüchtige Sache wie die Seele des Kindes kennenzulernen, richtig einzuschätzen, zu werten und zu messen, brauchen wir umfangreiche Untersuchungen, die auf sicheren Unterlagen beruhen und die in unterschiedlichen sozialen Milieus und Altersstufen durchgeführt worden sind.

Die Resultate, die J. Piaget aus der Untersuchung von mehreren hundert Kindern erhielt, lassen uns wohl unsere weiteren Möglichkeiten erraten; denn unsere Tagebücher (Livres de vie) und Schülerzeitungen, in denen sich unsere Schüler frei ausdrükken, legen künftig tausendfach Zeugnis vom kindlichen Leben und von seiner Entwicklung ab.

Wir sind von jetzt an in der Lage, das Leben der Kinder in allen Milieus und in jeder Altersgruppe, ihre intimsten Gedanken, ihre Träume, ihre Spiele, ihre Weltanschauung usw. zu studieren. Wir können mit Sicherheit die Interessen und die Bedürfnisse angeben, auf die sich die Pädagogik der Zukunft stützen kann.

Diese Untersuchung wird nicht von irgendeinem Professionellen durchgeführt, der in seinen Theorien mehr oder weniger eingeschlossen ist. Bald teilen die meisten Lehrer das Leben der Kinder; bald können sie dessen Äußerungen deuten und werden sich als erste damit befassen. Wir treffen bezüglich unserer Kräfte und Möglichkeiten keine voreiligen Schlüsse und hoffen, daß die Psychologen und Pädagogen, die an unserer Arbeit interessiert sind, sich ein Herz fassen, um uns bei den Forschungen und Realisationen zu helfen.[37]

---

37 C. Freinet, L'Imprimerie à l'Ecole, April 1928.

Aber das alles sind Zukunftsperspektiven. Wenn Sie an diesem Zielpunkt einer Pädagogik angelangt sind, die durch den freien Ausdruck beweist, daß das Kind der Schöpfer seiner eigenen Kultur ist, stoßen die Praktiker auf psychologische Probleme, die die Erfahrung zur Zeit nicht lösen kann. Es handelt sich für sie hier nicht um einfache Fragen der Kultur, sondern um einen Mangel an Ausgereiftheit des Experiments, denn noch besteht ein Widerspruch zwischen der Praxis und der Theorie.

IV Die Freinet-Schule

Das Freiluftlaboratorium als erster Entwurf einer Arbeitsschule

„Sich selbst überlassen, bleibt das Kind, genau wie das Tier und auch die Masse der Menschen, eingesperrt in Gesten und Instinkthandlungen. Wir müssen diesen Instinkt, der wie das Urbild unserer Rasse ist, respektieren und benutzen, wir müssen jedoch auch danach trachten, ihm langsam und exakt, aber beharrlich den Stempel unserer Generation aufzudrücken, die wir gerne großzügig haben wollen."

L'Education du Travail

Nachdem man ihn aus dem staatlichen Schuldienst hinausgeworfen hatte, gründete Freinet 1935 seine Schule in Vence. Es ist die erste Privatschule für Proletarier. Sie wurde als Zuflucht der Kinder in einer privilegierten natürlichen Umgebung geschaffen, deren Seele die Schule sein sollte.

Der Versuch ist im wahrsten Sinne des Wortes ökologisch, weil in die Natur, ins Milieu, in die Gemeinschaft der Kinder und Erwachsenen integriert.

In totaler Freiheit vertieft Freinet jetzt auf pädagogischem Gebiet seine Techniken, schafft neue, läßt seine Ansichten zur Erziehung durch Arbeit reifen und entdeckt die materialistischen Grundlagen für seinen „Essai de Psychologie Sensible".

Man muß die Gründung seiner freien Schule in Vence (Dep. Alpes-Maritimes) sowohl als wichtiges Ereignis des praktischen als auch des theoretischen Werkes von Freinet ansehen. Die Konstruktion, Ausstattung und Einrichtung, die Ausstattung und das Funktionieren einer Schule in den abstoßenden Schwierigkeiten der Armut bedeutet eine ungeheure Erfahrung. Dazu kommen noch ganz unausweichlich die Last der Kinderzahl, die zum Großteil unterernährt und in der Schule zurückgeblieben sind, die Schikanen der Verwaltung und als Folge dieser ärgerlichen Realitäten die Überlastung des Verantwortlichen, der seine Kräfte gleichzeitig in der Schule und einer internationalen Bewegung, die er selbst ins Leben gerufen hat, zur Verfügung stellen muß. Als zusätzliche Belastung kommen noch die Aufgaben hinzu, die ein soziales und politisches

Kämpfertum auferlegen. Ich habe übrigens die Gegebenheiten und dramatischen Schicksalsschläge dieser mutigen und beharrlichen Aktion nachgezeichnet, die trotz aller Widerwärtigkeiten positiv ausging[38].

In der provenzalischen Heide, wo die Schule steht, entdeckt Freinet aufgrund der notwendigen und vitalen Verpflichtung, eine Verbindung mit der Umgebung einzugehen, seine Hinwendung zum ländlichen Leben wieder. Er spürt auch gleich den ständigen Druck der Gemeinschaft auf die egozentrischen Tendenzen des Individuums. Auf Anhieb befindet er sich inmitten einer natürlichen Umgebung voller wechselseitiger Beziehungen, in der das Milieu und die Gemeinschaft der Erziehung eine entscheidende Fülle vermitteln. Sie ist durch die Macht der Dinge zum täglichen Ereignis geworden, das gelebt und gelöst werden muß. Und für ihn selbst ist es ebenfalls zur intellektuellen Perspektive einer organischen Theorie geworden, die weit über der einfachen pädagogischen Theorie liegt, die bis dahin gelebt worden war.

Das gegenwärtige und zukünftige Dasein der kleinen Gemeinschaft aus Kindern und Erwachsenen, die ihre Geschichte für ein erstaunliches Abenteuer miteinander verknüpft haben, hängt von der wirklich geleisteten Aufbauarbeit ab. Wie Makarenko, der in vergleichbaren wirtschaftlichen, sozialen und menschlichen Verhältnissen wirkte, stellt auch Freinet im Lauf der Zeit fest, daß der Wert des Individuums von seiner Arbeitskraft abhängt; die Arbeit sollte gleichermaßen der Gemeinschaft und dem Individuum nützen, das selbst erfolgreicher und verantwortungsvoller Akteur geworden ist.

„Sicher und fest in ihren Grundlagen, beweglich und geschmeidig in ihrer Anpassung an individuelle und soziale Bedürfnisse, findet die Erziehung ihre einzige Antriebsquelle in der Arbeit."

Zuerst kommt die pädagogische Arbeit, bei der der Erzieher auf viele Schwierigkeiten in einer Schule stößt, die, genau gesagt, eine Schule der Zurückgebliebenen ist. Unter diesen Zurückgebliebenen befinden sich normale oder hochbegabte Kinder. Wir haben hier eine zusammengesetzte Klasse, die eine größere und komplexere Erfahrung verlangt als eine staatliche Schule mit ihren homogeneren

---

38 Vgl.: Die Freinet-Schule – Ein Reservat für Kinder, in: Die moderne französische Schule, Paderborn 1979, S. 21 ff.

Klassen, in denen die Schüler nach Alter und geistiger Entwicklung zusammensitzen.

Im Wechsel zwischen Scheitern und Erfolg überdenkt Freinet seinen pädagogischen Versuch. Seine endgültigen Ansichten von einer Schule, die den Realitäten einer ökologischen Erziehung entspricht, stellen das Studium *des lokalen Milieus* in den Vordergrund seines Unterrichts.

Für das Studium des lokalen Milieus müssen wir das wirkliche Leben des Kindes untersuchen, am Beginn seiner Sinnesentwicklung, seiner Erfahrungen und seiner Entdeckungen. Das sind nämlich die einzigen soliden, endgültigen und essentiellen Elemente und Grundlagen seiner Ausbildung, seines Wissenserwerbs und seiner Erziehung.

Als Reaktion auf die Schulbücher, die in Paris redigiert und herausgegeben werden und die uns Lehrern in ganz Frankreich ständig angeben wollen, auf welche Punkte des Programms wir das Interesse unserer Schüler lenken oder welche Interessenschwerpunkte wir ihrer Neugier anbieten sollten, haben wir gezeigt, daß unsere Ausbildung normalerweise in der Umwelt des Kindes wurzeln sollte, dort, wo wir leben, und zwar durch die tatsächliche Arbeit, die unseren funktionellen Bedürfnissen entspricht; daß unsere Kinder die Geographie ihrer Heimat kennen müssen, bevor sie auf der Karte blaue Linien studieren, von denen man ihnen sagt, es seien Flüsse, und die schokoladenbraunen Kleckse, die für sie Berge sind; daß die Geschichte weder mit den Galliern noch mit Ludwig XIV. beginnt, sondern mit dem packenden Studium der Spuren, die die Vergangenheit um uns herum hinterlassen hat; daß wir, bevor wir uns gut unterrichtet mit den abstrakten Wissenschaften unserer Bücher befassen, die Möglichkeiten und Forderungen unserer Umwelt erkunden sollten; daß, bevor wir die Standardaufgaben unserer Bücher lösen, wir alles untersucht, überschlagen und berechnet haben müssen, was in unserer Umgebung gemessen und berechnet sein will; daß selbst die französische Sprache nicht mit kalten methodischen Übungen erlernt wird, sondern zuerst durch den Aufsatz und die Lektüre, die unser tägliches Zusammenleben anregt.

Das verstehen wir unter dem Studium des lokalen Milieus. Es ist kein lernschulhaftes Aufeinanderstapeln von uns bekannten Dingen auf Kosten all des Unbekannten, mit dem sich das Kind mit großem Wagemut befassen will und muß, um zu wachsen und emporzusteigen. Wir können sagen, daß wir durch das tatkräftige Tun und den freien Ausdruck mit beiden Füßen fest auf den soliden Boden unserer heimischen Umwelt stehen und vorsichtig die Fundamente ausheben, die für immer alle weiteren Konstruktionen tragen werden. Aber durch unsere Dokumentensammlung, durch Film und Radio stark motiviert und durch den interschulischen Austausch orientiert, schweifen unsere Augen und unser Geist dauernd über das begrenzte Milieu hinaus und gewinnen neue Erkenntnisse, die ständig den elementaren Unterricht des Milieus bereichern.[39]

Interessenzentren und Interessenkomplexe

Man könnte sagen, daß es sich dabei um die *Interessenzentren* von Decroly handelt. Ja und nein, weil die Einführung neuer Techniken (freier Text, interschulische Korrespondenz, Schülerkonferenzen) dem Kind das Verhalten eines Schauspielers vermittelt, der einen Fragenkatalog verkörpert, der bei den Interessenzentren Decrolys vor allem auf den Erwerb intellektuellen Wissens ausgerichtet ist. Natürlich sollen bei Decroly theoretisch die Kenntnisse aus den ursprünglichen Bedürfnissen des Kindes hervorgehen, wobei jedes Interessenzentrum einem Grundbedürfnis des Kindes entspricht. Daraus erklärt sich seine Ausdehnung, die während der ganzen Schulzeit vom 6. bis zum 14. Lebensjahr zu einer Wissensbereicherung führt. Aus didaktischer Sicht ist zu befürchten, daß das Zusammentragen von Wissen das ursprüngliche Interesse ersetzt und daß der Schüler nach und nach durch die Menge von Wissensstoff erdrückt wird und in einem enzyklopädischen Unterricht ohne Seele untergeht.

Decroly erkennt die Behandlung von Interessenzentren, die sich zwangsläufig für das Kind ergeben und die für seine Person typisch sind, als Gelegenheitsunterricht an. Sie dürfen niemals als Vorwand für eine pädagogisch didaktische Ausbeutung dienen. Aber gewisse Anhänger Decrolys halten sich an seinen begrenzenden Plan und

---

39 C. Freinet, Le Milieu local in: L'Educateur, 15. 12. 1948.

zwängen wichtige Gegebenheiten, die von der Dynamik des kindlichen Lebens zeugen, in einen engen Lernbetrieb ein.

Schon sehr früh, bei der Kontaktaufnahme mit Decrolys Werk, hat Freinet diese gefährliche Abweichung von Decrolys Gedanken angeprangert. Und indem er immer für die sinnlichen Interessen des Kindes mit seiner Mobilität und der kurzen Dauer seiner Aufmerksamkeit eintritt, macht er aus den Interessenzentren eine Technik, die mehr oder minder vorübergehend ist. Er verbindet sie mit dem Inhalt des freien Ausdrucks, des freien Textes, des mündlichen Ausdrucks oder mit den individuell oder gemeinschaftlich erlebten Ereignissen. Deshalb spricht er von „Interessenkomplexen":

Da uns ausreichende technische Mittel fehlen, um der originellen Komplexität des kindlichen Interesses Rechnung zu tragen, begnügen wir uns mit einer mehr oder weniger willkürlichen Konzentration auf gewisse vorherrschende Tendenzen. Wir machen es wie jene Geschäfte, die ihr Angebot auf eine begrenzte Anzahl von Artikeln beschränken, weil sie nicht genügend Platz haben und auch keine Sonderabteilungen einrichten wollen, um den übertriebenen Bedürfnissen ihrer Kundschaft zu entsprechen. Aber der Käufer hat zumindest die Freiheit hinauszugehen, um anderswo das Objekt zu suchen, das er besitzen möchte. Das Kind in der Schule dagegen ist darauf beschränkt, sich mit einem annähernd ähnlichen Artikel, den man ihm anbietet, zufriedenzugeben. ‚Das ist besser als gar nichts', sagt man ihm als Trostpflaster. Aber das Kind kommt mit diesen halben Maßnahmen, die manchmal dem Leben mehr schaden als nützen, nur schwer zurecht.

Wir sprechen eher von Interessenkomplexen als von Interessenzentren. Unsere Schule der Arbeit steht mitten im Leben und ist bedingt durch die vielen und verschiedenen Triebkräfte dieses Lebens. Die Kinder haben die Freiheit, aus unseren Angeboten das auszusuchen, was ihnen am meisten zusagt.

Daß diese Interessenkomplexe den mehr oder minder logischen Zentren überlegen sind, wird wohl niemand bezweifeln. Das hat trotzdem bis zum heutigen Tag nicht dazu geführt, vom Formalismus des einen zur lebendigen Realität des anderen zu kommen. Es handelt sich dabei wie beim Kaufmann nur um eine Frage der Technik. Wenn wir dieses Problem sowohl durch unsere pädagogischen Techniken als auch mit der Organisation unseres schulischen

Milieus lösen, glauben wir, das geschafft zu haben. Wir haben einen wichtigen pädagogischen Schritt auf dem Weg zu einer funktionalen Erziehung getan.

Durch die Praxis der Druckerei sind wir immer auf Horchposten für die wirklich vorherrschenden Interessen. Wir hüten uns durch den täglichen freien Text aber davor, diese Interessen ausschließlich schulmeisterlich zu untersuchen; dies würde sogleich und oft auch wie durch einen Schiedsspruch den Wert des komplexen Unterrichtsgefüges herabsetzen. Im Lauf der Untersuchungen, die diesen Text begleiten, versäumen wir nicht, auch die anderen Bedürfnisse sich äußern und ausdrücken zu lassen, die mit dem ursprünglichen Interesse in Verbindung stehen.

Wir spüren gewissermaßen die komplexe Richtung auf, an der sich das wahre Leben des Kindes orientiert. Unser pädagogischer Auftrag besteht darin, ihnen nach allen Kräften zur Realisierung ihrer vorherrschenden manuellen künstlerischen und psychischen Fähigkeiten zu verhelfen.[40]

Auf diese Weise sind die Interessenzentren dem Leben des Kindes in seiner alltäglichen und fortlaufenden Wirklichkeit angepaßt, und es ist ganz natürlich, daß der freie Ausdruck dabei eine entscheidende Rolle spielt.

In Pandure (Belgien) ist eine Freinet-Gruppe von hervorragenden Praktikern wie Lucienne Balesse und Jean Mawet, die unermüdlich als Verantwortliche wirken, in einer militanten Aktion dabei, sich zu bewähren. Ihre Arbeit ist im Land Decrolys, wo zahlreiche Anhänger des Meisters eine Pädagogik der Interessenzentren zwar häufig mißbräuchlich, aber mit loyaler Gesinnung betreiben, schwer durchführbar. Die Anhänger der Freinet-Techniken hatten sich zu einer „Kooperative der belgischen Schule" zusammengeschlossen, die dann zur „Bewegung der Education Populaire" wurde, die in sich alle nach einer integralen Erziehung strebenden Anhänger vereinigte. Aber obgleich Pandure zu dieser Zeit eine lebende Heimstätte der Freinet-Pädagogik blieb, riskierten es doch einige Anhänger, über den Geist und die von Freinet eingesetzte Praxis noch hinauszugehen. Dies geschah in einem solchen Ausmaß, daß eine Opposition

---

40 C. Freinet, Pour l'Ecole du Peuple, Maspero – Neuausgabe der Ecole Moderne Française von 1944, S. 86.

versuchte, sich zwischen den Anhängern von Decroly und denen von Freinet zu behaupten.

Im „Educateur" vom 5. Juni 1938 schreibt Freinet:

Die Belgier haben unrecht, wenn sie Freinet und Decroly vergleichen, und noch viel mehr, wenn sie sie gegeneinander ausspielen. Wir möchten nicht, daß man uns auf die gleiche Stufe stellt wie die Schöpfer von pädagogischen Systemen. Ich habe nicht den Ehrgeiz, höher zu stehen, ich bin nicht auf der gleichen Ebene.

[...] Es gibt keine Freinet-Methode. Ja, ich war der Urheber der Schuldruckerei. Aber es wäre eine Gefahr, wenn unsere Methode sich auf diese Technik beschränken würde; wenn sie zum Nachteil anderer eine bestimmte Aktivität aufwerten würde; wenn sie dazu führen würde, daß wir die unzähligen Quellen des Lebens und die Entdeckungen und Erfahrungen derer, die uns auf diesem gefährlichen Weg vorangegangen sind, vernachlässigen würden.

[...] Die Schuldruckerei muß ihre Rolle spielen, aber weiter nichts. Wir machen daraus keinen neuen Tyrannen, keine neue pädagogische Marotte. Sie erleuchtet, belebt, treibt zu wirklicher Aktivität an, und das ist schon bemerkenswert.

[...] Wir haben niemals gesagt, daß wir gegen Decroly wären, im Gegenteil. Aber zur Zeit gibt es Unterrichtsverfahren, denen man nachsagt, sie seien von Decroly, die aber niemals bei einer der praktischen Erprobungen in einem ohne jede doktrinäre Parteilichkeit organisierten Erziehungssystem bestehen werden. In Decrolys Lehre gibt es genug lebendige allgemeine Prinzipien, so daß wir über die technischen Fehler hinwegsehen können oder sie gar bekämpfen müssen. Wir brauchen nur den dynamischen Beitrag des Meisters ins rechte Licht zu rücken.

Aber kommen wir zurück zur Freinet-Schule: Das schulische Verhalten der Lernbehinderten ist eine Gelegenheit, die Notwendigkeit der Ablehnung einer Paukschule, deren Opfer diese Kinder waren, immer wieder hervorzuheben. Sie verweigern sich jedem Versuch, ihre Aufmerksamkeit zu erringen.

Hier hat Freinet der natürlichen Aktivität des Kindes grünes Licht gegeben. Das Kind sucht nur in schwierigen Fällen beim Lehrer Hilfe. Freinet ist mehr denn je davon überzeugt, daß Erklärungen und Moralpredigten unnütz sind. Aus dieser Überzeugung entsteht ein neues Schlagwort:

„Keine Unterrichtsstunden mehr!"

Die Unterrichtsstunde ist das Paradebeispiel für die Paukschule zwischen vier Wänden. Sie wird in allen Ländern der Welt hochgeschätzt, selbst in den neuen Schulen, wo sich Lehrer und Schüler zusammen um ihren Erfolg bemühen. Wir müssen die Unterrichtsstunde beseitigen, die der Selbstdarstellung des Lehrers dient und die sich häufig zum Nachteil der Initiative und der Interessen der Kinder auswirkt, die entgegen ihrer Natur passiv geworden sind.

„Der größte Irrtum der Paukschule sind meiner Meinung nach die Unterrichtsstunde und die Hausaufgaben, die daraus abgeleitet werden. Wir wissen, daß wir versuchen, die gesamte Arbeitsweise der traditionellen Schule umzustürzen. Wir fürchten uns nicht davor, eine Vergangenheit voll manchmal großzügiger Illusionen anzuprangern."

Im besonderen richtet Freinet seine Angriffe gegen die Form der Unterrichtsstunde, die als Verdienst des Lehrers und als Kleinod einer konkreten Pädagogik angesehen wird, die Anschauungsstunde. Bei mehreren Gelegenheiten kommt er im Lauf der Jahre auf dieses Thema zurück:

„Wir haben unserer Meinung nach mit einer eingehenden Untersuchung dieser Frage, die nun Gefahr läuft, als Kampfroß für den letzten Angriff der Paukschule gegen das Leben eingesetzt zu werden, zu lange gewartet."[41]

Man kann einfach keine Beobachtung befehlen. Sie ist dann natürlich, wenn die Aufmerksamkeit natürlich ist oder wenn das Interesse sie hervorruft. „Man zwingt ein Pferd, das keinen Durst hat, nicht zum Trinken."
   Um seine Gedanken zu erklären, greift Freinet auf die Analogie zurück, mit der er vertraut ist, und macht so die sinnlich wahrnehmbare Realität zur Basis der Argumentation:

Das Beispiel des Fotos sollte uns auf die Spur führen. Sie können mit Ihrem unzulänglichen Apparat und schlechter Linse auf die Jagd nach Bildern gehen und sich darauf versteifen, mit kürzester Belichtungszeit und ohne Licht die verschiedenen Phänomene aufzunehmen, deren Ablauf sie festhalten möchten. Und nach einer Woche oder in einem Jahr werden Sie in dieser Serie

---

41 C. Freinet, B.E.N.P., Plus de leçons, November 1937.

unscharfer und unterbelichteter Fotos nach einem einzigen scharfen Erinnerungsfoto von Dingen suchen, die Sie gerne für immer festhalten wollten.

Besser ist es abzuwarten, bis die Sonne die Szene erleuchtet. Dann suchen Sie den besten Blickwinkel, um ein Maximum an Einzelheiten zu erhalten. Eine zwanzigstel Sekunde genügt. Sie erhalten ein aussagekräftiges Bild, das etwas enthüllt, das voller Sinneseindrücke ist und einen Augenblick des Lebens und die Umschreibung dieses Lebensaugenblicks, eines Seelenzustandes und einer Empfindung wiedergibt.

Das möchte das Kino verwirklichen, indem es alle Scheinwerfer auf das Objekt oder Ereignis richtet, das man sich anschauen soll, indem es dieses dann noch mit Ereignissen der Ungewißheit, des Mysteriums und der Gefühlsbetontheit auflädt. Der Regisseur, der die Reaktion des Publikums messen muß, weiß genau, daß er, um Sie an eine Landschaft, eine Handlung oder ein Objekt zu fesseln, sich hüten muß, sie Ihnen schulmeisterlich unter allen Gesichtspunkten, zu den verschiedenen Stunden des Tages, mit entnervenden Erklärungen anzubieten. Er weiß, daß der Zuschauer den Wechsel will, daß er nicht „wissen", sondern fühlen und zittern will. Deshalb läßt Sie der Regisseur anbeißen und führt Sie über mysteriöse Wege bis zu dem Scheideweg, wo Sie, aufgewühlt und unruhig, plötzlich mit einem Maximum an Schärfe und Effizienz sehen, was aufmerksamste Beobachtung Ihnen nicht enthüllt hätte.

Die Pädagogen sagen auch: ‚Um zu beobachten, muß man die Aufmerksamkeit wecken und wachhalten.' Aber – wir haben das schon oft gesehen – ihre Stunden setzen nur die Aufmerksamkeit der zweiten Stufe in Aktion, von der Dewey spricht. Die kraftvolle Aufmerksamkeit, die das ganze Wesen mobilisiert, indem sie es ohne Rückhalt zu den Grenzen eines geoffenbarten Lebens vorstößt, benötigt diese feurige Konzentration, diese Intensität der Beleuchtung, ohne die Sie als Beobachter nur Schemen und Totes vorfinden.

Wir üben diese Kritik keineswegs aus dem bösen Vergnügen heraus, um die Lehrer, die an ihren Anschauungsstunden hängen, lächerlich zu machen. Wir sind auf der Suche nach einer Arbeitstechnik. Es ist unser Ziel, die beste auszuwählen. Bei dieser Suche vergessen wir nicht, daß der Anschauungsunterricht nicht nur Fehler hat. Zu seiner Zeit stellte er einen gewissen Fortschritt gegenüber dem Dogmatismus der ausschließlich verbalen Stunden und des Auswendiglernens dar. Wir müssen und wir können es besser machen.

Wir legen also den Schwerpunkt nicht auf die systematische Beobachtung, selbst wenn sie offensichtlich methodisch angelegt ist, sondern auf die Erklärung durch das Leben. Wir erinnern uns daran, daß es sehr schwierig ist, das Kind von Äußerlichkeiten her für etwas, einen Gegenstand oder ein Geschehen, zu interessieren, wenn diese nicht das Gefühl ansprechen. Das aber können nur die besonders guten Lehrer erreichen, die auf geheimnisvolle Weise die nüchternsten Tatsachen mit Poesie und Gefühlen ausschmücken können.

Wenn wir es im Gegensatz dazu aber geschafft haben, durch das Leben die funktionale Aufmerksamkeit der Beteiligten zu mobilisieren, erreichen wir dadurch automatisch die Vereinigung der Interessen, die der Aufmerksamkeit ihre maximale Intensität geben. Dieses Leben suchen wir. Wir führen es in die Schule gemäß den gleichen Normen ein, die den einzelnen allmählich zu den bedeutendsten konstruktiven Aktivitäten führen. Wir leuchten gut aus und warten auf den richtigen Zeitpunkt, um dann den Auslöser zu drücken, der den Film für immer belichtet. Dann sind wir sicher, gute und endgültige Arbeit geleistet zu haben.

Was die Pädagogen manchmal stört, das ist dieser Anteil an Unvorhersehbarem und Zufälligem, den wir zur Ausnutzung unserer funktionalen Interessen immer mit einbeziehen. Der Pädagoge hält daran fest, seine Stunden zur festgesetzten Zeit zu halten, ohne Rücksicht auf die Lichtverhältnisse. Der Stundenplan und die Lehrpläne sehen sie vor, gebieten sie.

Nehmen wir nochmals das Beispiel des Regisseurs, der geduldig wartet, bis der Himmel für seine Aufnahme günstig ist, der die hellen Sonnenstrahlen des Morgens ausnützt und nicht das quasi verbrauchte und gealterte Licht des Nachmittags und der manchmal eine kurze Aufheiterung benutzt, um in wenigen Minuten das zu erreichen, was ihm ganze Tage gedämpften Lichts nicht hätten geben können. Man wird jetzt sagen: ,,Ja, aber es gibt Studios mit künstlichen Aufbauten und künstlichem Licht.'' Natürlich! Aber man sollte wissen, welche Energieverschwendung es darstellt, wenn die Verzerrung, die sie dem Leben auferlegen, schon an sich eine große Gefahr ist, und ob es, wie es einige Erfolgsfilme in letzter Zeit gemacht haben, nicht besser wäre, sich wieder dem

Leben zuzuwenden und, wenn es sein muß, zu warten, bis die Sonne scheint.

Alles das, an was wir gerade erinnert haben, bedeutet keineswegs, daß wir gegen das Beobachten wären und daß wir dessen Vorteile und Notwendigkeit bestreiten würden. Wir diskutieren über die Technik dieses Beobachtens. Davon abgesehen haben wir Gelegenheit, darauf zurückzukommen, weil diese ungeordneten Notizen sich nicht anmaßen, das Thema technisch auszuschöpfen.

In der Zwischenzeit geben wir folgenden Rat: Hüten Sie sich vor der Paukschule, den Musterlektionen, den Übungen! Das sind offensichtlich bequeme, von der Tradition abgesegnete Verfahren, deren methodische Resultate sorgfältig in Hefte eingetragen werden können, Resultate, die in der Tat als Musterbeispiele gelten oder die auf Schaubildern aufgezeichnet werden, die zu schön und zu übertrieben ausgearbeitet sind, um uns zu rühren. Interessieren Sie Ihre Kinder zutiefst für das Leben, für ihr eigenes Leben und für das, was sie umgibt. Verbinden Sie dieses Leben durch die interschulische Korrespondenz mit dem Leben entfernt lebender Kinder, motivieren Sie die Kinder zu Untersuchungen und zu Arbeiten mit Hilfe von freien Texten, der Druckerei, der Schülerzeitung, von Schülerversammlungen, durch den Film und die Photographie! Sie werden das Kind vor dem Terrarium knien sehen wie Fabre vor seinen arbeitenden Mistkäfern. Sie werden das bewegende Schauspiel erleben, wie eine Gruppe oder manchmal die ganze Klasse sich hundertprozentig vertieft in das Studium einer Pflanze, eines Tieres oder des Päckchens ihrer Briefpartner, das eine Flora oder Fauna enthüllt, die ihnen unbekannt war. Sie werden über die Felder gehen, nicht um bei jedem Schritt nach schulmeisterlicher Methode Erklärungen abzugeben über den Stein, an den Sie stoßen, oder den Baum, an dem Sie vorbeistreifen, sondern um zu erforschen, zu suchen, zu sondieren und zu messen, genau wie der Regisseur, der sein Szenarium in der Stille seines Kämmerleins vorbereitet hat und jetzt auf die Jagd nach Bildern geht, indem er von der Sonne und einem leichten Lüftchen profitiert. Und die Stunde wird vorübergehen; und es wird keine Pause mehr geben; denn Sie haben die beste Beobachtung gemacht, die das ganze Wesen erfaßt, weil sie dem Wesen entspricht.[42]

---

42 C. Freinet in: L'Educateur, Januar 1947.

Aber wodurch sollen wir die Unterrichtsstunden ersetzen? Denn schließlich sind in der staatlichen Schule die Lehrpläne eine Grundforderung des Bildungswesens. Wohl oder übel müssen die verschiedenen schulischen Disziplinen (Geschichte, Geographie, Naturwissenschaften, Rechnen) unterrichtet werden. Sie sind für die traditionelle Schule die Grundlage des Unterrichts.

Es versteht sich von selbst, daß in den Schulen, die Freinet-Techniken benutzen, die Lehrpläne berücksichtigt werden. In seiner Schule respektiert Freinet ebenso jene Programme, die durch ein Studium der Umwelt verwirklicht werden können, durch Untersuchungen und Erkundungen, alles Vorgehensweisen einer direkten Erkenntnis, die als Stütze für eine erweiterte Kenntnis dient, die auf eine von Jahr zu Jahr reicher werdende Dokumentensammlung zurückgreift und die im *Fichier scolaire coopératif* (Nachschlagekiste) eingeordnet ist.

Diese gemeinsame, emsige und sorgfältige Arbeit erbringt die sichersten Dokumente, die wir nach den Prinzipien der internationalen Dezimalklassifizierung ordnen. Roger Lallemand, ein treuer Mitarbeiter, hat diese langwierige Geduldsarbeit übernommen. Die gesammelten, ausgehängten und beim Rechenschaftsbericht genau untersuchten Dokumente machen das Eingreifen des Lehrers a posteriori möglich, so daß er, wenn nötig, zusätzliche Information geben kann. So öffnen sich vor den Kindern neue Perspektiven eines Wissens mit dynamischer Kontinuität. So steigt die ganze kindliche Persönlichkeit von einer Grunddokumentation ausgehend zu übergeordneten Begriffen empor, die es erlauben, Neuerwerbungen wiederum einheitlich einzubeziehen, welche nach und nach zur Synthese werden. Dort, wo sonst die trockenen, unfruchtbaren, in Teile zerlegten Programme eine Zersplitterung des Unterrichts bedingten, nähern sich die Ergänzungsdisziplinen und durchdringen die schulischen Programme.

Die Kontrolle

Diese für das Lernen so günstigen Bedingungen können aber nicht ohne eine Kontrolle auskommen, die über die unterrichteten Fächer und gleichzeitig über die Kenntnisse, die das Kind in diesen scheinbar chaotischen Schulpraktiken erworben hat, entscheidet.

Bei einer neuen Technik gibt es eine neue Kontrolle durch die Arbeitspläne und Fertigkeitsbescheinigungen. Wir sind, und es ist vielleicht sinnvoll, daran zu erinnern, für ein Höchstmaß an Ordnung und Disziplin, aber nicht für eine formale, sondern tief verwurzelte Ordnung und Disziplin, für eine Ordnung und Disziplin der Arbeit. Die Praxis des freien Ausdrucks und seine maximale pädagogische Ausnutzung hat uns oft die Anklage des Anarchismus eingebracht. Es ist sicher, daß ein erfahrener Lehrer, der dynamisch, beweglich, geschickt und gebildet ist, einen Interessenkomplex mit einem Maximum an pädagogischem und menschlichem Nutzen, und das in vorbildlicher Ordnung und Disziplin, auswerten kann. Ein schlecht ausgebildeter Lehrer, der sich nicht beherzt auf den Weg macht, der zögert, jedem das bißchen an Erfolgserlebnis zu geben, das ihn begeistert, kann zu einem Ergebnis gelangen, das typisch ist für Unordnung und Erfolglosigkeit. Diese pädagogische Auswertung bleibt eine Idealvorstellung, genauso wie eine Gesellschaft, in der jeder nach seinem Geschmack und seinen Bedürfnissen arbeitet, eine Idealvorstellung bleibt.

In der Praxis unterstützen wir unsere schulische Organisation durch die *Arbeitspläne* (Plans de travail). Diese Arbeitspläne sind genau wie die Sachblätterkartei, die Schülerzeitung oder die Schülerkonferenzen nur eine schulmeisterliche Erfindung. Es handelt sich um eine Technik der Erwachsenen, die der Schule mit der gleichen Motivation und den gleichen Zielen angepaßt wurde. Grundsätzlich können wir sagen, daß der Arbeitsplan genau wie die Sachblätterkartei mit Selbstkorrektur eine Technik darstellt, die die Kinder begeistert, weil – wie im Leben und unter Berücksichtigung einer Anzahl äußerer Faktoren – die Kinder selbst darüber entscheiden, was sie machen wollen, und weil sie dann in ihrem eigenen Rhythmus und zu den Zeiten, die ihnen passen, daran arbeiten können. Wir dürfen niemanden in dem Glauben lassen, daß unsere Pädagogik nur auf die Phantasie und die augenblicklichen Interessen der Kinder ausgerichtet sei. Das ist vielleicht in einer Vorschulklasse oder im ersten Schuljahr so. Aber mit Beginn des zweiten Schuljahres sind die tiefen Interessen gefestigt und dauerhafter. Bei den Erwachsenen ist es übrigens genauso. Wir haben Ideen, es entstehen Projekte, die uns begeistern. Wir haben gerade die Zeit, sie in unseren Kalender einzutragen, denn das Leben stellt seine Forderungen. In der nächsten Woche jedoch tragen wir diese Vorhaben in unseren Arbeitsplan ein, damit der Lehrer zu gegebener Zeit dafür Einzelheiten einplanen kann.

In der Freinet-Schule werten wir nur sehr zufällig und unmittelbar Interessenkomplexe aus. Dafür steht der Arbeitsplan im Mittelpunkt unserer Arbeitsorganisation. Er verlangt guten Willen, eine ungewöhnliche Hingabe und Durchhaltevermögen, weil die Arbeit nicht belohnt wird, es sei denn durch Eintragung in die Leistungstabelle. Wir machen einen wöchentlichen Plan. Einige Kollegen fanden die Zeitspanne etwas zu kurz und ziehen einen Plan für 14 Tage vor. Bei 13–16jährigen Kindern kann dieser Zeitraum tatsächlich günstiger sein. Aber bei unseren Schülern könnte durch einen zu langen Zeitraum der Nutzen des Plans als Stimulans verlorengehen. Wir ziehen es vor, Arbeiten, die wichtig sind und nicht fertiggestellt werden konnten, auf den nächsten Plan zu übertragen.

Sehen Sie sich die Tabelle auf Seite 107 an, die die Arbeit des Kindes während einer Woche regelt und in der das schulische Lernverhalten und das soziale Verhalten in der Gemeinschaft sein Persönlichkeitsprofil ergeben.

Ein anderes Mittel zur Kontrolle der Fähigkeiten des Kindes stellen die *Fertigkeitsbescheinigungen* (les brevets) dar[43]:

Der Aufbau, die Praxis und Tragweite der Examina sind im Bereich unseres staatlichen Schulwesens die bestimmenden Faktoren für unsere schulische Arbeitsorganisation und die pädagogische Praxis.

Theoretisch wissen wir, daß die Schule nicht für Prüfungen gemacht ist, sondern zur optimalen Vorbereitung der Kinder auf das Leben. Es ist jedoch so, daß die Examen die obligatorische Tür sind, durch die man zu den Funktionen des Lebens gelangt, und es kommt darauf an, wer mit dem größten Erfolg hineinkommt. Was bei den derzeitigen Examen schlimm ist, ist die Tatsache, daß sie schlecht bewerten oder, besser, daß sie überhaupt nicht messen, was gemessen werden sollte. Sie gehen ungefähr so vor wie der Schneider, der den Stoff für ein Kleid und dann die Qualität und die

---

43 C. Freinet, Les Brevets, in: B.E.N.P. 1947.

Stellen für das Futter, die Knopflöcher und die Knöpfe aussucht und der sich nicht um die Länge der Ärmel und den Umfang der Taille kümmert.

École de   Nom

PLAN DE TRAVAIL*

du   *au*

CALCUL

GRAMM.

HISTOIRE   GÉOGRAPHIE

PHYSIQUE-CHIMIE   SCIENCES NATURELLES

TEXTES RÉDIGÉS   CONFÉRENCES

TRAVAIL MANUEL

Graphique Personnel Hebdomadaire N° ....

	Lecture Dict.	*Dictée*	*Textes*	*Calcul général*	*Calcul mécan.*	*Histoire*	*Géographie*	*Sciences*	*Dessin*	*Travail man.*	*Tenue*	*Caractère*	*Communauté*	*Attention*	*Imprimerie*	*Conférences*
T. BIEN																
BIEN																	
A. BIEN																
PASSABLE																	
MAL																	
T. MAL																	

Les Parents: *L'Instituteur:*

* Vgl. „Arbeitsplan" S. 183.

Wir können nicht garantieren, daß die Schüler, die das Abgangszeugnis erhalten haben, die besten des Jahrgangs sind. Sie sind vielleicht die besten im Rechnen, im Diktat und im Aufsatz, aber sie sind nicht immer die fähigsten, was das Leben angeht. Das Scheitern bei den verschiedenen Examina ist gleichermaßen fatal für die Schüler wie für den Lehrer. Um es zu verhindern, sind die Erzieher zum Pauken verurteilt, was die größte Gefahr unserer Pädagogik darstellt.

Lange Zeit haben wir nach der Lösung für eine bessere Form von Prüfungen geforscht, indem wir die existierenden Praktiken zu verbessern suchten oder Zuflucht zu Tests nahmen. Weder das eine noch das andere hätte etwas an den Unzulänglichkeiten der Examina geändert. Schließlich sind wir außerhalb der Schule auf die Suche nach möglichen Verfahren gegangen, die man ins Auge fassen könnte, und gelangten zu den Pfadfindern, von denen wir dann das System der Fertigkeitsbescheinigungen übernommen haben.

Um was geht es dabei? Wir gehen von ein paar Prinzipien aus, die sich von denen Baden Powells unterscheiden.

– Unsere Pädagogik muß sich immer mehr auf eine Arbeitspädagogik hin orientieren. Wir setzen uns also immer weniger mit theoretischem Gefasel und abstrakten Lernstoffen auseinander. Ausgestattet mit den Werkzeugen und Techniken der Arbeit, sind wir in der Lage, die Wirksamkeit unserer Verfahrensweisen zu zeigen.

– Die derzeitige Schule kann sich nicht mehr damit begnügen, die technischen Lernstoffe der verschiedenen schulischen Disziplinen zu kontrollieren. Andere Kulturelemente, die nicht intellektueller Art sind, beeinflussen in hohem Maße das soziale Verhalten und die Lebensweise der Menschen.

Wenn man die Liste der Fertigkeitsbescheinigungen, die wir vorgesehen haben, liest, erkennt man eher die Vielfalt der Richtungen und Fertigkeiten, auf die die Schule von nun an besonders achten muß. *Obligatorische Fertigkeitsbescheinigungen* sind: Schriftsteller, Lektor, guter Sprachkenner, Historiker, Geograph, Wasserbauingenieur, Luftfahrtingenieur, Landwirtschaftsingenieur, Insektensammler, Mineraliensammler, Feuerwerksmeister. *Fakultative Fertigkeitsbescheinigungen* sind: Obstpflücker, Sammler von Gemüse, von Heilpflanzen, Jäger, Kletterer, Entdecker, Bienenzüchter, Viehzüchter, Koch, Baumeister,

Elektriker, Chemiker, Sanitäter, Künstler, Drucker, Graveur, Schauspieler, Musiker, Sänger, Töpfer, Kunstschreiner usw.

Gleich nach dem Schulanfang im Oktober beginnt der Erwerb von Fertigkeitsbescheinigungen. Eine Woche im Monat ist ihnen gewidmet. Am Ende des Schuljahres wird, im Rahmen einer feierlichen Veranstaltung, eine allgemeine Ausstellung aller Arbeiten organisiert. Im Beisein der Eltern werden die Fertigkeitsbescheinigungen verteilt. Die Praxis dieser *brevets* ist wertvoll für die weitere Orientierung des Kindes. Beim Verlassen der Schule kann sich ein vierzehnjähriges Kind bei einem Unternehmen, einer Organisation oder einem Arbeitgeber mit einer Art überzeugendem Stammbaum vorstellen.[44]

Das *Carnet scolaire* (Fortschrittstagebuch) erwähnt, wie man leicht erraten kann, weder Noten noch Rangfolge. Es stellt für das Kind ein persönliches Dokument dar, das seinen Informationsstand, sein schulisches Verhalten sowohl in moralischer als auch sozialer Hinsicht bewertet und mit einem Bild des Kindes versehen ist, wodurch in etwa seine menschliche Bedeutung erklärt wird. Es sind weiterhin noch leere Seiten vorgesehen, auf denen die Arbeitspläne aufgeklebt sind und die während des Jahres nacheinander erhaltenen Fertigkeitsbescheinigungen aufgeführt werden.

Die Wandzeitung

Die Wandzeitung gibt sozusagen jeden Tag den Pulsschlag der schulischen Gemeinschaft an, in die das Kind sich einordnet. Darum finden wir dort auch folgende Spalten: *Ich kritisiere, Ich beglückwünsche, Ich möchte gerne, Ich habe verwirklicht.*

Wenn die Spalte der kritischen Eintragungen länger wird, während gleichzeitig die der Glückwünsche kürzer wird, wenn die Vorhaben selten werden und die Verwirklichungen an Geschwindigkeit verlieren, ist eine Wiederbelebung nötig. Wenn immer die gleichen Namen wegen Verfehlungen in den Kritiken erscheinen, muß man den vom rechten Weg Abgewichenen helfen, den richtigen Weg wiederzufinden.

---

44 C. Freinet in: L'Educateur, November 1955.

Die Wandzeitung, die in der Sitzung der Klassenversammlung am Ende der Woche vorgelesen wird, veranlaßt immer eine Gewissenserforschung, die für die Gemeinschaft vorteilhaft ist. Diese Neuerungen (besonders die Arbeitspläne und Fertigkeitsbescheinigungen) kennzeichnen einen neuen Abschnitt einer Pädagogik, die auf Werkzeugen und Arbeitstechniken aufbaut, die durch ihren Gebrauch die persönliche Tätigkeit verstärken. Dies alles vollzieht sich in einem mehr und mehr hilfreichen Milieu, das für das Gemeinschaftsleben eine unablässige Kraftquelle darstellt.

,,Durch das Werkzeug beschleunigt der Mensch die Vollendung seines eigenen Entwicklungsplanes, er durchläuft mit steigender Geschwindigkeit die Etappen seines Wachstums, er schafft selbst Neues, er baut und erhebt sich wie ein Gott, der keine Grenzen für seinen Aufstieg sieht. (...) Im Werkzeug und in der Arbeit haben wir die grundlegendsten Elemente der Erziehung.''

Wir fassen hier die Werkzeuge und Arbeitstechniken zusammen, die den Kindern der Freinet-Schule zur Verfügung stehen und deren Anschaffung und Gebrauch die Zusammenarbeit in einem neuen Klima von großer erzieherischer Bedeutung erforderlich machen. Freinet beweist, daß die Ausstattung einer solchen neuen Schule, wenn man alles gut überlegt, für jeden Schüler nicht kostspieliger ist als die traditionelle Schule.

- *Der freie Aufsatz* mit Hilfe der Druckerei und des Limographen (Umdrucker)
- *Die Briefpartnerschaft* und der interschulische Austausch
- *Die kindliche Literatur* (Gedichte, ,,Garbe'', Kinderbücher)
- *Die Schülerselbstverwaltung*
- *Das Studium des örtlichen Milieus* (Untersuchungen)
- *Die gemeinschaftlich erstellte Sachblätterkartei*
- *Die Sachblätterkartei mit Selbstkontrolle der Aufgaben* (Rechnen, Geometrie, Grammatik)
- *Das Zeichnen und der künstlerische Ausdruck* (Töpfern, Keramik, Gravur etc.)
- *Die Musik und das freie Theater*
- *Der wöchentliche Arbeitsplan* (Kontrolle)
- *Die Wandzeitung*
- *Der Schulfilm*
- *Plattenspieler und Schallplatten*

- *Fotos und Kameras*
- *Tonbandgeräte* (seit 1947)
- *Verbindung der Schule mit den Eltern*

Alle diese Techniken machen die Anlage und Einrichtung adäquater *Arbeitsateliers* notwendig.

Ateliers (Arbeitsecken) *für grundlegende manuelle Arbeiten*:
1. Feldarbeit, Viehzucht
2. Schmiede und Schreinerei
3. Spinnerei, Weberei, Schneiderei, Küche, Haushalt
4. Bauen, Technik, Handel

Ateliers für fortgeschrittene, gemeinschaftliche und geistige Aktivitäten:
1. Werbung, Sachwissen, Dokumentation
2. Experimentieren
3. Graphische Entwürfe, Gestaltungs- und Mitteilungsformen
4. Künstlerische Entwürfe, Ausdrucks- und Mitteilungsformen

Das alles erfordert ein natürliches und ständiges Bemühen um die Organisation und das Funktionieren der Klasse und der Werkstätten und stellt die Gemeinschaft unter eine ganz neue Konzeption von Disziplin. Aber die Praxis, die den tiefen Interessen des Kindes dient, gibt, wie wir gesehen haben, der Disziplin einen neuen Sinn.

„Bemühen um Disziplin steht in einem umgekehrten Verhältnis zur Perfektion der Arbeitsorganisation und des dynamischen und aktiven Interesses der Schüler."[45]

Auf dem Weg zur Arbeitsschule

„Wir halten uns, wie man weiß, nicht zu oft mit der theoretischen Rechtfertigung unserer Techniken auf. Und das absichtlich. Die feinsinnigste und logischste Schlußfolgerung ist unserer Meinung nach offensichtlich wertlos, wenn sie von den Tatsachen und Beobachtungen, die zu machen der Lehrer jeden Tag gehalten ist, und das mit seinem einfachen Menschenverstand, widerlegt wird. Wir überlassen die großen philosophischen Spekula-

---

45 C. Freinet, L'Education du Travail, Neuchâtel 1960, S. 267.

tionen den anderen, selbst wenn man diese ganz aufs Versuchen ausgerichte-
te Haltung, die augenblicklich eine Erklärung und didaktische Rechtfertigung ablehnt, als übertrieben einfach bezeichnen muß."[46]

Unterdessen präzisieren und verstärken sich im Lauf der Jahre die
positiven Tatsachen eines allgemeinen Werkes. Aus dieser Quantität
müssen wir die Qualität herausziehen, die Kraftlinien, die unseren
Weg kennzeichnen und beleuchten. Wir müssen nach einer Logik der
Tatsachen streben, die die des einfachen und guten Menschenverstandes ist. Sie hat ihre Beweise schon vor der Ankunft Descartes
geliefert. Wir müssen diese Logik personalisieren, sie uns zu eigen
machen. Wir müssen sie entwickeln. Wir müssen die Ursachen für
unsere Erfolge finden, um ihre Beständigkeit zu beweisen, ihre
Rangordnung festzulegen und sie so festzulegen, daß ein allgemeiner
Begriff mit Gesetzeswert entsteht. Wir haben als Ausgangspunkt die
festen Pfeiler einer pädagogischen Theorie. Es sind die großen
Prinzipien, die die Richtung der *Neuen Erziehung* angeben, aus
denen die großen Theoretiker die Basis ihres Werkes gemacht und
dem unsrigen den Weg vorgezeichnet haben. Unser Versuch
unterscheidet sich von ihrem durch die Gegebenheiten des ökonomischen und sozialen Systems und in der individuellen und beruflichen
Ausbildung. Diese Unterschiede erklären auch, warum die Grundsät-
ze der neuen Erziehung bei uns oft Inhalte und Anklänge haben, die
weit von den pädagogischen und philosophischen Auffassungen der
neuen bürgerlichen Schulen entfernt sind, und daß die Begriffe bei
intellektuellen Theoretikern und autodidaktischen Praktikern nicht
die gleiche Bedeutung und Tragweite haben.

Es gibt einen Begriff, der Gefahr läuft, all diejenigen, die neu zu
unseren Techniken gekommen sind, zu verwirren, und bei dem wir
jede Einschränkung machen müssen; das ist der Gebrauch des
Begriffes *Freiheit*.
    Nein, wir sind nicht für die totale Freiheit des Kindes, nicht in
der Theorie und auch nicht in der Praxis. Wir denken, daß der
Begriff der Freiheit einer dieser ‚metaphysischen Hebel‘ ist, die
man immer gegen das Volk und gegen die Freiheit einsetzt. Weder
in der Schule noch in der Gesellschaft gibt es die Freiheit an sich.

---

46 C. Freinet in: L'Educateur prolétarien: Nach einem Verständigungsver-
such, Februar 1938.

Man hat die Freiheit zu arbeiten, die Freiheit, sich zu bewegen, zu sprechen oder zu schreiben; aber natürlich ist diese Freiheit, die ein nur praktischer Begriff ist, dem Milieu und der vergleichbaren Freiheit der Individuen, mit denen wir leben, unterworfen. Die Realisierung eines Maximums an Freiheit der Arbeit, der Bewegung und des Ausdrucks setzt daher ein Maximum an technischer Organisation voraus, ohne die der Begriff der Freiheit nur ein Köder wäre. Deshalb legen wir bei unserem Bemühen um eine Modernisierung der Pädagogik immer besonderen Wert auf jene technische Organisation, die die Lebens- und Arbeitsbedingungen der Kinder vorteilhaft gestaltet.

Das *Interesse* ist genausowenig wie die *Freiheit* eine Blume, die plötzlich aufblüht, wenn gewisse Milieubedingungen erfüllt sind. Es ist vielmehr, wie die Freiheit, das Ergebnis einer Vielzahl von Elementen, die es hervorrufen, beleben und unterstützen. Es ist, wie die Freiheit, der Geist, in dem sich unser Gruppenverhalten spiegelt. Nicht das Interesse ist die Basis unserer Pädagogik. Wir interessieren uns nicht in abstrakter Form, wir interessieren uns für die Forschung und die Arbeit. Es gäbe auch einen Grund, die Arbeitsbedingungen methodisch zu untersuchen, die das starke Interesse möglich machen. So der Bezug zum Realen und zu den Elementen des Lebens, die Freiheit im Rahmen einer gemeinschaftlichen Organisation, die Initiative und Kreativität, das Klima der Zusammenarbeit und nicht der Opposition und des Kampfes in der Klasse.

Wenn diese Bedingungen verwirklicht sind, entsteht in der Klasse das Interesse, das nicht mehr zufällig ist, sondern permanent, nicht oberflächlich, sondern in das tiefe Leben der Individuen der Klasse integriert.

Auf diese fundamentalen Elemente unserer Techniken müssen wir wieder besonders Wert legen. Praktizieren Sie den freien, durch die Schulzeitung und den Austausch motivierten Text. Die Kinder interessieren sich natürlich für Ereignisse des inneren oder äußeren Lebens, die Ihnen indifferent erscheinen. Leiten Sie Ihre Schüler an, in allen Bereichen zu experimentieren und etwas zu schaffen: Gedichte, Musik, Malereien oder Keramiken, wissenschaftliche und technische Arrangements! „Sie interessieren sich dafür", ist viel zuwenig gesagt. Das Wort drückt eine Realität sehr schlecht aus, die bis zur Begeisterung der ganzen Person geht, häufig sogar in der Stille und in der Gemeinschaft. Versuchen Sie nicht, umgekehrt vorzugehen – künstlerisch oder nicht – und Interessen zu wecken, mit denen Sie eine Maschine in Gang bringen wollen, die nur funktionieren kann, wenn sie von der Quelle her gespeist wird.

Aber was fangen wir mit dem Interesse an, das wir ausgelöst und hervorgerufen haben? Sollen wir diese mehr oder minder starke Quelle, die wir zum Sprudeln gebracht haben, gleich völlig in Anspruch nehmen, oder lassen wir sie, kanalisiert, den Feldern zufließen, die sie fruchtbar macht? Begnügen wir uns damit, das Interessenzentrum, das aus dem freien Text entstanden ist, als Text zu erleben, oder nützen wir es maximal aus, bis es zum Motor unserer Klasse wird? Muß die Ausnutzung gleich geschehen, oder kann sie sich auf mehrere Tage verteilen? Ist sie vielleicht sogar unentbehrlich für den guten Erfolg unserer Techniken? Wir wissen, daß die Zahl der Kollegen groß ist, die sich diese Fragen stellen und die zögern, sich für unsere Techniken einzusetzen, weil sie glauben, nicht in der Lage zu sein, die Quelle zum Fließen zu bringen und, noch viel weniger, sie zu benutzen und auszubeuten. Die Hauptsache dessen, was wir in die Tat umsetzen wollen, geht tatsächlich auf die große Frage von Interesse und Arbeit zurück. Das große pädagogische Problem bleibt unbestreitbar: Durch welche Organisation der Arbeit und mit welchen Techniken kann die Schule die Kinder optimal innerlich dazu bewegen, ein Maximum an Effizienz zu erhalten?

Als Reaktion auf die traurige und langweilige Schule hat die Neue Schule zuerst die attraktive Schule propagiert. Dem durch die traditionellen Praktiken so völlig aller tiefen Reaktionen entblößten Kind hat man zuerst das machtvolle Interesse am Spiel angeboten. Wir sind gegen eine solche Erziehung, die ganz im Sinne der bürgerlichen Linie der Oberflächlichkeit ist. Wir mißbilligen jene Techniken, die nur eine Zwischenstation darstellten, die darin bestand, die Aufmerksamkeit des Kindes mit Mitteln anzuziehen, die häufig an Scharlatanerie grenzten. Aber in dieser Mißbilligung fühlen wir uns wohl, weil wir bestätigen können, daß die allgemein vorherrschende, deformierte und von ihren Zielen abgekehrte Auffassung vom Spiel nicht den stärksten und zutiefst dynamischen Instinkt des Kindes darstellt.[47]

---

47 C. Freinet in: L'Educateur, November 1961.

Die Arbeit als Spiel oder das Spiel als Arbeit

Spiel und *Arbeit* sind keine gegensätzlichen Begriffe, sondern die großen Funktionen, die sozusagen synchron in den Lernprozessen enthalten sind. Sie sind genetisch vereint, von instinktiver Wesentlichkeit. Die Arbeit besitzt jedoch eine organische Priorität. Jedes Neugeborene im Tierreich führt bei seinem Auf-die-Welt-Kommen eine instinktive motorische, nahrungsbeschaffende und sensorische Arbeit aus, ohne die sein neues Leben in seinem zukünftigen Milieu nicht gesichert wäre. Das Spiel stellt eine Art von vorgezogener Lehrzeit dar, die erst zur zweiten Entwicklungsstufe gehört.

Es gibt beim Kind von Natur aus keinen Spieltrieb. Es gibt nur das Bedürfnis nach Arbeit, das heißt die organische Notwendigkeit, das Lebenspotential für eine Aktivität zu benutzen, die gleichzeitig individuell und sozial ist und ein festumrissenes Ziel hat, das den kindlichen Möglichkeiten angepaßt ist und eine große Spanne von Reaktionen wie Ermüdung–Erholung; Erregung–Ruhe; Emotion–Beruhigung; Angst–Sicherheit; Risiko und Sieg umfaßt. Zudem muß diese Arbeit einem besonders für dieses Alter dringenden psychischen Bedürfnis entsprechen, dem Empfinden von Macht, dem ständigen Wunsch, sich selbst zu übertreffen, die anderen zu übertreffen, große oder kleine Siege zu erringen, etwas oder jemanden zu beherrschen. Je nachdem, wie Sie diese zwei Elemente von *Arbeit* und *Spiel* betrachten, verhalten Sie sich in Ihren Reaktionen gegenüber Kindern verschieden, übrigens genauso wie bei der Wahl Ihrer Unterrichtsbücher, Ihres Unterrichtsmaterials und Ihrer Erziehungsmethoden.

Dieses Spiel, so essentiell für das junge Tier wie für den jungen Menschen, ist ganz sicher Arbeit, aber kindliche Arbeit, deren Ziel wir nicht immer begreifen, die wir keineswegs als solche erkennen, weil sie weniger alltäglich und weniger allgemein nützlich ist, als wir es uns normalerweise vorstellen. Es gibt sozusagen ein *funktionales Spiel*, das im Sinne der individuellen und sozialen Bedürfnisse des Kindes und des Menschen ausgeübt wird, ein Spiel, das seine Wurzeln zutiefst im uralten Werden hat und das vielleicht indirekt eine notwendige Vorbereitung auf das Leben darstellt. Es ist dies eine Erziehung, die sich geheimnisvoll und instinktiv und nicht nach einem analytischen, vernunftgesteuerten, dogmatischen oder schulmeisterlichen Modus vollzieht, sondern in einem Geist, mit einer Logik und nach einem Prozeß, die spezifisch für die Natur des Kindes zu sein scheinen. Für das Kind ist diese Arbeit als Spiel eine Art explosiver Befreiung, wie sie heute noch ein Mensch empfindet, dem es gelingt, sich eine große Aufgabe zu stellen, die ihn belebt und über sich selbst hinauswachsen läßt.

Wenn es keine Arbeit als Spiel geben kann, dann wenigstens Spiele mit Arbeitscharakter, die in ihrer Form, in ihrer Tiefe und in ihrer unterbewußten Inspiration den großen organischen, funktionalen sozialen und vitalen Bedürfnissen entsprechen. Die Spiele mit Arbeitscharakter sind tatsächlich nur mehr oder weniger verspätete Reminiszenzen einer Arbeit, deren Charakteristika sie alle besitzen.

Diese neue Auffassung von der Arbeit als Zentrum unserer Erziehung und unseres Lebens ist eine grundlegend moralische, genauso wie uns das natürliche Funktionieren der so gut aufeinander abgestimmten Teile unseres Körpers moralisch erscheint. Sind nicht die individuelle Harmonie und das individuelle Gleichgewicht im Dienst der sozialen Harmonie und des sozialen Gleichgewichts das eigentliche Ziel der höchsten Auffassung vom moralisch Guten? Könnte die so verstandene und seit der Schule von Grund auf erneuerte Auffassung von Arbeit nicht tatsächlich das antreibende Element eines neuen Humanismus werden, der geeignet wäre, nicht nur die Elite, sondern die gesamte soziale Gemeinschaft anzusprechen und anzuregen? Sie könnte ihr Gründe liefern, noch mehr zu kämpfen, zu leben und zu glauben.[48]

---

48 C. Freinet, L'Éducation du Travail, S. 118 ff.

V Von der Praxis zur Theorie

> „Wenn sich die Theorie mit der Praxis vermischt, ist die pädagogische Wissenschaft auf ihrem Höhepunkt."
>
> A. Makarenko

In seinem Reservat für Kinder, einem zur Natur und zu der menschlichen Gemeinschaft hin geöffneten Laboratorium, überträgt Freinet die ganze Fülle des Lebens auf das Phänomen der Erziehung, ein potentielles Leben, das sich unaufhörlich durch den Automatismus eines vitalen Feedbacks erneuert und einen universellen Lernprozeß, das experimentelle Tasten, darstellt. Ein neuer Weg hin zu einer materialistischen Psychologie öffnet sich vor ihm und vollzieht den endgültigen Bruch mit einer mythologischen Psychologie der Entitäten (Ganzheitspsychologie).

Auf der Suche nach einer materialistischen Psychologie

Nach gut zwanzig Jahren pädagogischer Tätigkeit, die er unter den verschiedenen Aspekten der Unterrichtsfunktion in der Primarstufe (öffentliche Schulen von 5–14 Jahren – Koedukative Freinet-Schule mit Internat – kooperatives Wirken von Erwachsenen und Kindern auf weltweiter Ebene) ausgeübt hat, ist Freinet der Beweis für die erstrangige Bedeutung einer leistungsfähigen und verallgemeinerten Praxis gelungen. Bei der Prüfung der Ereignisse ist er vom instinktiven individuellen Empirismus zum kollektiven experimentellen Empirismus übergewechselt, der den progressiven Erfolg durch partielle, laufend angepaßte Fortschritte erlaubt.

Das ist eine Arbeitsmethode mit wissenschaftlichen Verfahrensweisen. Sie erlaubt es, die Geschicklichkeit des Arbeiters zu erreichen, der seine Arbeit beherrscht und in der er das Gesetz erahnt, das die einzelnen Tatsachen erklärt und sie allgemein mit allen ähnlichen Lebenserscheinungen verbindet. Was wirklich zählt, ist, daß ein Werk von überzeugender Allgemeingültigkeit ist, und das ist die elementarste aller Theorien mit der größten Daseinsberechtigung.

Freinet ist dabei, sich dieser theoretischen Suche des zweiten Niveaus zu widmen, als der Krieg ihn aus seinem Arbeitsfeld herausreißt und die menschlichen Bande zur Welt der Kinder und zu seinen Arbeitskameraden und Kampfgenossen zerbricht. Eine Periode spekulativer Gedanken öffnet sich vor ihm. Soll das bedeuten, daß seine Aktivität als Praktiker beendet ist? Selbst unter den die Situation verschlechternden Bedingungen der Internierungslager findet er immer wieder Gelegenheit, sich seiner erzieherischen Berufung zu widmen. In diesem bunt zusammengewürfelten Haufen von Männern, die aus ihrem persönlichen und sozialen Schicksal herausgerissen wurden, ist er der aktive Begründer einer Gemeinschaft von Erwachsenen, die unter dramatischsten Umständen zusammenlebt. *Der freie Ausdruck* erreicht dort einen menschlichen und kulturellen Wert ersten Ranges. Freinet findet darin immer wieder die Grundlinien, die es ihm schon bei seiner Arbeit mit den Kindern erlaubt hatten, eine vorwissenschaftliche Psychopädagogik zu entwerfen. Schon seit seiner Kindheit ständig auf einen Pragmatismus der Notwendigkeit und Effizienz fixiert, gewinnt er die Überzeugung, daß seine vielseitige und allgemeine Erfahrung alle Garantien eines wissenschaftlichen Werks erbringen muß. Es fehlen ihm nur noch die Invarianzpunkte.

Außerhalb seines pädagogischen Bereiches besitzt Freinet schon eine Allgemeinbildung von großer menschlicher Weite und eine Weltanschauung, die sich stark am *dialektischen Materialismus* orientiert. Das marxistische Denken hat ihm die in den Schützengräben erlebte und mit der Revolution der UdSSR verbundene Revolte von 1917 verständlich gemacht. ,,Man muß'', wie Henri Barbusse schrieb, ,,bis zum Ende der Wahrheiten gehen.'' Das war von der Tat her ein Engagement, das seine Mitgliedschaft in der Kommunistischen Partei und sein militantes Wirken in der ,,Internationalen Erziehergemeinschaft'' rechtfertigte. Und das bedeutete von seinem Denken her ein ständiges Vordringen zum Zentrum der Widersprüche aller Systeme einschließlich des wunderbaren Systems, das das Leben darstellt. Diesen *freien Ausdruck*, auf den er sein ganzes Werk aufgebaut hat, erforscht er bis zu seinen Ursprüngen, die in dem kraftspendenden Phänomen zu Beginn des potentiellen Lebens liegen.

Auf diesem neuen Weg betrachtet Freinet G. Politzer als Vorbild. Im Jahre 1928, als Freinets pädagogische Praxis schon durch die Werkzeuge und Techniken, die ihr Motor sind, gefestigt war, als er schon seine Angriffe gegen die traditionelle kapitalistische Schule richtete, las er das Pamphlet „Die Krise der zeitgenössischen Psychologie", das ob seiner bilderstürmerischen Hellsichtigkeit verwunderte. Indem er mit dem Schwung eines Polemikers den Formalismus einer Psychologie kritisiert, die ihre hochfahrenden Ansprüche nur aus der Abstraktion herleitet, stellt sich Politzer die Frage:

„Wie könnte man heute eine allgemeine Psychologie entwerfen, die wahrhaft und streng von der Erfahrung hergeleitet würde?"

Angesichts der Konzeptionen einer mythologischen Psychologie von der angenommenen Realität der Fähigkeiten der Seele – und deshalb *idealistisch* – suchte G. Politzer eine *materialistische* Psychologie, die aus dem Drama des Lebens, und ganz einfach aus dem täglichen Leben, hervorgeht.

„Wissenschaftliche Psychologie wird nur die sein können, die zur wahren psychologischen Erfahrung zurückkehrt, die das Drama darstellt. Eine positive Wissenschaft muß sich mit tatsächlichen Gegebenheiten befassen. Es muß dabei zwischen der Psychologie, die als Gegenstand nur einen Mythos, und der, die als Gegenstand die tatsächlichen Geschehnisse hat, einen Widerspruch geben. Es handelt sich um nichts weniger als die Erfindung einer neuen Psychologie."

Als Freinet im Gefangenenlager seinen „Essai de Psychologie sensible" (Essay einer Sinnespsychologie) schrieb, waren die Schriften von Politzer für ihn nicht greifbar, und das war auch gut so. Freinet hatte nicht die Mentalität eines Schülers. Er war derjenige, der Neuland erschloß, der Baumeister, dessen Dynamik aus dem gänzlichen Durchdrungensein von einer Arbeitserfahrung und einer kulturellen Erfahrung stammt, die untrennbar miteinander verbunden sind. Es ist die ganze philosophische Größe des *dialektischen Materialismus*, die ihn mit Politzer verband, die Einheit im Widerspruch. Andererseits fühlte er, daß er sich aufgrund seiner proletarischen Herkunft und der Bildung seiner Persönlichkeit von Politzer unterschied. Politzer war ein Intellektueller, ein Mann der Gedanken und Ideen, aber jeglicher – für Freinet so bestimmenden – praktischen Erfahrung fremd. Die echte, produktive und kreative Erfahrung ist es, die erlaubt, von den *sinnlichen* Erkenntnissen zu den *logischen* Erkenntnissen zu gelangen und so die organische Einheit von Praxis und Theorie zu begründen und zu erbauen.

„Ich selbst glaube, daß die Menschen, die sich mit materiellen Beschäftigungen abgeben, nur langsam zur wachsenden Erhabenheit intelligenter und logischer Gedanken emporsteigen. Die Arbeit reinigt das Denken, das Denken wiederum wirkt auf die Arbeitsbedingungen ein."[49]

Freinet präsentiert die komplexen Ideen, die die Grundlagen einer neuen Konzeption der weiten menschlichen Erfahrung sind, immer in der einfachsten Form. Die marxistische Idee des Übergangs von der *sinnlichen* zur *logischen* Erkenntnis war schwerwiegend und von großer Bedeutung und Tragweite. Sie legte Zeugnis ab von einem einzigartigen Prozeß der Einheit und der Ganzheit des Wesens und öffnete den Weg zu einer *materialistischen Psychologie.*

Diese Vorstellung von organischer und intellektueller Einheit hatte Freinet unter der Autorität der Ganzheitstheorie von Decroly und in den unzähligen Maßnahmen des freien Ausdrucks erlebt. Sie ist die Grundlage jener beiden Realitäten, der sinnlichen Wahrnehmung und der Arbeit, auf die sich das psychopädagogische Gebäude von Freinet stützt.

Es wäre kurios, den menschlichen Fortschritt unter dem Gesichtspunkt gerade jener mißverstandenen gegenseitigen Abhängigkeit zu untersuchen. Diese Untersuchung würde uns zeigen, in welchem Ausmaß die rein intellektuellen und moralischen Spekulationen, mögen sie auch manchmal gewissen, übermäßig von Gedanken geforderten Geistern Befriedigung gebracht haben, Fehler begingen, die der einfache gesunde Menschenverstand des Arbeiters zum Glück teilweise durchkreuzt und korrigiert hat.

Wir nehmen mit Geduld und Ausdauer wieder den natürlichen Weg auf, der von den unabdingbaren Grundfunktionen bis zur zerebralen und sozialen Differenzierung führt, mit langsamer, häufig im Untergrund zu verrichtender Arbeit, bei der man nicht auf Anhieb die direkten Auswirkungen oder die große Tragweite erkennen kann, die aber nichtsdestoweniger die ideale Essenz herausfiltert, von der die formale Kultur nur einen Ersatz bietet.

Weil sie die Unvermeidlichkeit dieses lebenswichtigen Pfades verkannt haben, glaubten die „Intellektuellen" an die Notwendigkeit, vom Gipfel her zu befehlen, was von der Basis her nicht mehr aufsteigen konnte. Wenn man ihnen zuhört, wäre das Individuum

---

49 C. Freinet, L'Education du Travail, S. 224.

dazu verdammt, sich im verwunschenen Kreis seiner körperlichen Aktivitäten zu drehen, wenn es nicht von einer höheren Macht – der Gnade, des Glaubens, der Intelligenz oder der Vernunft – aufgerufen würde, sich über die menschlichen Verhältnisse zu erheben. Aber diese Kraft tragen wir in uns, unfehlbar und lebendig. Es ist diese Kraft, die das einfache Nahrungsmittel zum Nervenreiz und zum Element des Lebens umformt, die die körperliche Anstrengung anregt, sie motiviert und idealisiert, um sie zur Würde eines Werkzeuges des Geistigen zu erheben. Es genügt, wenn wir diese natürliche Askese nicht behindern. Wir sollten im Gegenteil das normale Funktionieren eines Mechanismus erleichtern, den wir dazu bringen müssen, alles zu geben, was er an erstaunlichen Kräften in sich trägt.

Das ist eine Revolution, die stattfinden muß, ein Strom, der wieder in sein allzulange vernachlässigtes Flußbett zurückgeführt werden muß, das voller Anschwemmungen ist und in dem die zählebigen Baumstämme schon wieder Wurzeln schlagen. Ich habe keinerlei Illusionen bezüglich der Schwierigkeiten der Aufgabe.[50]

So führt Freinet mit den Argumenten einer sinnlichen und biologischen Realität den neuen Weg einer materialistischen Psychopädagogik ein: Das Drama zu leben spielt sich durch die Wirkung der Empfindsamkeit, jener grundlegenden Eigenschaft des Lebens, ab, die bei einer *zielgerichteten Arbeit* voll mobilisiert wird. Beide verbindet ein universeller Prozeß: Es ist das tastende Versuchen, ein instinktives Vorgehen, um eine Steigerung der vitalen Kraft zu erreichen. Man geht schrittweise auf ein Ziel zu, das dem Leben dient.

Der Automatismus als Lebensgesetz: Die vollbrachte Handlung und die Intelligenz

Durch die vollbrachte Handlung erreicht ein Geschöpf – ob Tier oder Mensch – das Ziel, wodurch ihm wieder die potentielle Energie zugeführt wird, die zur Weiterführung des Lebens unentbehrlich ist.

---

50 C. Freinet, L'Education du Travail, S. 225.

Eine im Verlauf der tastenden Versuche gewonnene Erfahrung wirkt wie eine verstärkende Aufforderung und neigt dazu, sich mechanisch zu wiederholen, um schließlich zur Lebensregel zu werden (7. Gesetz des mechanisierten Verhaltens). Es handelt sich dabei um automatische Reaktionen, die weder Beobachtung noch Vergleiche, noch intelligentes Nachdenken voraussetzen.

Der Mensch – und im besonderen Maße das Kind – erwirbt mit derselben Leichtigkeit wie die Tiere den Automatismus bestimmter Reflexe: Das Geräusch des Futtereimers läßt die Hennen zusammenströmen, die Schritte der Bäuerin wecken das Schwein auf, das dann zu grunzen beginnt; beim neugeborenen Kind kommen Hungergefühle auf, sobald die Saugflasche erscheint.

Es ist ein automatisches Lebensgesetz, das unabhängig von unserem Willen besteht und das der Genauigkeit und dem Anspruch unseres gesamten vegetativen Lebens entspricht. Diese Lebensregel bildet die unentbehrliche Grundlage, die in unserem Unbewußten verankert ist und auf der sich weitere Stockwerke erheben können, die zum Aufbau des Individuums notwendig sind. Je bestimmter und unerschütterlicher diese Grundlage gelegt wurde, desto leichter und stabiler können die nachfolgenden Stockwerke darauf aufgebaut werden.

Wir sind also weit davon entfernt, diese Mechanisierung der Reflexe deswegen als eine untergeordnete Eigenschaft anzusehen, weil wir sie mit den Tieren gemeinsam haben; vielmehr müssen wir in ihr selbst die Voraussetzung für die spätere Entwicklung sehen. Wir sollten sie freudig begrüßen und ihr Zustandekommen erleichtern.

Gewisse Lebewesen, Tiere wie auch Menschen, haben die Fähigkeit, eine vollbrachte Handlung sofort in automatische Reaktionen übergehen zu lassen und auf diese Weise unmittelbar Energie freizusetzen, die sich auf neue Tastversuche ausrichtet, um andere Ziele zu erreichen.

Hier kommt eine neue Eigenschaft zur Geltung: die Durchlässigkeit zum wiederholten Versuch, die die erste Stufe zur Intelligenz darstellt. Das tastende Versuchen, so mechanisch es zunächst auch war, wird intelligentes Verhalten. Gerade an der Schnelligkeit und Sicherheit, mit der sich das Individuum intuitiv oder versuchsweise die Lehren aus seinem tastenden Vorgehen zu eigen macht, messen wir seinen Intelligenzgrad (8. Gesetz des intelligenten Tastens).

Eine Handlung, die zum ersten Mal deshalb gelingt, weil sie ein Vorbild nachahmt, wird automatisch wiederholt, wenn sie in den prozessualen Handlungsablauf des Individuums aufgenommen ist.

Diese Nachahmung von beobachteten Gesten weist alle Merkmale einer vollbrachten Handlung auf: Das alles sind Kettenglieder, die zur Kette unserer Erfahrung hinzukommen (9. Gesetz des Verhaltens: Nachahmung und Beispiel).

Wir können von jetzt an das elementare und normale Verhalten der Lebewesen mittels des automatischen Vorgangs von Experiment und prägender Wirkung des Beispiels schematisch darstellen. Die Lebensmaschinerie läuft nach dem Feedback-Prinzip ab. Sehen wir uns das etwas genauer an:

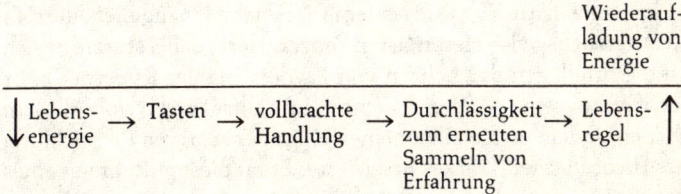

„Was sind das für einfältige Feststellungen?" werden die Spezialisten der höheren Psychologie einwenden. Trotzdem bewegen wir uns schon im Bereich der Kybernetik und gleichzeitig im Gebiet der Pawlovschen Reflexe.

Wir sind schon im Besitz der ersten Erkenntnisse des Freinetschen Werkes.

Auf diesem Schema können die folgenden grundlegenden Erkenntnisse aufbauen:

- Organische Verbindung des Individuums mit der Umwelt, in der es seine kraftspendenden Antriebsquellen vorfindet;
- Einheit, die der Organisation des Lebenssystems – oder des künstlichen Lebenssystems – zuzuschreiben ist, das die Kraft besitzt, von neuem Energie zu schaffen und automatisch sein Gleichgewicht wiederherzustellen (Feedback);
- Auswertung der grundlegenden Bedeutung des Automatismus als eines Vorgangs, der neue Energie freisetzt;

- anfängliche Einfachheit der Verhaltensweisen durch sparsame Anwendung von Hilfsmitteln und Kraft;
- Aufeinanderabstimmung der körperlichen und seelischen Funktion, bedingt durch Aufgeschlossenheit gegenüber dem Sammeln von Erfahrungen.

Und jetzt befinden wir uns schon im Kern dessen, was das Lernen ausmacht. Gewiß, die Schemata haben den Nachteil, Gedanken mißbräuchlich zu verkürzen und zu verdichten: Sie benennen tiefer liegende Vorgänge in einer beständigen Dialektik von Handeln und Denken. Genau das ist der Inhalt des „Essays über die Psychologie der Sinne", in dem sich Theorie und Pädagogik gegenseitig in einem Gesamtheitskonzept durchdringen, das keinen Leerraum läßt und abgestützt ist durch unveränderliche Faktoren, die den Rang von *Gesetzen* besitzen (insgesamt 24 Gesetze, auf denen die Dokumentation beruht).

Freinet blieb bei seiner materialistischen Anschauung. Er verfolgte den Plan, eine dritte Ebene in seinem Werk näher anzugehen, die sich auf das versuchsweise Herantasten konzentriert; dabei stützte er sich auf die Grundlagen der Lehren von Pawlov und der Kybernetik. Er unterrichtete seine Kollegen schon im Jahre 1952 von diesem Vorhaben, indem er die allgemeinen Züge der späteren Entwicklung seines theoretischen Werkes präzisierte. Er tat dies im Rahmen eines Kongreßbeitrages, der, so lakonisch er war, schon zukünftige Entwicklungen andeutete.

Wir berufen uns mit einem gewissen Nachdruck auf die Theorien von Pawlov. Meine Erfahrung der tastenden Versuche, die der Spur folgt, welche die zur automatischen Reaktion gewordene vollbrachte Handlung im Individuum hinterläßt, ist die des konditionierten Reflexes, der in das materielle und automatische Verhalten des Individuums eingeht.

Der gesamte Vorgang des tastenden Experimentierens, der um sich greift, um die am meisten entwickelten Bereiche des Organismus zu erreichen, läßt sich mit der Theorie der Reflexe fassen, die von den kleineren (physiologischen) Zonen bis in den kortikalen Bereich hineinreichen, wo sie das Denken beeinflussen, das somit eine Folgeerscheinung dieses komplexen Tastens wird.

Meine Psychologie der Sinne stimmt auch deshalb voll mit Pawlov überein, weil sie auf materialistischer Grundlage in die physiologischen, medizinischen und psychologischen Konzeptionen bestimmte normale automatische Vorgänge einbringt, die mit zu den höchsten konstruktiven Bestimmungen des kognitiven und affektiven Lebewesens gehören.

In meiner Psychologie der Sinne – und ich bin froh, dafür bei Pawlov eine wissenschaftliche Erklärung zu finden – gibt es keine Intelligenz als solche, die dem Individuum in unterschiedlichen Mengen verabreicht wird. Die Intelligenz wächst und wird aufgeklärt; sie ist nur das Ergebnis des versuchsweisen Tastens, der komplexesten Folge von konditionierten Reflexen, die mittels Erfahrung im Lauf der Zeit zu absoluten Reflexen werden, die von ungleicher Dauer und Beständigkeit sind.[51]

Darüber hinaus präzisierte Freinet in einem Interview mit der Professorin Evelyne Nguyen-Thi über die Annäherung der Freinetschen Psychologie der Sinne an die materialistische Psychologie von Pawlov:

Ich habe die Absicht, die Theorie der konditionierten und nichtkonditionierten Reflexe von Pawlov aufzugreifen, um an ihr die Ähnlichkeit in der Auffassung mit der Methode des versuchsweisen Tastens aufzuzeigen. Gewiß habe ich weder die Kompetenz noch die technischen Mittel, noch die Laboratorien, noch die notwendigen finanziellen Mittel, um ein solches Projekt zum Erfolg zu führen. Aber ich denke, daß wir von der Grundlage einer wirksamen kollektiven Erfahrung aus versuchen können, zu klären und auch in einem gewissen Maß aufzuzeigen, welches die sinnlichen Kräfte sind, die die Erfahrung, deren Grundlage der Automatismus ist, aufzuzeichnen.

Wenn das Denken das komplexe Ergebnis der tastenden Erfahrung in allen menschlichen Tätigkeiten ist sowie das Ergebnis einer ganzen Abfolge vollbrachter Handlungen, die im Organismus gespeichert sind, so, wie der Roboter sie in seinem Gehirn aufzeichnet, wäre es unsinnig, anzunehmen, daß das, was sich am Ende der Kette befindet, keinerlei Einfluß mehr auf die Glieder ausüben würde, die den Anfang der Kette bilden. Es ist ein Irrtum, zu glauben, daß sich die Erfahrung durch das tastende Versuchen nur an der Basis, auf der Ebene des Kindes vollzieht, das seine

---

51 C. Freinet in: L'Educateur, 1952.

ersten Schritte ausrichtet oder das versuchsweise seine Sprache aufbaut. Das versuchsweise Tasten setzt sich zur immer komplexeren Forschung fort. Die wissenschaftliche Forschung ihrerseits vollzieht sich mittels versuchsweisen Tastens.[52]

Wir sind auf dem richtigen Weg, auf dem Weg, den die Erfinder selbstgesteuerter Organismen einschlagen, die sich darum bemühen, empfindliche Geräte zu konstruieren, die das Verhalten der Lebewesen nachahmen. Es seien die Schildkröten von Walter Grey oder der „Homöostat"* von Ashby erwähnt. Die Wissenschaftler, die versuchen, das Denken auf materialistischer Grundlage zu rekonstruieren, mußten dessen wirkliche experimentelle Grundlage und dessen einfachste und sicherste Vorgänge in den Automatismen suchen, die aus den tastenden Versuchen hervorgegangen sind. Und dabei gelangen sie unvermeidlich in den Bereich der konditionierten Reflexe.

Die elektronischen Schildkröten von Walter Grey handeln, indem sie sich ständig vorwärtstasten: Sie stoßen auf Hindernisse und versuchen, sie zu überwinden. Mangels einer anderen Möglichkeit umgehen sie diese und bewegen sich in anderer Richtung auf das zu, was für sie das Ziel der Handlung darstellt: die Steckdose, die ihre Akkus wieder auflädt. Gewisse Servoorganismen besitzen sogar ein *Gedächtnis*, das einen Fehlschlag aufzeichnet. Was ihnen aber fehlt, ist die Aufgeschlossenheit gegenüber dem Sammeln von Erfahrung, die Möglichkeiten des Instinktes, die konstruktive Voraussage der Zukunft. Um Ihnen eine Vorstellung von der Fruchtbarkeit dieser Forschungsmethode zu verschaffen, sei nur erwähnt, daß der Homöostat von Ashby mehr als vierhunderttausend Lösungen bereithält, um sein Gleichgewicht wiederherzustellen.

Man kann sich fragen, warum das menschliche Gehirn mit seinen Milliarden Nervenzellen und Schaltungen uns im Stich

---

52 C. Freinet in: L'Educateur culturel, Februar 1954.

* Der „Homöostat" ist ein von dem englischen Wissenschaftler Ashby entwickeltes kybernetisch gesteuertes Gerät, das nach einem vorprogrammierten Plan versucht, immer wieder sein Gleichgewicht zu erhalten. Vgl. die *prästabilisierte Harmonie* nach der „Monadenlehre" von Leibniz.

gelassen hat, wo doch die Menschheit Gefahr läuft, unterzu-gehen.[53]

Wenn Freinet bei seinen Versuchen, die mechanischen selbstgesteu-erten Systeme an die lebenden selbstgesteuerten Systeme anzuglei-chen, klar den Beitrag der Kybernetik anschneidet, dann tut er dies nicht, um den Technokraten auf einem wissenschaftlichen Weg zu folgen, der die Menschheit den Gefahren des Fortschritts ausliefert. Er tut es vor allem deshalb, um eine analoge Grundlage zu finden, die uns ermöglicht, die Einfachheit des Lebensphänomens zu verstehen. Warum sollten die Gesetze des Lebens nicht von großer verallgemei-nerter und allumfassender Einfachheit sein, wo doch die Verhältnisse des organisierten Lebewesens – die Pflanze, der Einzeller, das vielzellige Wesen und der denkende Mensch – mit dem Zufallsprinzip übereinstimmen? Denn diese Verhältnisse basieren auf denselben Automatismen, und diese Automatismen weisen eine Zweckbe-stimmtheit auf, die in der Suche nach Stabilität durch das Feedback besteht, das ihre Wirksamkeit garantiert. Es ist möglich, daß das Prinzip der Rückwirkung noch verfeinert und notwendigerweise komplexer gestaltet wird; auf jeden Fall aber liefert es eine materialistische Grundlage für die Verhaltensforschung und eröffnet von daher den Humanwissenschaften eine neue Methode der Erkenntnis.

Auf dem Weg zu einer natürlichen und kollektiven Psychologie

Auf diesen Weg der experimentellen Anschauung als höchstes, bedeutendes und feinsinnigstes Ziel des versuchsweisen Tastens versucht Freinet seine Kollegen zu bringen, sobald er seiner durch Krieg und Faschismus zerstreuten und zerschlagenen Bewegung wieder Herr geworden ist und sie wieder neu aufgebaut hat. Viele Namen aus dieser schöpferischen und kämpferischen Gruppe, die sich von neuem an die Bewältigung von Schwierigkeiten heranmacht, welche, bedingt durch die wirtschaftlichen und kulturellen Bedin-

---

53 C. Freinet, Ansprache auf dem Kongreß von La Rochelle, 1952.

gungen der Nachkriegszeit, verschärft auftreten, sind für immer ausgelöscht worden...

Freinet hat zu dieser Zeit schon seine wesentlichen Werke geschrieben: „Essay einer Psychologie der Sinne", „Die erzieherische Wirkung der Arbeit", „Die moderne französische Schule".

Sobald Freinet seine Techniken ohne Schwierigkeiten auf der Grundlage einer von neuem entzündeten kollektiven Begeisterung anbringen konnte, machte er sich daran, sein theoretisches Werk, das eine neue Stufe der Erschaffung und der Erkenntnis mit sich bringt, in die schulische Praxis einzuführen. Nach dem Krieg verzögerte leider der Papiermangel die Herausgabe des „Essays" um einige Jahre. Aber schon seit 1948 organisierte Freinet Arbeitsgruppen für Kinderforschung; er arbeitete an Belegen, die er im Unterricht gesammelt hatte, und veröffentlichte diese regelmäßig in der Zeitschrift „L'Educateur" („Der Erzieher"). Es gab keinen Grund, warum das kollektive Werk, das den Erfolg einer Pädagogik des freien Ausdrucks garantiert hatte, nicht erneut in der psychologischen Forschung als zweitem Aspekt einer einheitlichen Erziehungswissenschaft wirksam werden sollte. Die Ereignisse führten Freinet zu dem Versuch, die kollektive Psychologie, wie sie von G. Politzer konzipiert wurde, als Gegenpart zu der individualistischen Psychologie von Maîtres, bei der jeder *seine* Wahrheit als die alleingültige Wissenschaft hinstellt, zu entwickeln.

„Man muß sich an die Idee gewöhnen, daß all das, was die Grundlagen der Psychologie betrifft, nur mittels *kollektiver Arbeit* konzipiert werden kann, weil ein individuelles System immer nur eine willkürliche Konstruktion darstellt und weil die kollektive Arbeit *allein* zu diesem *System* führen kann, das man Wissenschaft nennt."[54]

Aber dabei unterstreicht Freinet in „Le Profil vital" (1964) die Notwendigkeit, die Werke derer zu lesen, die neue Wege eröffnet haben, insbesondere Freud und Pawlov:

Wir geben uns bei diesen Studien nicht damit zufrieden, Ihnen Literaturberichte zu geben. Es ist noch nicht einmal unser Hauptanliegen, zu erfahren, ob das, was wir darüber zu sagen haben, wirklich mit den Aussagen unserer Lehrmeister übereinstimmt. Wir bemühen uns, aus ihren unbestreitbar fruchtbaren

---

54 G. Politzer, Critique des fondements de la psychologie, Paris 1928.

Werken das Wesentliche von alldem herauszufiltern, was dazu beitragen kann, eine natürliche Methode in der Psychologie zu entwickeln. Sie wird vielleicht nicht lange den Segen der Behörden genießen, aber für uns stellt sie einen großen Fortschritt dar.

Ich werde es außerdem unterlassen, Ihnen Theorien anzubieten. Wir bringen vor allem experimentell unsere Vorstellungen mit den neuesten Entdeckungen einer Wissenschaft in Einklang, die sich ihrer selbst noch nicht genügend sicher ist, als daß sie die Lehren der Erfahrung und des gesunden Menschenverstandes vernachlässigen könnte.

So erfährt die experimentelle Praxis Unterstützung durch die experimentelle Psychologie und führt die Praktiker zu den ersten Schritten einer Wissenschaft der Lernprozesse.

Freinet beherrscht sein Fach, das während seines ganzen Lebens der Aufbruch einer Psychopädagogik ist, in der sich, es sei nochmals daran erinnert, Theorie und Praxis gegenseitig auf allen Ebenen durchdringen. Er beherrscht sein Fach als Praktiker und als Theoretiker, der sich am *dialektischen Materialismus* orientiert. Das heißt nichts anderes, als daß er immer die Einheit im Widerspruch sieht, sowohl auf sozialer und experimenteller als auch auf theoretischer Ebene.

Durch sein Wirken in der offenen und natürlichen Umgebung seines Reservates für Kinder in Vence hat er den wirklichen Sinn und die Tragweite der Widersprüche im Leben des Kindes verstärkt begreifen können: Das Leben ist immer ein Hindernislauf, und durch tastende Versuche gelingt es uns, die Hindernisse zu bewältigen, noch bevor wir überhaupt das Warum unseres Erfolges kennen. Freinet betrachtet das Kind in seinem historischen Werdegang, sowohl vor dem Hintergrund einer ererbten Vergangenheit und einer Gegenwart, die ihm beständige Widersprüche abverlangt, als auch im Hinblick auf die Zukunft, die sich schon in dem individuellen und sozialen Verhalten des Kindes abzeichnet. Diese Betrachtungen rechtfertigen das *Lebensprofil* des Kindes, Element zur Erkenntnis der kindlichen Psyche und infolgedessen Grundlage seiner Erziehung.

Die Entwicklung des Individuums vollzieht sich nicht unter dem Einfluß kategorischer Imperative wie Intelligenz, Affektivität oder Vernunft. Wir können bestätigen, daß sich für das Individuum die entscheidendsten Probleme immer auf der Grundlage von mehr oder weniger hemmenden Hindernissen stellen, die während des ganzen kindlichen Lebens auftauchen. Wenn wir beim Kind die physiologischen Einschränkungen oder die mehr oder weniger überwindbaren Widerstände, die von den physischen, familiären oder sozialen Umfeldern ausgehen, beachten, so haben wir damit schon das Schema der – siegreichen oder verlorenen – Kämpfe, die das Individuum führen muß, um sein Schicksal zu verwirklichen und sein Lebensbedürfnis nach Wirkungskraft zu befriedigen. Mit diesem Lebensprofil ausgestattet, können wir nun den Kindern wirksam helfen, die Hindernisse zu bezwingen, um ein harmonisches und sinnvolleres Leben zu führen.

In der Tat handelt es sich darum, unsere ganze Vorstellung vom Zivilisationsprozeß neu zu überdenken, ebenso ist eine falsche Wissenschaft, die zu lange eine morsche Welt abgestützt hat, zu überdenken.[55]

55 C. Freinet in: Le Profil vital. Hrsg. von der Ecole Moderne, Cannes 1964.

VI Die natürliche Methode der Lern-
prozesse

Der Prozeß des Lebens ist auf die Aneignung von einzelnen Lernschritten gegründet. Diese Lernschritte gehen zu Beginn des Lebens ausschließlich aus den Automatismen des Instinktes hervor.

Das Individuum selbst muß die festen Grundlagen seines Lernens schaffen, wobei es die Möglichkeit haben sollte, auf Erwachsene und ein Milieu zurückzugreifen, die ihm *hilfreich* zur Seite stehen: In diesem Fall sprechen wir von *Erziehung*.

Wenn man von außen dem Kind einen Rahmen von Verhaltensmaßregeln auferlegt, die seinen natürlichen Bedürfnissen fremd sind, sprechen wir von *Dressur*.

Die *natürliche Methode*, die auf den freien Ausdruck des Kindes und das tastende Versuchen gegründet ist, fördert die einzelnen Lernschritte in Richtung auf eine genetische Arbeit, die allen Ansprüchen des Menschen gerecht wird.

Vom Instinkt zur Intelligenz

Jeder Organismus muß sich die Lehren zu eigen machen, die sein Gleichgewicht und die Weiterführung seines Lebens garantieren. Aus sich selbst heraus, mittels instinktiver automatischer Verhaltensweisen, ist das Lebewesen in der Lage, seine Lernschritte in dem Milieu zu vollziehen, das seiner Natur entspricht.

Auf dieser ersten Stufe, dem Beginn des Lebens, kommt dem vegetativen Leben eine besondere Bedeutung zu. Gerade dieses nämlich gibt dem Organismus seine Kraft und seinen Schwung. Unser Körper besitzt diese wunderbare Überlegenheit, die nicht zu Verschleiß, Ermüdung oder Tod tendiert, sondern zur beständigen Steigerung seiner Leistungsfähigkeit, zum Wiederaufladen des Kraftpotentials und zur Regenerierung und Kompensierung von Mängeln. Es handelt sich um einen vollkommenen Organismus, der von selbst den Verschleiß wieder ausgleicht, seine Wunden verbindet und Irrtümer berichtigt. Es genügt, ihn dabei zu unterstützen.[56]

Es ist folglich natürlich, daß sich jedes Lernen auf die vorhandenen Antriebskräfte des Lebens stützt, das aus sich heraus weiß, was es tut. Eben diese Tatsache verstehen jene Erzieher und Mütter – wiederholen wir es nochmals –, die diesem Antriebsmotor vertrauen, den wir Instinkt nennen.

Der Instinkt ist die Spur, die die unzähligen Tastversuche in jedem von uns – über Generationen hinweg – hinterlassen haben und deren Ergebnis dem Erhalten der Art in der ihr angemessenen Umwelt gedient hat (3. Gesetz: Vom Instinkt zur Erziehung).
Die Überlegenheit des Instinkts besteht in seiner Sicherheit, seiner Unveränderlichkeit und in der Tatsache, daß er ein Wesensmerkmal des Verhaltens darstellt, das weder gelernt noch gelehrt zu werden braucht. Der Instinkt ist fester Bestandteil des Lebewesens, so wie die Haarfarbe oder die Schattierung der Haut. Der Instinkt existiert.[57]

Aber sobald sich die Umwelt, mit der das Individuum organisch verbunden ist, ändert, stimmt die Technik des instinkthaften Lebens nicht mehr mit der Bedürfnisbefriedigung unter neuen Bedingungen überein.

Die Umweltveränderungen zwingen das Individuum, die instinkthafte Technik durch neue Erfahrungen zu modifizieren. Die Angleichung, die sich daraus ergibt, ist das Wesen der Erziehung. ... Das große Drama in der Erziehung ergibt sich aus dem ständigen Mißverhältnis zwischen dem inneren Milieu einerseits, das ein Minimum an Gleichgewicht und Harmonie erreichen und bewahren muß, um leben zu können, und einem äußeren Milieu andererseits, das unaufhörlich in Bewegung ist und das nicht die erwünschte Festigkeit besitzt. Dieses Milieu wechselt heute von einer Generation zur anderen, in einem solchen Ausmaß, daß sich der Instinkt, der bis vor kurzem noch die überragende Technik zur

---

56 C. Freinet, Essai de Psychologie sensible, Cannes 1950, S. 3.
57 ebd., S. 13.

Meisterung des Lebens darstellte, fast nie entfalten kann. Einst handelte es sich um Generationen, die Zeit und Muße hatten, sich an die neuen Umweltbedingungen anzupassen. Heute sind es die Individuen, die diese Kraftprobe bestehen müssen: entweder das Gleichgewicht wiederzufinden oder zu sterben.[58]

Glücklicherweise ist der Mensch *intelligent!*

Seit Jahrhunderten stolpern Psychologen und Philosophen über ein in ihren Augen grundsätzliches Problem, indem sie Parallelen zwischen *Instinkt* und *Intelligenz* ziehen oder beide in Opposition zueinander stellen. Das Tier ist unwiderruflich dem *Instinkt* unterworfen, ohne auch nur einen Schimmer von Denkvermögen zu besitzen. Die *Intelligenz* ist das Zeichen der menschlichen Würde.

Gibt es einen Übergang zum Denkvermögen zwischen dem Affen, der dem Menschen anatomisch so nahe steht, und dem „denkenden Menschen"? Diese Frage ist noch offen.

Wie erklärt sich das? Praktisch gesehen ist dies eine rein spekulative Frage. Indem man sich wieder auf den Weg der *Reflexion* begibt, wie dies Teilhard de Chardin vollzieht, bringt man das Problem der Lernvorgänge, dessen Dringlichkeit sich immer mehr in einer Umwelt, die sich mit großen Schritten der Auflösung und Katastrophe zubewegt, bemerkbar macht, einer Lösung nicht näher.

Die Physiologen sind objektiver als die Philosophen und die Psychologen und auch weniger pessimistisch hinsichtlich der Kräfte des Phänomens *Leben*, das sie auf einem sehr weiten Feld beobachten. Warum unbedingt vom Affen ausgehen, wie dies beharrlich die Mehrheit der Forscher in diesem Bereich tut? Dehnen wir doch unser Beobachtungsfeld bis zur winzigsten Verdichtung von organisiertem Leben aus, bis hin zu den Protisten (Bezeichnung für die niedersten Organismen, die nur aus einer Zelle oder einer kleinen Zellgruppe bestehen), die schon das Verhalten lebender Wesen aufweisen und die von den *grundlegenden Zusammenhängen* aller Lebensformen Zeugnis ablegen. „Ein Pantoffeltierchen flüchtet schließlich vor dem Licht, wenn dieses Licht eine Zeitlang mit einer erhöhten Temperatur gekoppelt wird."[59]

So ist der Einzeller, ebenso wie die Hunde von Pawlov, zu

---

58 C. Freinet, Essai de Psychologie sensible, S. 13.
59 Max de Ceccaty, La vie de la cellule à l'homme, Paris 1955.

konditionierten Reflexen fähig und zeigt sich überdies bereit, neue Verhaltensweisen durch Lernen zu erwerben.

Sind dies Ergebnisse des Instinktes oder der Intelligenz? Eine wirre Spekulation von Worten, die kein neues Licht auf das Problem wirft. Erwiesen ist jedoch: „Es existiert eine starke Formbarkeit der lebenden Materie sowie ein Erfindungsreichtum der lebenden Strukturen."[60]

Erziehung und Dressur

Für den Praktiker, sei er Viehzüchter oder Hirte, der unablässig Handel mit Leben verbindet und dessen Kräfte berechnet, sind dies ganz selbstverständliche Dinge.

Freinet ist gleichzeitig Viehzüchter, Hirte, Erzieher und Bauer. Er fühlt das Leben in dem Aufblühen all seiner pflanzlichen, tierischen und menschlichen Formen. Er weigert sich, dem Leben Grenzen zu setzen. Sein Anliegen geht über das der vergleichenden Zoologie hinaus, nämlich in Richtung auf die Untersuchung der verborgenen Möglichkeiten einer kosmischen Lebensenergie: Tropismen und Instinkte nehmen bei ihm sogar die allgemeine Bedeutung von potentiellen Kräften organisierter Lebewesen an. Er hat es sich zur Aufgabe gemacht, eben diese Kräfte in ihren verschiedenen Funktionen zu erhalten und, wenn möglich, zu steigern.

Als objektiver und schöpferischer Praktiker hat er die Verhaltensgrundlagen eines jeden organisierten Lebewesens aufgestellt:

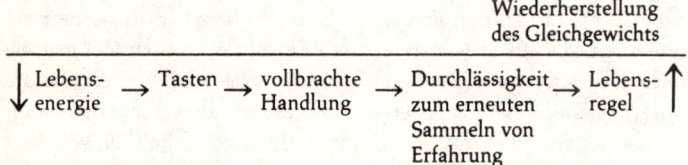

Dies ist der fundamentale Weg einer neuen Betrachtungsweise des gesamten kosmischen Phänomens der Erziehung auf der Ebene von Automatismen. Es handelt sich um die höhere Funktion der

60 Max de Ceccaty, La vie de la cellule à l'homme, Paris 1955.

Automatismen, die die selbstregulierten synthetischen Lebewesen der Kybernetiker ausführen, wie zum Beispiel die Schildkröte von Walter Grey, deren Verhalten von der vollbrachten Handlung abhängt.

Unser Verhalten vollzieht sich mittels fortwährender Systematisierung gelungener Experimente, die dann zum Bestandteil unserer Natur, unseres Wesens werden und die wir nicht verändern können, ohne unserem unmittelbaren Gleichgewicht und der dauerhaften Standfestigkeit des Gebäudes Schaden zuzufügen.

Es handelt sich nicht darum, ob wir riskieren dürfen, das Individuum sehr früh an Lebensregeln zu ketten, die auf so nachhaltige Weise sein Verhalten bestimmen. Die Regeln des Lebens können wir nicht frei wählen. Ihr Ursprung, ihr Wesen und ihre Orientierung können uns vielleicht entgehen: Sie sind deshalb jedoch nicht weniger unentbehrlich zur organischen Entfaltung des Lebens. Die ersten Elemente des Gerüstes müssen gefestigt werden, bevor die nächsthöhere Ebene darauf aufgebaut werden kann. Auf diesem fortschreitenden dynamischen Prozeß müssen wir mit der größten Vorsicht aufbauen, denn es genügt nicht, den Individuen, die sich noch in der Entwicklung befinden, Standardgerüste anzubieten, die zwar auf jedem Boden halten und aufgebaut werden können, die aber nicht auf der Erde befestigt und nicht im Mauerwerk verankert sind und die, je nachdem, wie man sie aufstellt, wackeln und das Individuum in einem unruhigen, unentschlossenen und ohnmächtigen Zustand belassen, wenn es ein einmal gescheitertes Vorhaben unter vielen Schwierigkeiten von neuem in Angriff nehmen soll.

Die Standardgerüste sind jene, die man für jede autoritäre und lernschulmäßige Erziehung verwendet. In diesem Fall werden

die Regeln nicht auf das Kind hin ausgerichtet, sondern nur auf den Lehrer oder die Gruppe, hinter deren Interesse er sein autoritäres Verhalten verbirgt.

Dieses Mal ist es nicht mehr das Kind, das die Pfosten absteckt, innerhalb deren es ein Gebäude errichtet. In diesem Fall setzt vielmehr der Erwachsene die Pfosten dorthin, wo es *ihm* gefällt, verstärkt sie oft noch zusätzlich mit Schranken und bringt das Kind dazu, innerhalb dieser Begrenzung den Aufbau zu leisten. Wir bewegen uns also im Bereich der Dressur.

Folglich ist Dressur nicht gleichbedeutend mit Erziehung. In der Erziehung entfaltet sich das Kind gemäß den Entwicklungslinien, die am ehesten seinen instinktiven Bedürfnissen entgegenkommen; das Kind selbst errichtet sein Gebäude mit Hilfe des Erwachsenen. Bei der Dressur jedoch hat der Erwachsene schon im voraus entschieden, daß das Gebäude diese oder jene Form annehmen soll, daß dieser Teil des Gebäudes fallengelassen wird zugunsten jenes Anbaus, wofür dann alle Materialien eingesetzt werden, um ihn so hoch wie möglich aufzubauen. Genau dasselbe spielt sich mit dem Polizeihund, den Zirkustieren oder dem Rennpferd ab. Man kann das Kind ebenso wie den Polizeihund oder das Rennpferd dressieren und dabei noch glauben, daß das noch etwas mit Erziehung zu tun hat. Unglücklicherweise nehmen die Mittel dieser Dressur bisweilen ein wissenschaftliches Aussehen an, das schwer täuschen kann und uns auf falsche Fährten führt.[61]

Im Anfangsverhalten gibt es zwischen Tier und Mensch keinen Unterschied.

Die ersten Reaktionen des Menschen und des Kindes sind in allen Punkten den Reaktionen der Tiere und aller Lebewesen grundsätzlich vergleichbar. Die Intelligenz selbst, die wir als Durchlässigkeit zum Sammeln von Erfahrung definiert haben, ist Menschen und Tieren gemeinsam. Es besteht – je nach Art und Individuum – nur ein Unterschied im Rhythmus und im Grad. Und eben dieser Unterschied erlaubt es uns, eine Elementarskala des intelligenten Verhaltens aufzustellen.

Der Mensch jedoch überragt das Tier, weil sein Organismus, die Umgebungen, in denen er gelebt hat, und weil der Erfolg seiner Versuche unzählige Tastversuche hervorgerufen haben, die sich zur Lebensregel geformt und Generationen geprägt haben.

Der Mensch erscheint von daher als ein ständig unbefriedigtes Wesen, das immer auf der Suche nach einer neuen Lösung für die unergründlichen Probleme des Erkennens und des Handelns ist. Gerade an der Vielfalt der Tastversuche, die wir zu Befriedigung

---

61 C. Freinet, Essai de psychologie sensible, S. 75.

unserer vielfältigen Bedürfnisse unternehmen, messen wir die Entwicklungsstufe unserer menschlichen Natur.

Im Laufe dieser Unmenge von Tastversuchen haben sich neue Beziehungen herausgebildet, die das Individuum dazu benutzt hat, die Reichweite seiner Hände sowie deren Handlungsmöglichkeiten zu vergrößern. Der Mensch hat das Werkzeug erfunden, das die Grundlage des modernen technischen Fortschritts bildet (15. Gesetz einer Skala der menschlichen Entwicklung).[62]

Der Begriff des *Werkzeuges* und seines Gebrauchs hat eine immer ausgedehntere und immer mehr verfeinerte Bedeutung angenommen, und zwar in dem Maße, wie die physiologischen und psychologischen, dann die moralischen und intellektuellen Bedürfnisse befriedigt worden sind, die sich als Folgen der weiten menschlichen Erfahrung entwickelt haben. Im Werkzeug, in seinem Gebrauch sowie in der Arbeit, die es verrichten hilft, liegt das wesentliche Element der Lernschritte, von denen der Wert der Erziehung abhängt.

Lernen durch versuchsweises Herantasten

Die psychologische Literatur über die Lernvorgänge ist reichhaltig und vielfältig und tendiert dazu, die gesamte Pädagogik zu umfassen.

Wie vollzieht sich das Lernen?

Durch *Wiederholung, Nachahmen, Assoziation, Reiz – Reaktion, operatives Konditionieren, Verstärkung, Versuch* und *Irrtum* usw. Es handelt sich um Lösungen, die alle für einen bestimmten Zeitpunkt gelten, die aber als ein *Ganzes* betrachtet werden, wo sie doch nur ein Aspekt des Problems und durch keinerlei Theorie miteinander verknüpft sind.

Beim Lernen muß man unaufhörlich *experimentelle Theorie* und *experimentelle Praxis* miteinander verknüpfen, wobei das eine immer zum andern führt.[63]

---

62 C. Freinet, Essai de psychologie sensible, S. 75.
63 W. Grey, Le cerveau vivant.

Die Welt macht in dem Maße Fortschritte, wie man die Lerntechniken verbessert. Das ist eine grundsätzliche Wahrheit, die dem gesunden Menschenverstand entspricht. Das ist aber nur dann der Fall, wenn die aussterbenden Generationen fähig sind, an die, die nach ihnen kommen, die unauslöschliche und ausdauernde Fackel des Lebens weiterzugeben, damit der Lauf zur weiteren Entfaltung des Lebens und Fortschritts mit größter Wirksamkeit weitergehen kann.

In dem Maße, wie wir keine gültige Lerntheorie besitzen, bleibt den Interessierten als einzige Möglichkeit, sich selbst durchzuschlagen, entweder nach ihren persönlichen Möglichkeiten oder nach dem Zufall dessen, was sie hier und da empirisch gelernt haben. Der Ausgangspunkt einer jeden systematischen Pädagogik müßte eine Lernpsychologie sein, aber diese steckt noch in den Kinderschuhen.

Das ist die paradoxe Ausgangslage, für die wir selbst eine Lösung haben suchen müssen: Die Erzieher sind in der Tat die einzigen unter den Arbeitern, die ohne erprobte Lernmethode arbeiten. Zumindest haben sich die Methoden, die bis heute angewandt wurden, beim Gebrauch als unwirksam erwiesen. Um aus dieser Ära der Handwerkelei herauszukommen, haben wir auf experimentelle Art eine Lerntechnik suchen müssen, die es uns erlaubt, aus der Sackgasse herauszufinden. Es handelt sich um jene Technik, die auf dem *tastenden Versuchen* beruht und die wir erfolgreich in den *natürlichen Methoden* angewandt haben.[64]

In den alltäglichen Handlungen, die wir verrichten, leben wir alle weiter nach natürlichen Grundsätzen, die auf dem tastenden Versuchen und nicht auf wissenschaftlichen Vorgängen beruhen. Die Wissenschaft spielt keine Rolle bei der Art und Weise, auf welche wir gelernt haben zu saugen, zu essen, zu gehen, uns auszudrücken, die Natur um uns herum zu betrachten, bestimmte Verhaltensweisen anzugleichen, zu arbeiten, zu graben, zu kochen oder zu angeln.

Aber man hat die Erzieher davon überzeugen wollen, daß Schulkenntnisse nur durch wissenschaftliche Methoden zu erwerben sind, durch Methoden, die überdies fälschlicherweise wissen-

---

64 C. Freinet in: Le Tâtonnement expérimental (éd. de l'Ecole Moderne), Cannes 1965.

schaftlich genannt werden. Man muß die Zahl 1 kennen, bevor man die Zahl 5 kennt, man darf nicht ganze Wörter erkennen, bevor man nicht die einzelnen Buchstaben kennt, und man darf keinen Satz konstruieren, solange man nicht die einzelnen Wörter kennt. Als wenn der natürliche Aufbau der Kindersprache nicht in jedem Augenblick eine grundlegende Lebenssynthese wäre, wo das konstitutive Element ganz seine Rolle erfüllt, ohne jemals vom Kontext des Schöpferischen und des Handelns isoliert zu sein.

Unsere Psychologie des versuchsweisen Herantastens ist keineswegs unsere Erfindung, noch stellt sie etwas völlig Neues dar. Sie ist ganz einfach die Norm des Lebens. Allen unseren Handlungen, sogar den wissenschaftlichen, liegt ein versuchsweises Herantasten zugrunde. Sollte sich nur die Schule diesem allgemeinen Gesetz entgegenstellen?

Wir müssen zunächst das Wesen der Schule selbst in Frage stellen. Eine lange lernschulmäßige Tradition hat uns und unsere Eltern glauben machen wollen, daß die Erziehung ein Unterfangen sei, das sich außerhalb der gängigen Normen vollzieht und von ihnen unabhängig funktioniert. Dabei gelte es, bestimmte Geheimnisse kennenzulernen, eine besondere Verhaltensweise zu erwerben und bestimmte Reflexe zu konditionieren, ohne die man im Reich der Erkenntnis niemals zugelassen würde. Die Schule sei dabei – und sie ist es tatsächlich auch – eine Art Insel, die absichtlich von dem normalen Lebensmilieu abgeschnitten ist, die man nur auf Zehenspitzen betreten darf und auf der man eine besondere Sprache mit eigenen Worten und eigener Betonung redet, die desto mehr Wert haben, je mehr sie sich von den tatsächlichen Ausdrucksformen der Kinder auf der Straße und in der Familie unterscheiden.

Besonders schwerwiegend ist die Tatsache, daß man die Insel auch materiell tatsächlich aufgebaut hat. Es handelt sich um die Schule, die, so wie sie heute verstanden wird, nämlich wie die Tempel, in denen alles zu Ehren der Gottheit geschieht, keine andere Funktionsform erlaubt als die, deren Qualen wir erdulden müssen. Die wenigen Erzieher, die sich dieser Tatsache bewußt sind und von dieser Insel herunterkommen und das Leben wieder neu entdecken wollen, sind gezwungen, Mauern einzureißen, Gitter zu zerbrechen sowie gegen Gesetze und Regelungen zu verstoßen, was im Beruf eines Beamten immer mit Ärger verbunden ist. Die Kinder selbst, die sich dem Reglement nicht

beugen können, werden wie die Priesterschüler, die ihres Priester-
amtes als unwürdig erachtet werden, aus dem Allerheiligsten
geworfen und müssen letztendlich auf sich selbst gestellt und auf
anderen Wegen die Bildung suchen, die ihnen die Schule
verweigert hat. Einigen gelingt dies übrigens mit erstaunlichem
Erfolg. Erwarten wir von dieser Schule nicht, daß sie Selbstmord
begeht! Uns bleibt nichts anderes übrig, als sie in ihrer Verschan-
zung zu provozieren, bis sie so abgewertet ist, daß sie eingeht, wie
jede andere vollkommen unnütze Sache.

Wir müssen eine glühende Kampagne für die *natürliche
Methode* führen und sie pädagogisch, psychologisch und historisch
rechtfertigen. Aber vor allem müssen wir zwei Arbeitstechniken
einander gegenüberstellen: Zum einen müssen wir die Ergebnisse,
die wir mittels der Methoden des freien Ausdrucks erhalten haben,
bekannt machen und zum anderen die verheerenden Vorgehensweisen der Lernschule entlarven. Aber vor allem sollten wir uns
davor hüten, wie Sektierer aufzutreten.

Wir haben niemals eine Regel der Freinet-Pädagogik verordnet.
Wir bringen nur ein Bündel erfolgreicher Experimente ein. Wir
sagen nicht einmal, daß Sie sie so, wie sie jetzt vorliegen, in Ihrer
Klasse anwenden sollen. Sie stützen sich vielmehr auf diese
gelungenen Experimente, um ihre eigenen Brücken zu schlagen,
die Sie vielleicht als einzige überqueren können, weil jede Klasse
immer einzig in ihrer Art bleibt, so wie jede Erzieherpersönlichkeit
immer in ihrem Charakter einzigartig bleibt.[65]

Es fehlt nicht an Einwänden, die gegen diese Feststellungen eines
gesunden Menschenverstandes und gegen diese Urteile eines Praktikers, der seine anscheinend vorrangigen Probleme beherrscht,
erhoben werden.

– Ist es nicht wünschenswert, dem Kind die tastenden Versuche zu
  ersparen?
– Kann man auf einer Spontaneität aufbauen, die der wissenschaftlichen Vorgehensweise widerspricht?
– Läuft die natürliche Methode nicht Gefahr, die Bildung zu
  unterschätzen?[66]

---

65 C. Freinet, Techniques de Vie, Nr. 3, 1963 (Zeitschrift der Bewegung
Ecole Moderne).
66 Vgl.: C. Freinet, La Méthode Naturelle, Neuchâtel 1970, 3 Bände.

Freinet antwortet ausführlich und bei jeder Gelegenheit auf ähnliche Fragen, die als Warnung vor der Freinet-Pädagogik angeführt werden. Eben weil die natürliche Methode die tiefen und sicheren Grundlagen des Lebens selbst berührt und weil sie unseren Verhaltensweisen und Lernfortschritten eine beständige Einheit verleiht, ist sie sowohl in technischer als auch bildungsmäßiger Hinsicht ein unvergleichliches Lernmittel. Die natürlichen Methoden sind die einzigen Methoden, die der Zerstückelung und Verzettelung der wissenschaftlichen Erkenntnisse entgegenwirken:

„Die Arbeit in Krümeln", sagt ein Autor ... Es gibt nur Krümel in unserem Leben als Erzieher. Es gelingt uns nicht einmal, sie zu sammeln, was außerdem auch vergeblich wäre, wo doch gepreßte und zusammengerollte Krümel immer nur Kügelchen ergeben, die gerade für Wurfgeschosse in den Speisesälen gut genug sind.

Lektürekrümel, die von einem Werk abgefallen sind, das wir nicht kennen, und die diesen Geschmack von altbackenem Brot haben, das zu lange in den Schubladen und Taschen gelegen hat.

Geschichtskrümel, die einen verschimmelt, die anderen kaum gar, deren Mischung ein unlösbares Problem bleibt.

Krümel, die vom Rechnen abfallen, und naturwissenschaftliche Krümel, wie mechanische Teile, die eine Explosion auseinandergerissen haben könnte und die man als Puzzle wieder zusammensetzen will.

Moralkrümel, Schubladen vergleichbar, die man im Gesamtgefüge des Lebens, je nach Bedarf, nach unendlichen Kombinationen öffnen kann.

Kunstkrümel, Klassenkrümel, Krümel von Arbeitsstunden, Krümel von Menschen!

All dies sind die Gefahren einer Schule, die diese Krümel aneinanderreiht, vergleicht, einordnet, versetzt, untersucht und abschätzt. Dringend geboten ist eine Erziehung, die das nicht wiedergutzumachende Auseinanderbrechen verhindert und die frisches Blut in die Lebens- und Aufbaufunktion der Arbeitspädagogik strömen läßt.[67]

Ein halbes Jahrhundert lang haben unzählige pädagogische Experimente, die auf der Grundlage des freien Ausdrucks in zehntausenden

---

67 C. Freinet, Les Dits de Mathieu, Neuchâtel 1959, S. 45.

von Schulen in unmittelbarem Kontakt mit dem Leben selbst durchgeführt wurden, den Beweis für die dynamischen und wirksamen Kräfte der natürlichen Methoden geliefert. Der hervorstechendste und demonstrativste Aspekt des freien Ausdrucks ist, und darin besteht kein Zweifel, die Freisetzung der künstlerischen und literarischen Kräfte der Kindheit: Zeichnungen und Malereien, Gedichte, Erzählungen und Theaterstücke sowie musikalische Werke sind keine zufälligen Erfolge, sondern unaufhörliche Schöpfungen, die beständig Ausstellungen, Zeitschriften und Zusammenkünfte von Kindern anregen, die auf der natürlichen Kreativität der Kinder beruhen, die sie animiert. Eine stattliche Bibliographie kindlicher Werke, sowohl im Bereich der Kunst als auch im Bereich der Literatur und des Theaters, stellt den bewegendsten Beweis dar für die kulturellen Möglichkeiten, die in einer Kindheit liegen, welche bis heute vom Erwachsenendenken an den Rand gedrängt wurde. Das Kind besitzt selbst genügend Kräfte, um sich der Autorität kleiner Chefs zu entziehen und selbst die Grundlagen zu seiner eigenen kulturellen Befreiung zu legen.[68]

Das größte Verdienst von Freinet war es wohl, uns zu Beginn die Stütze einer Pädagogik des gesunden Menschenverstandes gegeben zu haben, und zwar im würdigen Sinn des Wortes, da sie dem Leben dient und fähig ist, eine Art Mutterleib zu werden, aus dem das Kind neu geboren werden kann, sobald der Zeitpunkt eines tieferen Verständnisses gekommen ist. Genau da liegen seine Chancen für eine wirkliche Kultur. Und, es sei noch einmal und immer wieder betont, man muß die tiefe Bedeutung des Lernvorgangs erfassen:

Man muß die Lerntechnik ändern

„Wenn man einem Hundezüchter nachsagte, daß 50% seiner Tiere mißraten und unfähig zur Jagd sind, wenn die Eigentümer eines Pferdestalles ihre Pferde in allen Wettbewerben durchfallen sehen, würde man selbstverständlich die Schlußfolgerung ziehen, daß die Ausbildungs- und Lehrtechnik mangelhaft ist oder daß jene

---

68 Zur ergänzenden Information wird empfohlen: C. Freinet: La méthode naturelle – 1. l'apprentissage de la langue ; 2. l'apprentissage du dessin ; 3. l'apprentissage de l'écriture, Delachaux et Niestlé, Neuchâtel 1970.

unfähig sind, die sie anwenden, oder, was noch öfter vorkommt, alle beide unbrauchbar sind; denn ein guter Arbeiter akzeptiert nichts, was seine Fähigkeit und Hingabe an die Sache entwertet.

Die gegenwärtigen schulischen Ausbildungs- und Lerntechniken scheitern, und die Statistiken sind in 50–75% der Fälle noch pessimistischer. Die Niederlage wäre vollkommen, wenn das Leben, das noch nicht ganz entartet ist, die Irrtümer der Pädagogen nicht berichtigen würde. Die natürliche Schlußfolgerung daraus wäre, daß man die Lerntechnik ändern muß und daß die Lehrer dafür ausgebildet werden müßten, nach wirksamen Methoden zu arbeiten.

So ist es eben nicht! Erzieher und Schülereltern sind für diese offensichtliche Tatsache nicht empfänglich. Sie registrieren die Niederlage, als ob sie sie nicht betreffen würde oder als ob sie von vornherein von der Nutzlosigkeit ihrer Bemühungen überzeugt wären. Das Kind hat unrecht. Ich glaube aber, daß sie die Situation der Tieraufzucht und der Kindererziehung als nicht vergleichbar beurteilen, die Techniken, die für Pferde oder kleine Hunde gelten, können nach ihrer Ansicht nicht auf Menschen angewandt werden. Für die Kinder, so wie einst für die Prinzen, braucht man subtile Ideen, die von großen Meistern gerühmt und definiert werden, und Worte, die desto mehr beeindrucken, je weniger man sie versteht. Man muß von Intelligenz, Gedächtnis, Willen, Phantasie und Anstrengung reden, selbst wenn die psychologische Wissenschaft weit davon entfernt ist, den Inhalt dieser Begriffe einheitlich zu verstehen.

Es genügt nicht, ein Pferd zu analysieren, zu testen, zu wiegen und zu prüfen; man muß es vor allem springen und traben lehren, danach kann man messen. Um die Tauglichkeit von Methoden einzuschätzen, betrachte ich die Ergebnisse. Aber leider habe ich in den 50 Jahren, seit denen ich unterrichte, nur wenig taugliche Fortschritte in den Methoden festgestellt. Die gegenwärtige Lernschule ist ein offizieller Beweis dafür. Was nun?

Nun, man muß eine neue Lerntechnik herausbilden oder finden, die mehr Lebensnähe und Entscheidungsfreudigkeit besitzt, selbst wenn man dafür die Lehrbücher einstampfen müßte, die uns in diese Sackgasse geführt haben.

Es handelt sich nicht darum, ob unsere Theorien beweisbar oder schon bewiesen sind. Der pädagogische Fortschritt ist keineswegs eine Angelegenheit, die nur uns betrifft. Wir brauchen, koste es, was es wolle, für die Gesellschaft des Jahres 1965 eine Pädagogik, die dem Jahr 1965 angemessen ist. Alles, was diesem Ziel dienen kann, ist wünschenswert.[69]

Ein Blick auf die amerikanische Verhaltenspädagogik

Wir möchten diese bedeutende Frage nach den Lernvorgängen, die wir zu übereilt und zu allgemein behandelt haben, nicht abschließen, ohne zu versuchen, die unterschiedlichen Auffassungen zwischen den amerikanischen Vertretern der operanten Konditionierung und denen der natürlichen Methoden herauszustellen.

Die amerikanischen Lerntheorien beruhen auf der Theorie des operativen Reiz-Reaktions-Systems. Die natürliche Methode ist die normale Methode des tastenden Versuchens. Das Unbehagen der französischen Erzieher gegenüber der instrumentellen Konditionierung entstammt vor allem der Furcht vor einem verallgemeinerten Gebrauch jener Lehrmaschinen, die ausschließlich auf den Erwerb von Kenntnissen ausgerichtet sind. Die von Spezialisten durchgeführte Programmierung wird nach der Auffassung der Erwachsenen begründet, die zu sehr von einer Automatisierung, wie sie in Versuchlaboratorien bei Tieren üblich ist, beeinflußt ist. Folglich, wenn der Automatismus ein Lebensgesetz ist, rechtfertigt die Humanpsychologie nicht notwendigerweise die Verallgemeinerung der Tatsachen für das menschliche Wesen, wie sie auf die konditionierten Verhaltensweisen von Tieren zutreffen. Die Programmierung muß der Persönlichkeit des Kindes Rechnung tragen und ihr eine aktive Rolle vorbehalten.

Freinet hat *Lehrbänder* in seiner Schule in Vence eingeführt[70]. Hunderte öffentlicher Schulen haben die Erfahrung vertieft und auf die praktische psychologische Wirksamkeit dieser Technik geschlossen. Die Lehrbänder werden in gemeinsamer Arbeit von Lehrern und Schülern erstellt und durch wirksame persönliche Praxis erprobt. Sie

---

69 C. Freinet in: L'Educateur, Oktober 1965.
70 C. Freinet, Bandes enseignantes et programmation ; Travail individualisé et programmation (éd. de l'Ecole Moderne), Cannes 1964.

geben selbst mit peinlicher Sorgfalt und Genauigkeit die einzelnen Lehrsequenzen an, wobei diese Sequenzen Fähigkeiten zutage fördern, die in den gewöhnlichen Erfahrungsberichten nicht auftauchen. Es handelt sich dabei um eine ganz natürliche und einfache Programmierung, die häufig die identische Arbeit der Erwachsenen erklärt, die noch zu sehr vom herkömmlichen lernschulmäßigen Gebrauch von Schulbüchern beeinflußt sind.

Freinet hat diese neue Technik mit großem Interesse studiert, die es ihm erlaubt hätte, über die amerikanische Methode der systematischen Konditionierung hinauszugehen, „die unter dem Deckmantel eines mißbräuchlich automatisierten Pawlovismus die höheren zeitgenössischen Erziehungsmethoden besudelt".

Aber was man auch tut, die amerikanische Technik droht weiterhin in der gesamten Welt, die den Technokraten untersteht, überhandzunehmen. Ob wir es wollen oder nicht, die Maschine und die Technik werden jeden Tag mehr Teil unseres Lebens. Es ist normal, daß sich die Schule ohne zuviel Risiken daran gewöhnt, nach dem Rhythmus dieser Welt zu leben, und daß sie diese stufenweise Einführung der Technik in den Schulalltag ins Auge faßt. Wir dürfen uns nicht automatisch in Opposition zu dem – in der Tat zu sehr überhandnehmenden – Bereich der audiovisuellen Techniken und Lehrmaschinen begeben, die für den Augenblick nur für den Erwerb durch Schulen vorgesehen sind.

Die Amerikaner haben für dieses Problem der Programmierung eine gewisse Anzahl von Lösungen eingebracht, die nicht ungefährlich sind.

Die amerikanische Programmierung ist vom Behaviorismus, einer materialistischen Verhaltenstheorie, abgeleitet. Der Behaviorismus stellt unbestreitbar einen spektakulären Bruch mit allen intellektualistischen Theorien dar, die das menschliche Verhalten betreffen.

... Die Anschuldigung, die vom Behaviorismus gegen die traditionelle Psychologie und Pädagogik erhoben wird, ist vollkommen gerechtfertigt und hat ihre Gründe. Die traditionellen Erzieher glauben in der Tat, daß sie ausschließlich Probleme der Intelligenz und des Verständnisses zu lösen haben und nicht Verhaltens- und Lebensprobleme.

Wenn das Kind nicht verstanden hat, muß man ihm das, was nicht zu seinem Verständnis gelangt, erklären. Man kann nur intellektuell erklären, so, als ob die sensorischen Mechanismen der Individuen alle als geschlossener Kreis im menschlichen Hirn funktionieren würden. Es kommt einem traditionellen Erzieher jedoch nie in den Sinn, daß das Kind unter bestimmten Bedingungen, nachdem es eine bestimmte Anzahl von Beobachtungen und Experimenten gemacht hat, aus sich selbst heraus gewisse Schwierigkeiten lösen kann, deren Geheimnis allein der Lehrer zu kennen scheint; die Wissenschaft steigt ihrer Meinung nach von oben herab und nicht von unten herauf.

Was das Anwendungsgebiet der Lehrmaschinen und der amerikanischen Programmierungspraktiken beträchtlich verkürzt, ist, daß sie nur ein einfaches Instrument zur Weitergabe von Kenntnissen darstellen.

... Wir haben die Absicht, *Lehrgeräte* und *Lehrbänder* in den Dienst der Bildung zu stellen.

Der Irrtum, dem die Amerikaner aufgesessen sind, wenn sie eine derartige Konditionierung rechtfertigen, ist außerdem die Folge eines psychologischen Irrtums, was die Lerntheorie angeht. Um den Unzulänglichkeiten der Konditionierung vorzubeugen, berufen sich die Psychologen auf einen *Vorrat an Echos*.

„Es handelt sich nicht nur darum, die günstige Gelegenheit abzuwarten, um alle Typen von Verhalten anzuwenden, sondern vielmehr darum, ein Repertoire an Antworten auf bestimmte Stimuli zu erstellen, um sogleich jede Form von Antwort zu erhalten."[71]

Die Autoren rechtfertigen diese Meinung damit, daß sie eine u. E. irrtümliche Erklärung für die Lernvorgänge liefern.

Und Skinner fährt fort:

„Dies praktiziert man übrigens, wenn man ein Kind sprechen lehrt. Sicherlich könnte man abwarten, bis es eine annähernd richtige Aussprache dieses oder jenes Wortes hervorbringt, und dieses spontane verbale Verhalten verstärken, um dann anschließend eine bessere Annäherung abzuwarten usw. Aber dieser Lernvorgang, der theoretisch möglich ist, wäre extrem langsam. Im Prinzip lehrt man das Kind ein Repertoire an Echos: Man sagt ,dada', ,Katze', und es wiederholt diese Silben. Man erhält schnell alle Formen von Antworten als Echo auf Formen von Stimuli. Um das Kind zu lehren, die Objekte zu benennen, zeigt man ihm ein Bilderbuch, das einen deutlichen Stimulus gibt und einem Echostimu-

---

71 B. F. Skinner, Die Lerntheorie und die zukünftige Forschung. Harvard Educational Revue 1954, S. 86–97.

lus sehr nahesteht. Dies, sagt der Text, ist eine Blume, was das Kind dazu führt, ‚Blume' zu sagen, indem es das Bild betrachtet, das sie darstellt. Das Kind kann daraufhin die Antwort völlig unter der Kontrolle des Bildes geben. Es wird dann das Wort ‚Blume' gelernt haben."

Hier haben wir eine sehr komplizierte Theorie, um schließlich wieder bei der traditionellen Wortlernmethode zu landen, die wir immer angegriffen haben. Zunächst ist festzustellen, daß das Kind nicht auf diese Art in seiner Familie und auf der Straße sprechen lernt. In der Wirklichkeit des kindlichen Lernens geht man nur sehr zufällig vom Wort aus, jedoch immer von der Idee, von der sinnlich wahrnehmbaren Sache, was sich zunächst noch in Gesten äußert, dann in Lauten, die langsam Form annehmen, was dem Vorgang des versuchsweisen Herantastens entspricht. Das vorsätzliche Studium von Wörtern und ihre Konditionierung durch Wiederholung entsprechen nicht den wirklichen Lernvorgängen. Von daher gesehen sind diese Methoden, wenn auch nicht radikal zu verurteilen, so doch nur mit größter Vorsicht zu gebrauchen. Da offensichtlich die Lernvorgänge die Technik der Lehrmaschinen bestimmen, sieht man schon die Tragweite unserer Ablehnung.

Gibt es überhaupt eine wirklich gültige Lerntheorie? Dazu schreibt R. Goodman, Direktor der Sektion Rechnen und Kybernetik am Brighton-College[72]:

„Wir brauchen eine Lerntheorie, die dieselbe Gültigkeit besitzt wie zum Beispiel die Quantentheorie."

Das ist genau das, was uns fehlt. Nach Meredith soll es 29 verschiedene Lerntheorien geben, aber in Wirklichkeit kann man 57 Lerntheorien ausmachen. Es ist ein offenkundiger Irrtum, zu behaupten, wie dies Enrich tut, daß ‚die psychologischen Lernprinzipien seit langem bekannt sind'. Alles, was man sagen kann, ist, daß wir darüber eine vage Anhäufung von empirisch und pragmatisch erworbenen Begriffen besitzen, was aber keine sehr zufriedenstellende Grundlage abgibt, um Lehrmaschinen zu bauen!

Neben anderen wichtigen Konsequenzen aus diesem Manko fehlt es uns auch an der angemessenen psychologischen Sprache, um von dem zu sprechen, was wir zu verwirklichen suchen. In der Tat greifen wir auf eine disparate Sammlung von Jargons zurück, die verschiedenen Lern- und Verhaltenstheorien entliehen sind sowie anderen Theorien, die verschiedene psychische Vorgänge bei Mensch und Tier zum Gegenstand haben,

---

72 R. Goodman in der Zeitschrift „Hommes et Techniques".

ja, die sogar auf Philosophen wie Locke zurückgehen. Diese Jargons gebrauchen wir in scheinbar wahren Bedeutungen und verfahren auf dieser Grundlage weiter, bis wir zu dem gelangen, was wir als Experimente und Evaluation bezeichnen."

Angesichts dieser Verwirrung haben wir die Absicht, durch *versuchsweises Herantasten* eine begründete und wissenschaftliche Theorie einzubringen, der sicherlich ein Aspekt der Konditionierung zugrunde liegt, die aber durch die „Aufgeschlossenheit gegenüber dem *Sammeln von Erfahrung*" verbessert und vervollständigt wird, die ja, kurz und bündig ausgedrückt, die Definition von Intelligenz darstellt.

Wir verweisen die Leser, die sich mit dieser Theorie vertraut machen wollen, auf unser Buch „Essai de psychologie sensible". Dort werden Sie sehen, wie sehr wir uns von dieser Karikatur von Pawlov entfernen, die uns die Behavioristen liefern.

„Die konditionierten Reflexe", schreibt Watson, „ sind die Einheiten, in die jede Gewohnheit auflösbar ist, so kompliziert und integriert sie auch sein mag und welcher Art auch die Vielfalt der räumlichen und zeitlichen Beziehungen zwischen den Bewegungen, die sie ausmachen, sein mag. Wenn eine komplizierte Gewohnheit völlig analysiert ist, ist jedes Element dieser Gewohnheit ein konditionierter Reflex. Ein Organismus ist z. B. auf einen Kreis konditioniert, worauf er antwortet, indem er sich nach rechts wendet; wenn man ihn vor ein Viereck stellt, auf das er konditioniert ist, antwortet er durch Ausführung zweier Schritte nach rechts."[73]

Eine derartige Theorie, die viel zu kurz gefaßt ist, ist vielleicht für eine einfache mechanische Operation gültig, aber sie vernachlässigt die Wirklichkeit, von deren Analyse im Rahmen eines grundlegenden Verhaltens des Erwachsenen und des Kindes die Psychologen noch weit entfernt sind.

Der menschliche Organismus ist, indem er auf sein Milieu reagiert, das, was Stafford Beer ein Wahrscheinlichkeitssystem genannt hat, das unendlich komplex ist. Der Autor glaubt, daß die elektronischen Rechenmaschinen sich erst, wenn sie intelligent geworden sind, an diese Analyse wagen können, und das wird mit Sicherheit nicht in nächster Zukunft der Fall sein.

---

73 R. Goodman in der Zeitschrift „Hommes et Techniques".

Aus diesen diversen Betrachtungen resultiert,
- daß die Lernmaschinen des amerikanischen Typus keineswegs auf eine sichere Lerntheorie gegründet sind;
- daß sie sich auf eine viel zu elementare Auffassung von Verhalten stützen, das gerade noch für mechanische Operationen Gültigkeit hat;
- daß es ein schwerer Irrtum wäre, sie so, wie sie sind, für intelligente Studien gebrauchen zu wollen;
- daß es gefährlich wäre, ihren Gebrauch in den Schulen zu verallgemeinern, zumindest in dieser Form.

VII Auf dem Wege zur wissenschaft-
lichen Erkenntnis

„Wenn die Tatsache, auf die man stößt, im Widerspruch zu
einer herrschenden Theorie steht, muß man die Tatsache
akzeptieren und die Theorie aufgeben, selbst wenn letztere,
von bedeutenden Größen unterstützt, allgemein vertreten
wird.''

Claude Bernard

Nur die Praxis verändert die Wirklichkeit. Aus der Praxis werden die
authentischen Erkenntnisse geschöpft, die zur Versuchstheorie
werden. Experimentelle Praxis und experimentelle Theorie müssen
sich unaufhörlich in fortschreitender Bewegung gegenseitig durchdringen, um in neue Wirkungs- und Erkenntnisbereiche einzutreten.
Auf diese Weise geht man von der sinnlichen Wirklichkeit zur
rationalen Logik über.

So hat sich auch während des gesamten unergründlichen menschlichen Abenteuers die Logik des gesunden Menschenverstandes
herausgebildet. Genauso bildet sich im täglichen Leben von selbst die
in der Kultur der Völker eingeschlossene demokratische und
wirksame wissenschaftliche Erkenntnis heraus.

Bedingt durch seine elementare und handwerkliche Ausbildung
sowie durch seine schöpferische Tätigkeit als Autodidakt, hat Freinet
keinerlei wissenschaftlichen Anspruch, der den Vorrechten einer
Wissenschaft der intellektuellen Spezialisierung entspräche. Er hält
sich ganz einfach den Vorteil zugute, einen kleinen Teil der Erziehung
zu kennen. Denn die Erziehung ist für ihn ein kosmisches Lernprob-
lem, aus dem er die elementaren Gegebenheiten einer praktischen
Kinderpädagogik abgeleitet hat.

Der Begriff des „Praktikers'', den man mit seinem Namen
verbindet, ist für ihn ein Ehrentitel; denn er weiß, daß mit einer
gediegenen Praxis, die gut ausgeführt und kommunikativ ist, große
Dinge in Angriff zu nehmen sind. An erster Stelle werden so die
authentischen Erkenntnisse geboren, die aus dem unmittelbaren
Experiment hervorgegangen sind. Als Mann aus dem Volk weiß er,
daß man zunächst handeln können muß, bevor man über etwas reden
kann, und daß das Bedürfnis nach Theorie die natürliche Folge des

Handelnkönnens ist. Die Theorie ist das erleuchtete Ergebnis des Handelnkönnens. Von da an kann man dann seine Praxis noch besser gestalten, und man erreicht so eine neue Plattform an Wirkungskraft und Erkenntnissen, die einen in die Lage versetzt, von neuem die Wirklichkeit zu verändern. Für jeden Mann aus dem Volk, für jeden bewußten Arbeiter, der seine Tätigkeit liebt, ist dies eine Selbstverständlichkeit. Eine ständige gegenseitige Beeinflussung von Praxis und Theorie hebt die Erkenntnis auf eine höhere Stufe. So verläuft der Weg von der Handlung zum Denken, und so bildet sich die komplexe Logik des volkstümlichen gesunden Menschenverstandes endlos heraus. Dieser hat sich seit Anbeginn der Menschheit bewährt, lange vor der linearen Logik der Wissenschaftler, die ihre Theorie von der Praxis trennen.

So werden die grundlegenden Tatsachen des dialektischen Materialismus bestätigt, den Freinet nicht näher erläutert, der ihm aber unaufhörlich ein immer reichhaltigeres Gesamtbild des menschlichen Phänomens und des Phänomens des Lebens überhaupt vermittelt.

Das erste Problem jeder Erziehung ist immer praktischer Art: Wie kann man das Handelnkönnen erlernen? Mangels einer klaren Vorstellung, die von vornherein die Art des Vorgehens angeben würde, kann man nur auf die tastende Vorgehensweise zurückgreifen, die, zunächst noch empirisch, zur experimentellen wird und damit in der Lage ist, die Theorie hervorzubringen, die eine größere Wirkungskraft garantiert.

Was bezeugt das tastende Versuchen anderes als die Tatsache, daß wir uns unaufhörlich in einer Welt voller Widersprüche befinden, die ein Lebensgesetz darstellen und die Freinet mit dem einfachen Bild der Hindernisse beschreibt, die es zu überwinden gilt? Gibt es größere Hindernisse, die sich dem Leben eines Kindes aus dem Volk in den Weg stellen, als die Unterdrückung durch die kapitalistische Gesellschaft, gegen die es seine Eroberungen durchsetzen muß? Freinet hat es nicht nötig, Marx zu zitieren, um die Probleme der proletarischen Schule zu erklären, denn sie befindet sich im Kern der Entfremdung. Sie ist fester Bestandteil der sinnlichen Erfahrung, die der Entfremdete macht. Das Problem besteht nicht darin, den Katechismus von Marx zu zitieren, sondern aus der sinnlichen Erfahrung die rationale Erkenntnis zu entwickeln, die gleichzeitig intellektuelle und gesellschaftliche Theorie sein soll.

Für diesen Übergang von der sinnlichen Wirklichkeit zur rationa-

len Logik stellt der *gesunde Menschenverstand* immer die erhellend-
ste Theorie für das Volk dar, dessen Anliegen uns ja hier beschäftigt.
Der gesunde Menschenverstand hat Ansprüche von Niveau, nur
durch ihn gelangt man zur Überlegenheit. Er ist der Garant der
wissenschaftlichen Methode, über die man nicht zu streiten braucht,
sondern die es unter dem Zeichen konstruktiven Zweifels anzuwenden und im Volk zu verbreiten gilt.

Genau dazu bekehrt Freinet seine Kollegen, unter Berufung auf die
Autorität von Claude Bernard:

Die Erzieher, die sich heute an einer Erneuerung versuchen
wollen, täten gut daran, Claude Bernard wieder zu lesen und über
die wissenschaftliche Methode nachzudenken, die er empfiehlt.
Denn man ist vielleicht in keiner Körperschaft so weit davon
entfernt, und in keiner anderen Institution glaubt man sich ihr
wahrscheinlich so nahe wie im Unterrichtswesen.

Die wissenschaftliche Methode müßte vom Volksschullehrer
beständig praktiziert werden, ebenso müßte er die Unterrichtsmethoden und -techniken, ob alt oder neu, unaufhörlich durch
Versuche aussieben. Aber mittels ehrlicher Versuche, bei denen er
nicht fürchtet, den Weg konsequent bis zum Ende zu gehen, auch
und vor allem dann, wenn dieser Weg mit allen vertrauten und
übernommenen Gewohnheiten bricht.

Aber leider wissen wir nur zu gut, daß der antiwissenschaftliche
Konservatismus zu leicht zu einer Verschrobenheit der menschlichen Natur wird und daß die, die diesen Konservatismus ins
Wanken bringen, immer die Mißratenen sind, gegen deren
Tätigkeit sich die Gesellschaft bis hin zur Anwendung von Gewalt
verteidigt. Aber die Volksschullehrer, die aufgrund ihrer Aufgabe
die geistigen Anreger sind, dürfen sich nicht fürchten, diese
Umwälzer von Ideen, diese Durchbrecher von Gewohnheiten,
diese Vergewaltiger von Traditionen und diese ungebetenen Gäste
zu sein, die die behaglich Etablierten aus dem Konzept bringen,
wenn sie beharrlich den Anteil an Leben zurückverlangen, um den
sie in der Kindheit betrogen worden sind.

Diese wissenschaftliche Methode steht sogar im Mittelpunkt
unserer gesamten Arbeit. Sie ist das wesentliche Element der
pädagogischen Revolution, die wir in Angriff genommen haben.
Sie ist unsere Kraft und unser Leitstern in dem beständigen Kampf,
den wir führen müssen. Was verlangt sie von uns?

Wir dürfen niemals die noch so gängigen Glaubenslehren als endgültig akzeptieren, vor allem jene nicht, die man uns bisweilen dadurch, daß sie eine lange Tradition aufweisen, für heilig anbieten will, und wir dürfen uns nicht fürchten, die Kenntnisse und Methoden, deren wir uns bei unserer Tätigkeit bedienen, durch das Sieb des beständigen Versuchens laufen zu lassen.

Das beste Gegenmittel, um bei einer derartigen Operation nicht auf Abwege zu geraten und um sie nicht zu der negativ-destruktiven Haltung des Skeptikers zu drängen, ist dabei, sie nicht allein zu praktizieren, sondern die Kritik und Kontrolle der Arbeiter zu suchen, die an derselben Aufgabe sitzen. Sehen Sie das Ergebnis selbst dann, wenn Kontrolle und Experiment es zu bestätigen scheinen, für relativ an, um es notfalls, je nach Raum- und Zeitgegebenheiten, revidieren, abändern und umstellen zu können.

Man hat (...) wissenschaftlich (...) festgelegt und Ihnen bewiesen, daß das Kind faul ist, den Weg des geringsten Widerstandes sucht und nur für Gewinn und Spiel empfänglich ist und daß Ihr pädagogisches Verhalten folglich daraufhin ausgerichtet werden müsse.

Und wenn das alles vollkommen falsch wäre? Wenn genau das Gegenteil richtig wäre? Wenn das Kind unter normalen Umständen vor allem eine Neigung zur Arbeit hätte mit der ganzen positiven Skala von Eigenschaften, die dies voraussetzt?

Müssen wir nicht ohne vorgefaßte Meinung dieses wichtige Problem aufklären, dessen neue Konzeption unser ganzes pädagogisches Verhalten umzustürzen droht?

Man hat uns gelehrt, unsere ganzen pädagogischen Anstrengungen auf einem falschen intellektuellen Prozeß aufzubauen, der Bankrott gemacht hat. Wir müssen neue Wege erforschen, um aus dem eingefahrenen Gleis herauszukommen und endlich auf wirklichen, konkret greifbaren Grundlagen aufzubauen.

Man hat Ihnen gesagt, daß Sie der Lehrer seien, der den Schülern seine Autorität aufzwingt und der weder Kritik noch Diskussionen zuläßt, die eine hypothetische Überlegenheit in Frage stellen könnten. Das Leben selbst hat diese Haltung heute unwiderruflich untergraben. Der neue Lehrer muß heute aus anderen Quellen die Elemente seiner Disziplin und seines Prestiges schöpfen. ,Und die Lösungen?' werden Sie entgegnen.

Wir würden unserer wissenschaftlichen Methode nicht gerecht, wenn wir behaupteten, Ihnen definitive Lösungen anbieten zu können. Wir bieten Ihnen mögliche Lösungen an, die wir kollektiv nach der wissenschaftlichen Methode erprobt haben, indem wir in der Erfahrung und durch die Erfahrung selbst die Methoden und das Material ausgesiebt haben, die sich als unzulänglich erwiesen. Wir haben Fährten freigelegt, deren Erforschung ernsthaft betrieben wird und auf die Sie sich von jetzt an mit dem Wissen um einen tröstenden Prozentsatz an Erfolg und Wirksamkeit begeben können.

Aber halten Sie diese Fährten und Erleuchtungen nie für endgültig, errichten Sie nicht wieder Tabus, markieren Sie die neuen Wege nicht mit routinemäßigen Vorgehensweisen. Daß Erzieher die Methoden von Frau Montessori, von Ferrière, Decroly, Piaget, Washburne, Dottrens oder Freinet kritisieren oder verbessern wollen, ist nicht skandalös. Der erzieherische Skandal besteht darin, daß sich von neuem „Anhänger" finden, die genau dort, wo diese Erzieher stehengeblieben sind, neue Dogmen errichten wollen, die auf neue Gesetzestafeln und schulmeisterliche Regeln bedacht sind; daß man nicht versteht, daß das Denken von Ferrière, Piaget, Washburne, Dottrens oder Freinet im wesentlichen in Veränderung begriffen ist, daß es heute nicht mehr das darstellt, was es vor zehn Jahren war, und daß sich in zehn Jahren eine neue Anpassung dieses Denkens an die neuen Bedingungen entwickelt haben wird. Und daß, wenn Decroly oder Montessori (wir sprechen von der wissenschaftlichen Maria Montessori der schöpferischen Jahre und nicht von der Erzieherin, die unter dem Mussolini-Regime Selbstmord beging) zurückkämen, sie unsere Dogmen zerschlagen würden, so, wie sie zu ihrer Lebenszeit die reaktionären Dogmen erschüttert haben.

Eben im Namen dieser wissenschaftlichen Praxis für die Anwendung einer beständig experimentellen Methode machen wir aus unserer Kooperative eine gigantische pädagogische Arbeitsgilde mit ihren einzelnen Ausschüssen, die unter allen Aspekten die pädagogischen Probleme erforschen, unaufhörlich Methode und Techniken neu überdenken, die Angleichung des Materials vornehmen, die alten Teile, die sich als kostbar erweisen, festigen und überall dort schöpferisch tätig sind und Aufbauarbeit leisten, wo es notwendig ist.

Ich kenne schon den Haupteinwand, der bald von zahlreichen Kollegen vorgebracht wird, die an seit langem genau festgelegte

Arbeitsmethoden gewöhnt sind und die – mehr auf sich selbst als auf ihre Schüler bezogen – die treibende Kraft der Techniken bezweifeln, die wir empfehlen.

Mögen sich jene, die allen Schwung verloren haben, frühzeitig am Wegrand niederlassen, wenn sie nicht mehr weiterkönnen. Wir haben solide Grenzsteine vorbereitet, auf denen sie ihre Zweifel abladen können. Hier können sie vorübergehend innehalten, denn sie werden von neuem aufbrechen.

Sie werden gemeinsam mit all denen wieder aufbrechen, die in Verbindung mit unseren Lehrern und im Licht unserer Entdeckungen neue Gründe zum Leben, Arbeiten, Kämpfen und zum Voranschreiten gefunden haben. Es ist falsch zu glauben, daß zumindest in der Pädagogik das statische Verharren die praktischste und günstigste Haltung sei. Versuchen Sie, auf diesem schmalen Brett, das Ihnen als Steg dient, um die Strömung zu überqueren, zu gehen und Ihr Gleichgewicht zu halten. Ist es für Sie nicht bequemer, den Steg zu überqueren, ohne innezuhalten, indem Sie das Gleichgewicht nicht in Ihrer Unbeweglichkeit, die Sie in den Abgrund stürzen würde, sondern in der Aktion und im Leben suchen?

Morgen wird die wissenschaftliche und experimentelle Methode unseren ganzen Unterricht beleben, und die Erzieher werden wieder anfangen zu leben und schöpferisch tätig zu sein. Für diese dringliche Aufgabe werden sie keine Anstrengung scheuen, und sie werden sich dabei selbst regenerieren.[74]

Die Wissenschaft ist alles in allem nicht unbedingt dem Fortschritt förderlich, der ganz in den Dienst des neuen Menschen gestellt werden muß.

Die Wissenschaft, die auf unvollkommene Weise ihre Bemühungen beurteilt hat, hält gefährliche Notbehelfe für endgültige Lösungen und bemerkt nicht, daß sie die menschliche Rasse zur Degenerierung führt.[75]

In gewisser Hinsicht ist die Wissenschaft, die manche Leute als Tabu betrachten, verdächtig, und dies um so mehr, als sie ein Werkzeug der herrschenden Technokratie ist:

---

74 C. Freinet in: L'Educateur, November 1945.
75 C. Freinet, L'Education du Travail, S. 21.

Ich betrachte die Wissenschaft als große menschliche Errungenschaft; ich berufe mich auf sie in dem Maße, wie sie uns eine unparteiische Studie liefert, die auf der sicheren Erfahrung und einem vollständigen Beweis der Tatsachen begründet ist, der so offensichtlich ist, wie zwei und zwei vier ergibt, und der nicht nur heute und an diesem Ort gilt, sondern auch unter anderen Zeit- und Raumbedingungen zutrifft; ich ehre die Wissenschaft, weil sie eine Art der Wahrheit ist, die den Fortbestand des Göttlichen in sich trägt.

Aber leider laufen wir hier einem Ideal von nicht faßbarer Klarheit hinterher. Wir müßten immer von der *menschlichen Wissenschaft* sprechen, um damit ihre Fehlbarkeit und relative Ohnmacht zum Ausdruck zu bringen.

Auf der Ebene der Unmittelbarkeit können die Wissenschaftler von einem Tag zum anderen hundertprozentig recht haben. Aber auf der Ebene von Natur- und Menschheitsentwicklung bleiben ihre Irrtümer nicht ohne direkten Einfluß auf die Degenerierung und die Dekadenz, deren Ergebnis die aktuellen Ereignisse sind.[76]

Derartige Überlegungen, die Freinet als Vorläufer moderner Wissenschaftskritik niederschreibt, brachten ihm die unwiderrufliche Verurteilung durch die Wissenschaftler ein, die ihn in die Nähe des dunkelsten Mystizismus rückten.

„Die extreme Überbewertung der Wissenschaft ist der erste gemeinsame Nenner der Ideologie der Technokraten. Das ist der praktische Aspekt der gesellschaftlichen Moral, denn er verspricht uns, daß wir mit Hilfe derselben Techniken, die sich in den Naturwissenschaften unter Beweis gestellt haben, dahin gelangen können, eine exakte Wissenschaft des Menschen zu schaffen."[77]

Es ist richtig, zu sagen, daß die Völker die Wissenschaft regelrecht über sich ergehen lassen, so, wie sie die Wohltaten und die Katastrophen der großen Naturkräfte und des Kosmos über sich ergehen lassen. Alles vollzieht sich über ihren Köpfen, ohne daß sie davon etwas erführen, bis zu dem Augenblick, wo sie bei dem Abenteuer die Kosten zahlen müssen. In dieser tragischen Situation

---

76 C. Freinet, L'Education du Travail, S. 21.
77 W. H. Whyte, L'homme de l'organisation (Edition Plon).

entscheidet eine Handvoll von Menschen für die ungeheure Masse von Kreaturen, die reine Versuchskaninchen geworden sind.

Das Bekenntnis Robert Oppenheimers beleuchtet das Problem einer Wissenschaft, die über allen Streitfragen steht:

„Die Wissenschaft stellt heute keine Bereicherung der Allgemeinbildung mehr dar. Sie wird zum Eigentum kleiner, hochspezialisierter Gemeinschaften, die sie zwar mitteilen und erklären möchten; sie ist aber dem allgemeinen Verständnis nicht zugänglich.

Die Wissenschaft von heute hat zwei wesentliche Züge: Sie ist zum großen Teil neu und noch nicht angepaßt, und sie gehört nicht zum gemeinsamen kulturellen Erbe. Sie bleibt das Erbe spezialisierter Gemeinschaften, die bei Gelegenheit unter sich kommunizieren können, die aber im allgemeinen mit wachsendem Eifer ihren eigenen Weg verfolgen, der sich jeden Tag etwas mehr von den Grundlagen entfernt, auf denen das Alltagsleben beruht."[78]

Die große Masse der Menschen muß sich folglich mit einer sehr relativen Auffassung von praktischen Wissenschaften zufriedengeben, die wie die Mode nur für eine gewisse Zeit lang andauern.

„Sind wir wissenschaftlich?" fragt sich Freinet, um die Frage der idealen Wissenschaft auf ihre richtigen menschlichen Proportionen zurückzuführen:

Es handelt sich offenkundig um eine Frage von höchster Bedeutung, da die verschiedenen möglichen Auffassungen direkten Einfluß auf unsere Erziehung haben. Es besteht kein Zweifel darüber, daß wir, was bestimmte Bereiche anbelangt – Medizin, Pädagogik und insbesondere Kultur –, Zeuge eines Zurückdrängens bestimmter Aspekte der Wissenschaft sind. So sehr, daß man sich fragen kann, ob diese große Idee von den Wissenschaften, die einen blitzartigen Aufschwung in der ersten Hälfte unseres Jahrhunderts erlebt hat, nicht in äußerster Gefahr ist und ob wir nicht Zeuge einer Dekadenzerscheinung werden, gleich jener, die bestimmte große Epochen in der Geschichte der Völker geprägt hat.

In dieser Krisenzeit, von der die ganze westliche Welt betroffen ist und deren Ausmaß mit den Krisen vergleichbar wäre, die dem Fall des Römischen Reiches vorausgegangen sind, wäre es

---

78 R. Oppenheimer, L'arbre de la connaissance, Paris, 1965.

notwendig, daß die Wissenschaftler ihr mea culpa ablegten und daß sie selbst die schweren Irrtümer entlarvten, die dazu führten, daß im Namen der Wissenschaft unwissenschaftliche Praktiken gedeckt wurden und immer noch gedeckt werden, und daß sie das unermüdliche und ehrliche Experimentieren wieder zu Ehren kommen ließen, ebenso wie die beständige uneigennützige Forschung.

Was können wir in der Tat von einer Wissenschaft erwarten, die, mächtig mittels staatlicher Autorität, von vornherein alle Forschungen, Versuche und Entdeckungen verdammt, die Gefahr laufen, eingefahrene Situationen ins Wanken zu bringen? In der Medizin und der Pharmazie einerseits sowie in der Pädagogik andererseits häufen Forscher vergebens beweiskräftige Fakten an, liefern Statistiken und verlangen Untersuchungen. Sie sind ‚Oppositionelle‘ und als solche im voraus verdammt.

Die Folge dieses kriminellen Sektierertums ist die weitere Verkrustung von Denk- und Handlungsweisen, die wir als überholt ansehen und die aus längst vergangener Zeit wieder neu aufzutauchen scheinen. Wenn man bedenkt, daß die Anhänger des Christus von Montfavet ihre Mitgliederzahl und ihre Kampfbereitschaft von Tag zu Tag wachsen sehen; wenn man erfährt, wie sie sich über alle Ereignisse und Katastrophen freuen, die nach ihrer Ansicht das Ende der Welt ankündigen, wie es von Jesus gepredigt wurde, so kann man daran die Tiefe und das Ausmaß der Gefahr ermessen.

Wir sitzen zwischen diesen beiden Extremen fest. Wir sind wissenschaftliche Anhänger der permanenten Forschung und des unermüdlichen Experimentierens. Wir gehen von keiner vorgefaßten Meinung aus, allenfalls von dem Grundsatz, klar zu sehen und vernunftgemäß zu handeln. Wir stoßen auf die Unnachgiebigkeit der falschen Wissenschaft, die uns wieder gern in die Nähe eines Spiritualismus rücken würde, den wir entlarven. Folglich sind die Zwischenstandpunkte immer die gefährlichsten. Das Sektierertum ist um so bequemer und spektakulärer!

Ich würde sagen, daß wir auf entschiedene und nahezu brutal-offene Art diese Frage nach der Wissenschaftlichkeit im Bereich der Erziehung stellen, offensichtliche Beispiele falscher Wissenschaft sammeln und Zeugnisse von Autoren anführen müssen, die unseren Behauptungen in einem Bereich Gewicht verleihen, wo die falsche Wissenschaft zu lange Oberwasser hatte.[79]

Man muß auf Oppenheimer zurückgreifen, um zu verstehen, daß man der wissenschaftlichen Erkenntnis ihren demokratischen Aspekt geben muß, um die Menschen in einem möglichst objektiven Verständnis zu einen.

„Ich gebrauche das Wort ‚wissenschaftliche Erkenntnis' in seinem weitesten Sinn, worin die Wissenschaft der menschlichen Geschichte und des menschlichen Verhaltens mit eingeschlossen ist, und es scheint, daß das erste Merkmal dieser wissenschaftlichen Erkenntnis ziemlich elementar ist. Ich würde sagen, daß sie sich dadurch auszeichnet, daß man von ihr auf objektive Art reden kann, so daß die Menschen auf der ganzen Welt verstehen, was die Wörter bedeuten, und daß sie genau wissen, was der Forscher vollbracht hat, dies nachvollziehen können und entdecken, ob es der Wahrheit entspricht oder nicht.[80]

Es handelt sich also darum, zu wissen, ob die *wissenschaftliche Erkenntnis*, die der menschlichen Gemeinschaft als kollektives Gut zugänglich ist, eine nützliche Errungenschaft ist, die verallgemeinert werden kann. Auf jeden Fall ist es das grundlegende Programm Freinets hinsichtlich der Erziehung, der er sich gewidmet hat.

Ausgehend vom sinnlich wahrnehmbaren Empirismus in seinen Anfängen in Bar-sur-Loup, ist er sehr schnell durch einfache Beobachtung der Naturgesetze beim experimentellen Empirismus angelangt. Dieser Empirismus der Aktion machte ganz selbstverständlich die Schaffung von Werkzeugen notwendig. Diese Werkzeuge bestimmen erzieherische Techniken; die Techniken führen die *experimentelle Praxis* ein.

Dieser ganze Forschungsprozeß wird verallgemeinert und läßt eine Menge von Dokumenten entstehen, aus denen man eine anspruchsvolle organisch begründete Theorie erschließt, die bis zu den Gesetzen der *Invarianz*, die Freinet in seinem „Essai de Psychologie sensible" anführt, weiterentwickelt wird. Es handelt sich um den ganz einfachen und natürlichen Weg der wissenschaftlichen Erkenntnis, den Freinet mit allen Mitteln vor einer möglichen Vermischung mit den Erkenntnissen der Unterweisung, wie sie im Computer der Wissenschaftler gespeichert sind, zu bewahren sucht.

---

79 C. Freinet in: L'Educateur, September 1954.
80 R. Oppenheimer, L'Arbre de la Connaissance Paris, 1965.

Unterricht und Wissen sind nur Werkzeuge, die man überdies nicht unterbewerten sollte; aber ihre Anwendung bedarf einer vorsichtigen Führung, die die tiefe Bildung der Persönlichkeit voraussetzt.[81]

Freinet ist sich sicher, daß die *wissenschaftliche Erkenntnis* dem Volk nahegebracht werden kann, denn das Volk, das seine Arbeitsleistung unter widersprüchlichen Umständen ständig unter Beweis stellen muß, denkt instinktiv und mittels praktischer Erfahrung dialektisch. Seinen Aufsatz über experimentelle Psychopädagogik widmet er folglich ganz besonders den Volksschullehrern, so wie er es auch im Vorwort zu diesem Essay erläutert:

[Dieses Buch] ist ganz besonders den Volksschullehrern gewidmet, denen, die wie ich aus der Arbeiterklasse hervorgegangen sind, die sie nicht haben verlassen wollen, und die, so gut es eben geht, die Widersprüche, die dem großen Problem der Erziehung innewohnen, unter intellektuellen, gesellschaftlichen und menschlichen Aspekten in einem änderungsfähigen Milieu zu lösen haben. Ich möchte auch, daß das Buch von der großen Masse der Eltern verstanden wird, die die Last der Kindererziehung tragen und die möglichst wirkungsvoll den Hindernissen entgegentreten müssen, die eine unvollkommene Gesellschaft der Entfaltung der jungen Persönlichkeiten in den Weg legt.

Dieses Anliegen, für die Mehrheit der Menschen mit mittlerer, nicht lernschulmäßiger Bildung, verständlich und klar zu bleiben, hat mir gewisse Bedingungen auferlegt. Ich wollte vor allem mit Einfachheit und Objektivität die vielfältigen Probleme angehen, die uns im individuellen und sozialen Bereich zur Kenntnis des Kindes führen.

Ich habe aus meinem Vokabular die hermetische Sprache der Spezialisten verbannt, um nur in der direkten Sprache des Volkes zu reden. Ich habe aus meinen Demonstrationen die traditionellen philosophischen Abstraktionen entschieden verbannt, um unaufhörlich auf sinnlich wahrnehmbare und bildhafte Entwicklungen zurückzugreifen, in denen Subjekt und Objekt keineswegs zerstreute metaphysische Begriffe sind, sondern im Gegenteil kon-

---

81 C. Freinet, L'Education du Travail, S. 72.

struktive Elemente einer umfassenden Aktivität, die eine Einheit bilden, wobei es gilt, die einzelnen Elemente zu ordnen und auszurichten. Dadurch – und dies ist mein Hauptanliegen – beanspruche ich, ein Werk der Psychopädagogik geschaffen zu haben, das die Volksschullehrer, die Lehrerstudenten und die Eltern lesen, verstehen und diskutieren und, ich hoffe, auch kritisieren können, indem sie nicht nur die Worte, sondern vor allem die sinnlich faßbaren und vertrauten Tatsachen in Betracht ziehen.

Lesbar zu sein, ist dies nicht ein origineller und schätzenswerter Zug für ein Lehrbuch der Psychologie?

Die Freinet-Techniken, Ferment der zeitgenössischen Pädagogik

Das kämpferische Werk von Freinet ist vollkommen auf eine Pädagogik der Massen hin orientiert, denn er nahm sich die Erneuerung des gesamten Unterrichtswesens und, darüber hinaus, der Volkserziehung vor.

Die *internationale Bewegung der Ecole Moderne* war und bleibt der unwiderlegbare Beweis, daß dieses Ziel der würdigen Erneuerung von jetzt an Geschichte macht.

Wenn wir den Anspruch erheben, eine Pädagogik der Massen schaffen zu wollen, müssen wir durch die Erfahrung beweisen, daß unsere Pädagogik nach und nach in allen Klassen der Welt möglich ist und von allen Erziehern angewandt werden kann.[82]

Während der letzten Monate seines Lebens versuchte Freinet angesichts der Verwirrung, die im aktuellen Unterrichtswesen und auf menschlicher Ebene herrscht, den nützlichen Beitrag seines Werkes herauszustellen:

Nach langen Jahren des Reifens beschäftigt man sich heute überall dort mit unseren Techniken, wo man die schwierige Lage der zeitgenössischen Pädagogik überdenkt sowie die dringende Not-

---

82 C. Freinet in: L'Educateur, Februar 1966.

wendigkeit erkennt, einen Rückstand aufzuholen, der Gefahr läuft, für immer die demokratische Erziehung in Verruf zu bringen. Das ist die Frucht einer vierzigjährigen Erfahrung.

Trotz der Verbitterung, mit der sich die Erzieher in der Praxis an alte Methoden klammern, gewinnen unsere Ideen in einem ermutigenden Ausmaß an Boden. Der freie Ausdruck, dessen Einzug in den Unterricht während unserer ersten Versuche vor dreißig, vierzig Jahren niemand für möglich hielt, ist ein neues Element der Erziehung geworden. Die Nachschlagkarteien und die Arbeitsblätter mit Selbstkorrektur werden nach und nach anstelle der alten Praxis von Hausaufgaben und Lektionen angewandt. Die Schulzeitung und die Korrespondenz werden bald in die Welt der Kinder Einzug halten. Dank der Arbeitspläne und der Schülerkonferenzen haben die Schüler von jetzt an das Wort und bereiten sich praktisch und experimentell auf ihre Aufgaben als erwachsene Menschen vor. Unsere Beharrlichkeit, mit der wir den befreienden Geist unserer Techniken verteidigt haben und gleichzeitig der Verdummung durch die Lernschule entgegengetreten sind, hat heute eine Bresche geschlagen. Das Problem der Vorrangigkeit der kulturellen Elemente über die rein technische Aneignung stellt sich offiziös außerhalb der Schule und in den verschiedenen pädagogischen Instanzen sogar offiziell. Es besteht die Tendenz, daß an die Stelle des hundertjährigen Verbalismus das individuelle oder kollektive Experiment und die Arbeit treten.

Folglich sind diese Ideen nicht aus theoretischen Spekulationen über sterile Tatsachen einer verurteilten Vergangenheit entstanden – und sie können es auch nicht sein. Sie haben Gestalt angenommen, weil wir als erste in der pädagogischen Welt die Werkzeuge und Techniken eingebracht haben, aus denen neue und besser an unser Milieu angepaßte Arbeitsformen entstanden sind: Druckerei und Schulzeitung, Umdruckverfahren, Malereien, Karteikästen, Arbeitsbibliothek, Tonbänder, Lehrbänder usw. Solange diese Werkzeuge nicht existierten, mußten sich die Erzieher mit intellektuellen Erklärungen und Beweisführungen begnügen, mit denen sie ihre weisen Lektionen nährten. Ein technischer Fortschritt ist heute in der überwiegenden Mehrzahl der Schulen möglich.

Nicht allein die Theorien bereicherten und modernisierten die industrielle Ausrüstung unseres Landes. Sicherlich hatte man Bedarf an theoretischen Forschungen. Sie sind jedoch nur in dem Maß wirksam geworden, wie sie konsequente praktische Verwirklichungen nach sich zogen. Die Organisation des Haushaltes ist voll in der Entwicklung begriffen, nicht aufgrund von Reden und Erklärungen, sondern dank der Herstellung und des großen Serienverkaufs des dafür notwendigen Materials. Die rückständigsten Landgebiete rüsten sich mit Mähmaschinen und Traktoren aus, selbst dort, wo die Schule – welch ein Anachronismus – noch in den Praktiken von 1900 verstrickt ist.

Über den Umweg von Werkzeugen und Arbeitstechniken, die im Dienst einer modernen Pädagogik stehen, hat die schulische Erneuerung begonnen, weil sie als Notwendigkeit geboten ist. Von nun an kann sie sich mit einem erstaunlichen Rhythmus entwickeln. An uns liegt es, dieser Entwicklung den Weg zu weisen.

Unsere Arbeit wird leider nur in sehr geringem Maße unterstützt. Aus verschiedenen Gründen, die zu analysieren ganz nützlich wäre, entwickelt sich unser Versuch in einer Periode, in der in pädagogischer Hinsicht auf nationaler und internationaler Ebene eine überraschende Leere vorherrscht. Vor nur dreißig Jahren hätte sich unsere Pädagogik, wenn sie damals schon existiert hätte, mit derjenigen von ungefähr einem Dutzend großer und hoffnungsvoller Psychologen und Pädagogen messen können, die einer ganzen Epoche zur Ehre gereichen: Ovide Decroly und seine Forschungsschwerpunkte, Maria Montessori und ihre neuen Konzepte für die erste Phase der Kindheit; Robert Cousinet und seine Gruppenarbeit; Adolphe Ferrière und seine Ecole Active; Pierre Bovet, Edouard Claparède und Robert Dottrens von der Genfer Schule; Miss Parkhurst und Carleton Washburne in den USA, nicht zu vergessen John Dewey, der Theoretiker einer neuen Schulkonzeption, Henri Wallon, Jean Piaget, Emile-Jacques Dalcroze, Sigmund Freud, Paul Geheeb und die beachtliche Reihe großer Denker, die zu dieser Zeit unsere Arbeiten aufmerksam verfolgten: Romain Rolland, Barbusse, Jean-Richard Block, Gandhi, Maxim Gorki und Rabindranath Tagore.

Wie und warum hat sich dieses verzehrende Feuer, das uns ermutigte und nährte, plötzlich verflüchtigt, und wieso haben die Psychologie und die Pädagogik ihre berühmten Forscher verloren? Ist es vielleicht der Tatsache zuzuschreiben, daß die neuen Generationen die Vergeblichkeit bemerkten, dem Weg der Vergangenheit zu folgen, während der zukünftige Weg sich noch nirgendwo abzeichnet? Oder könnte es sein, daß sie sich auf neue Art mit nicht vorhergesehenen Gegebenheiten an das Problem gewagt haben, so daß die Freinet-Pädagogik hinsichtlich der gegenwärtigen Perspektiven als einzige die Hoffnungen auf Erneuerung in sich trägt?

Die schulische Erneuerung setzt eine in die Tiefe gehende Neubetrachtung der Pädagogik voraus, eine radikale Veränderung in den Arbeits- und Lebenstechniken, eine *recyclage* (Umorientierung), um ein modisches Wort zu gebrauchen, ohne die die Schulreform nur guter Wille und Illusion bleibt.

Es dürfte sich in der Tat nicht um eine einfache technische Umorientierung handeln. Wenn es ausreichte, das Lehrbuch oder die Form der Lektionen zu ändern, wäre der Widerstand wahrscheinlich nur formal und vorübergehend. Aber wir müssen die ganze Auffassung vom Lernen ändern. Wir müssen all das beiseite legen, was man uns hinsichtlich der Art, die Klasse anzusprechen, beigebracht hat, und zu einem neuen Arbeits- und Lebensverständnis finden. Denken Sie nur an die Schwierigkeit, die die autoritären Lehrer haben werden, um auf menschlicheren und demokratischeren Grundlagen das Wesen der Lehrer-Schüler-Beziehung neu zu überdenken. Was erst ist zu erwarten, wenn wir den Erziehern raten, vom Leben des Kindes in seiner Umwelt auszugehen sowie innerhalb der Gruppe helfen und auch schweigen zu können?

Für die notwendigen Rechtfertigungen unserer Pädagogik, die sich uns auferlegen, brauchten wir an unserer Seite Intellektuelle, Forscher, Psychologen und Lehrer in den verschiedenen Stufen, die dazu bereit wären, die neuen Probleme, die unsere Techniken hervorgebracht haben, psychologisch und pädagogisch zu studieren: das Problem des freien Ausdrucks, das Problem der schöpferischen Tätigkeit in allen Bereichen, das des beständigen Erfindens und – ausgehend von einer überschäumenden Phantasie – Lernprozesse, für die wir unsere Theorie des tastenden Versuchens anbieten. Sie müßten auch die Stellung des Kindes und des Erwachsenen in der neuen Gesellschaft und folglich in der Schule betrachten sowie die mögliche Rolle von audiovisuellen Techniken im Rahmen einer wirksamen Pädagogik und die Auswirkungen von Film und Fernsehen.

Alles muß neu überdacht werden. Sehr alte und in der Tradition und den Büchern festsitzende Ideen werden von nun an erschüttert. Das kühne Beispiel der modernen Mathematiker muß uns in unserem bilderstürmerischen Bemühen ermutigen. Aber wir brauchen Arbeiter mit freiem Geist, die in der Lage sind, sich heranzuwagen an das, was ist, um das entstehen zu lassen, was sein soll und was auch sein wird.

Wir haben den Vorteil, eine zusammenhängende psychologische und pädagogische Theorie anzubieten, die auf eine heute überzeugende Erfahrung gegründet ist. Die weitsichtigsten unter den Erziehern und Schülereltern müssen sich der Sackgasse bewußt werden, in der die Schule stirbt, und auch der Möglichkeit, aus ihr herauszukommen durch eine Aktion, die unserer dynamischen Epoche angemessen ist. Wir müssen, koste es, was es wolle, das totale Schweigen durchbrechen, das Bücher und Zeitschriften hinsichtlich der Probleme der Erziehung, die doch dermaßen lebenswichtig sind, verhängen.[83]

Es ist die Zeit vor 1968! In diesem Endstadium des kapitalistischen Regimes strengte Freinet zum letzten Mal einen Prozeß gegen das Unterrichtswesen an und brachte grundsätzliche Argumente für eine Reform ein, die nicht mehr das Recht hatte, sich mit Worten abzufinden und provisorische Notbehelfe zu gebrauchen:

Die Bewegung der „Ecole Moderne", die mit Beginn der *Schuldruckerei* und der *Freinet-Techniken* entstand, die mittlerweile Grundlagen der *Freinet-Pädagogik* sind, ist den zeitgenössischen pädagogischen Versuchen darin überlegen, daß sie seit langem die Überfälligkeit der aktuellen Schule vorausgesagt hat, und auch darin, daß sie nicht nur mögliche, sondern auch günstige Lösungen langfristig und experimentell vorbereitet hat, um sie der traditionellen Schule entgegenzusetzen.

Worin besteht nun dieses Versagen, dessen schwerwiegende Auswirkungen man heute sogar offiziell anerkennt? Ich rede von den Auswirkungen auf Erziehung und Kultur einerseits und andererseits auf die Bildung des Kindes als des Menschen von morgen, das technisch, psychisch und gesellschaftlich auf die neue Welt, die es erwartet, vorbereitet werden muß.

---

83 C. Freinet in: L'Educateur, Oktober 1965.

1. Die Kluft zwischen der Schule und dem Milieu wird katastrophal

Das gesamte Erziehungssystem (Verwaltung, Prüfungen, psychologische und pädagogische Auffassungen) funktioniert im Jahr 1964 noch so, wie es vor 1914 funktionierte. Es hinkt folglich um mindestens ein halbes Jahrhundert nach, wobei sich während dieser Periode, nach Capelle, „die Menschheit wesentlich mehr verändert hat als während des gesamten 19. Jahrhunderts oder sogar während des ganzen ersten Jahrtausends unserer Ära"[84].

Daraus folgt – und wir können dies a priori bestätigen –, daß fast alle schulischen Praktiken vom Beginn des Jahrhunderts den neuen Techniken, die besser an unser Jahrhundert angepaßt sind, weichen müssen.

Das heißt nicht, daß diese Praktiken an sich unbedingt schlecht sind. Einige unter ihnen haben zu Beginn des Jahrhunderts eine ausgezeichnete Vorreiterrolle gespielt. Sie müssen aber den modernen Techniken genauso ihren Platz räumen, wie Landauer und Pferdebahn für immer dem Auto und dem Flugzeug weichen müssen.

Daraus folgt: Die Schulbücher, die Ex-cathedra-Lektionen, die Hausaufgaben und Übungen, das Auswendiglernen und Aufsagen, die Reinschriften mit der Stahlfeder, die gekreuzten Arme, die Strafarbeiten, das Nachsitzen und der strenge und autoritäre Gehorsam nach dem Gesetz des Lehrers sind ebenfalls endgültig überholt.

Diese Methoden werden offensichtlich nur dann verschwinden, wenn man sie ersetzen kann. Wenn es weder Autos noch Traktoren in unseren ländlichen Gegenden gäbe, würden die Stier- und Pferdepflüge, die Pferdebahnen und die Landauer überleben. Die technische Entwicklung läßt sie automatisch verschwinden.

Die Modernisierung des Unterrichtswesens ist das Gebot unserer Epoche. Es gibt heute einen gemeinsamen Anhaltspunkt: Diese Verspätung und diese Kluft zwischen Schule und Umwelt werden offiziell als solche anerkannt, die Methoden vom Beginn des Jahrhunderts werden offiziell verurteilt. Zum erstenmal spricht das Erziehungsministerium von der Nutzlosigkeit und

---

84 Capelle: Vorwort zum Buch von Grandpierre, Une Education pour notre Temps (Editions Berger-Levrault).

Gefahr der Schulbücher. Diese Fakten, die niemand ignorieren dürfte und die wir seit Beginn unseres Experimentes anprangern, geben heute der *Ecole Moderne* implizit grünes Licht.

2. Wir verurteilen gleichermaßen die zu ausschließlich intellektuellen Tendenzen des gegenwärtigen Unterrichts

Wir haben lange dafür kämpfen müssen, daß diese einfache Tatsache, die heute offiziell feststeht, anerkannt wird.

Infolge ihrer ursprünglichen, kastenerhaltenden Funktion geht die Schule ihre Aufgabe traditionellerweise nur auf intellektueller Ebene an. Das hat uns – und dies ist immer noch der Fall – Bücher beschert, die mit Erklärungen, Beweisführungen, Theorien und den Ex-cathedra-Lektionen vollgestopft sind, denen die Kinder folgen müssen und die sie verstehen sollen.

Man gibt heute das zu, was wir dreißig Jahre lang zu beweisen versucht haben, nämlich, daß diese Form von Lernen nur gültig ist für eine winzige Minderheit von Kindern, die eine außergewöhnliche Fähigkeit zum abstrakten Denken haben und die bisweilen vom wirklichen Leben extrem entfernt sind. Für die große Masse der Kinder ist dieser Lernprozeß vollkommen falsch, und dieser Irrtum ist einer der Hauptgründe für das gegenwärtige Scheitern der Schule.

Die Lernergebnisse, gleich welcher Natur, fallen niemals wie durch Wirkung eines intellektuellen Wunders vom Himmel herab. Sie entstehen immer auf der Grundlage von Erfahrung und Leben, die sowohl manueller, intellektueller als auch gesellschaftlicher Art sind.

Wir müssen die normalen Prozesse wiederherstellen und deshalb, indem wir die scholastischen Methoden beherzt aufgeben, neue Lern- und Aneignungsmethoden finden.

3. Die Fähigkeit zur Anpassung wird heute zu einem der Gebote unseres Unterrichts

In der Vergangenheit änderte sich die Welt im Rhythmus von Jahrhunderten. Was man die Kinder lehrte, war noch dreißig Jahre später gültig. Das, was wir heute unterrichten, gilt vielleicht in zwei oder sogar in einem Jahr schon nicht mehr. Wenn unsere 14jährigen Kinder mit 18 Jahren Soldaten oder Arbeiter sind, ist das, was wir sie gelehrt haben, schon bald überholt. Das ist die neue Realität.

Folglich müssen wir uns heute weniger darum kümmern, den Kindern Begriffe, Prinzipien und Kenntnisse beizubringen; wir müssen sie vielmehr darauf vorbereiten, sich mit Geschicklichkeit und Intelligenz an die sich bewegende Welt, in die sie sich bald integrieren müssen, anzupassen. Wir müssen die gültigen Prozesse vorbereiten, um diese Anpassungsfähigkeit vorzubereiten.

4. Demokratisierung des Unterrichts

Und auch die Erzieher müßten schließlich einsehen, daß eine demokratische Gesellschaft einen demokratischen Unterricht voraussetzt. Es handelt sich um eine Frage des gesunden Menschenverstandes und der Gerechtigkeit, die alle Erzieher begreifen und zugestehen müßten. Die Konsequenzen daraus sind unvermeidlich: eine neue Auffassung von der Arbeit, vom Leben und von der Disziplin in der Schule, die auf Kooperation und Arbeit gegründet ist.

Das sind einige der Argumente für die Reform. Die gegenwärtige Schule kann nicht mehr so bleiben. Sie befindet sich in einer Sackgasse, die ihre Ohnmacht verstärkt. Man muß, koste es, was es wolle, aus dieser Sackgasse herausfinden.[85]

Aber der Unterricht stellt nur einen Aspekt der Erziehung dar, die keine

unbeständige Mode ist, die der Laune geschickter Händler oder gefährlicher Politiker unterliegt. Es wäre für den Menschen und die Gesellschaft tödlich, wenn man keine guten dicken Mauern mehr baute, die auf soliden Fundamenten errichtet sind, die langsam und behutsam ausgehoben wurden, und wenn man sich damit zufriedengäbe, über der Oberfläche wackelige Mauern zu bauen, die nur dem äußeren Anschein Genüge täten. Sie werden ebenso halten ... wie wir, unter dem Vorwand, daß sich die Welt so schnell ändert! Dies wäre die entgegengesetzte Gefahr, die noch fürchterlicher ist als die majestätische Unbeweglichkeit der scholastischen Tradition.[86]

---

85 C. Freinet in: L'Educateur, Oktober 1964.
86 ebenda

Die Erziehung muß beweglich und in ihrer Form anpassungsfähig sein. Sie muß notwendigerweise ihre Techniken an die veränderlichen Bedürfnisse der menschlichen Aktivität und des menschlichen Lebens anpassen. Aber sie muß nichtsdestoweniger voll ihre Doppelrolle erfüllen: einerseits im Individuum das fördern, was es an spezifisch Menschlichem in sich trägt, dieses Stückchen an Erhabenem, das erklärt, warum es einen Grund zu leben selbst in den schlimmsten Situationen gibt. Sie muß andererseits den gemeinsamen Grundstock an Kenntnissen und Idealen, der wie unsere Mutter Erde die wesentliche Grundlage unserer Zukunft ist, anreichern und verstärken. Die Erziehung muß außerdem im Rahmen dieser Würde das Individuum auf seine unmittelbaren Aufgaben sozusagen technisch vorbereiten. Das eine geht nicht ohne das andere. Fundamente ohne eine Konstruktion, die sie überragt, werden sehr schnell wieder von der unerbittlichen Zeit überdeckt, die das Unnütze zugrunde richtet, nivelliert und die die Leichen bedeckt. Konstruktionen ohne gewissenhafte Fundamente werden ebenfalls beim ersten Stirnrunzeln der Zeit einstürzen. Der Baum braucht Wurzeln, aber man könnte sich die Pflanze nicht ohne lebenden Stengel vorstellen, der die Wurzeln weiterführt und ihrem hartnäckigen Wachsen Daseinsberechtigung gibt.

Deshalb bestehe ich in diesem Punkt auf der Notwendigkeit, zunächst die großen Lebenslinien wiederzufinden, die unsere Grundlagen garantieren und uns erlauben, danach kühn und dynamisch weiterzubauen. Eben weil sie diesen Einschlag an gesundem Menschenverstand, diese Enthüllung eines Funkens Ewigkeit vermutet, erreicht und nutzbringend angewandt hatten, blieben Denker und Pädagogen wie Rabelais, Montaigne und Rousseau über die Jahrhunderte hinweg aktuell. An uns liegt es, in ihre Schule zu gehen, diesen Funken wiederzufinden und ihn, wenn möglich, zu vergrößern, damit er die menschlichen Werke und das Leben mit neuem Geist erfüllt.[87]

---

87 C. Freinet, L'Education du Travail, S. 116f.

VIII Anhang

Hans Jörg:
Das Leben und Wirken Freinets und seine Beziehungen zur deutschen Pädagogik

1. Biographische Anmerkungen zu Célestin Freinet

1896 Als fünftes von acht Kindern einer südfranzösischen Bauern-
familie wurde Célestin Freinet am 15. Oktober 1896 in dem
provenzalischen Dorf Gars, das am Ufer des Flüßchens Esteron,
eines Zuflusses des Var liegt, geboren. Die naturnahe bäuer-
liche Umgebung, sein täglicher Umgang mit Handwerkern,
Bauern und Hirten bildeten ihn von frühester Kindheit an.
Sein ganzes pädagogisches Denken wurde davon stark beeindruckt, und sie veranlaßten ihm immer wieder, der Natur
abgelauschte Methoden der Erziehung zu fordern[1].

Nach seiner Schulzeit in Volksschule und Gymnasium, die
wegen ihrer starren unkindgemäßen Ausrichtung dem frei-
heitsliebenden Jungen wenig Freude bereitete, besucht Freinet
1913 im Jahre 1913 die Ecole Normale (= Lehrerbildungsseminar),
1915 aus der man ihn 1915 zum Kriegsdienst einzieht.
1916 wird er durch einen Lungenschuß schwer verwundet. Als
Vollkriegsbeschädigter verbringt er vier Jahre in Lazaretten
und Sanatorien. Nur durch eine äußerst spartanische und
natürliche Lebensweise gelingt es ihm, wenigstens so weit zu
1920 gesunden, daß er am 1. Januar 1920 in dem Dörfchen
Bar-sur-Loup eine erste Anstellung als Lehrer erhält.

Er interessiert sich stark für die besonders nach dem Ersten
Weltkrieg aufkommende Reformpädagogik, lernt den belgischen Arzt und Pädagogen Ovide Decroly (1871–1932) kennen, der schon ab 1907 in seiner „Ecole de l'Ermitage" in
Brüssel begonnen hatte, die besten Schüleraufsätze zu drucken

---

1 C. Freinet, La Methode Naturelle, Neuchâtel 1971 (3 Bde.).

und als Schülerzeitung herauszugeben. Durch ihn angeregt, entwickelt der wegen eines Lungenschusses im Sprechen sehr behinderte Freinet mit Hilfe einer kleinen Handdruckerpresse, Marke „Cinup", vom Oktober 1923 an seine Technik der Schuldruckerei, durch die er weltweit bekannt wird.

1923 Auch die Ideen der übrigen Reformpädagogen, vor allem von Hermann Lietz, dessen Landerziehungsheim er anläßlich eines Besuches 1923 in Hamburg-Altona kennengelernt hat, regen Freinet sehr an. Er lernt Paul Geheeb, einen Mitarbeiter von Lietz, den Begründer der „Odenwaldschule", und den Schweizer Adolphe Ferrière kennen, der von 1900 bis 1902 als Mitarbeiter bei Lietz tätig war und das Buch „L'Ecole active" – „Die Tatschule"[2] herausbrachte. In diesem Buch, das Freinet zu einer eigenen Veröffentlichung „L'Education du Travail" anregte, zeigt Ferrière auf, wie die Forderung Kerschensteiners: „Die Schule der Zukunft wird die Arbeitsschule sein"[3], praktisch verwirklicht werden kann.

Freinet macht sich die Forderungen Kerschensteiners und Decrolys, der eine Schule „Par la vie – pour la vie" verlangt, zu eigen und stellt die von ihm gegründete Bewegung der „Ecole Moderne" unter das Motto „Par la vie – pour la vie – par le travail"[4].

Von 1920 bis 1923 liest Freinet die Werke von Marx, Engels und Lenin. Später vertritt er denselben idealisierenden Sozialismus, wie sein Freund, Romain Rolland, in seinen Werken.
– Wer die karge Landschaft bei Gars, dem Geburtsort von Freinet, kennt, in der die meisten Bauern Pächter und nicht Besitzer der wenig fruchtbaren Felder sind;
– wer, wie Freinet, als einfacher Dorfjunge mit 17 Jahren in die harte Zucht einer Ecole Normale genommen und 1½ Jahre später vor Verdun mit Tausenden von anderen jungen Menschen verschiedener Nationen in einen mörderischen Krieg geschickt wird, um für sein weiteres Leben an der dort erlittenen schweren Verwundung zu leiden;

---

2 Dieses Buch erschien 1920 in französischer Sprache und wurde 1927 ins Deutsche übersetzt, Schöningh-Verlag, Paderborn.
3 Rede Kerschensteiners 1908 auf einer Feier zu Ehren Pestalozzis; ebenso sein 1912 erschienenes Buch „Begriff der Arbeitsschule".
4 C. Freinet, L'Education du Travail, Neuchâtel 1946.

– wer, kaum daß das Leben für ihn begonnen hat, schon erlebt, wie man den Idealismus der Jugend mißbraucht, und diejenigen, die von Ehre und Ruhm der Grande Nation und den Opfern, die man bringen müsse, sprachen, nach dem Krieg mit guten Pfründen versorgt oder durch Kriegsgeschäfte reich geworden und in ihren Ämtern wohlbestallt wiederfindet, der darf sich nicht wundern, wenn viele dieser mißbrauchten jungen Männer sich entweder politisch radikalen Parteien zuwenden oder, wie Freinet und Romain Rolland (in vielen seiner Werke: Jean-Christophe, Tagebuch der Kriegsjahre 1914–1918 etc.) versuchen, den Unsinn des Krieges anzuprangern, und für eine Versöhnung zwischen den Völkern und eine sozial gerechtere Welt kämpfen.

Diese bessere und für alle gerechtere Welt erhofft Freinet von einer Gesellschaft, die nach den Lehren von Marx, Engels und Lenin lebt.

Um die soziale Armut der Kleinbauern zu verbessern, gründet er Ein- und Verkaufsgenossenschaften, die er zeitweise sogar als Vorsitzender leitet. Er schließt sich 1922 der Antikriegsbewegung „Clarté" („Klarheit") an und tritt in die linksorientierte „Einheitsgewerkschaft der Arbeiter im Bildungswesen" (Fédération Unitaire des Travailleurs de l'Enseignement) ein, in deren Zeitschrift „Ecole Emancipée" er viele Beiträge schreibt. Schließlich wird er 1929 Mitglied der „Kommunistischen Partei Frankreichs – PCF".

Auf der Suche nach neuen pädagogischen Wegen wird Freinet Mitarbeiter der von A. Ferrière gegründeten internationalen Bewegung „Ecole Nouvelle" (die auch die Ursprungsorganisation des „Weltbundes für die Erneuerung der Erziehung" ist. Er erkennt, daß eine Veränderung des Schulwesens im Sinne einer kindgemäßeren, zeitnahen Unterrichtsarbeit nur dann gelingen kann, wenn diese Veränderung von unten, d. h. von der Schule und den Lehrern selbst herkommt. Er wartet deshalb nicht auf Ministerialerlasse, sondern beschließt, die inzwischen internationale pädagogische Bewegung der „Ecole Moderne" zu gründen. Sie ist heute eine „Interessengemeinschaft" von Eltern, Lehrern, Schülern, Hochschullehrern, Technikern, Arbeitern, kurz: von Menschen aller Berufe, die an einer Verbesserung des Schul- und Erziehungswesens mitwirken wollen und dafür auch bereit sind, einen materiellen, ideellen und finanziellen Beitrag zu leisten. Die Bewegung der „Ecole Moderne" ist in diesem Sinne eine „Aktiengesellschaft für eine moderne Erziehung", die alle Geräte, Lehr- und Lernmittel, die in der Schule benötigt werden, selbst herstellt und zu einem meist stark reduzierten Preis an ihre Mitglieder abgibt.

Zunächst aber reist Freinet durch Europa, um die Reformbestrebungen anderer Länder kennenzulernen. So trifft er 1923 bei einem Besuch der sogenannten „Emanzipierten Schule" in Hamburg-Altona Peter Petersen, den er zu Ostern 1928 anläßlich eines pädagogischen Kongresses in Leipzig wiedersieht und mit dem er bis zu dessen Tod in Brief- und Gedankenaustausch bleibt. Über den Besuch in Altona schreibt Freinet:

„Zum erstenmal, dank der Revolution, versuchte man in Deutschland eine Einheitsschule einzurichten. Dieses ist jedoch ein Unterfangen, das lange Zeit braucht. Die Macht des Proletariats wurde zu früh gebrochen, um die Reform zu Ende zu führen. Der erste Akt wurde jedoch verwirklicht. Man entschied, daß alle Kinder vom 6. bis 10. Lebensjahr gemeinsam die Primarschule besuchen müssen. Der Wichtigkeit und sozialen Tragweite dieser Maßnahmen wird niemand entgehen. Ich habe mit eigenen Augen gesehen, wie in einer deutschen Schule Kinder barfuß, mit zerrissenen Kleidern und schmutziger Nase mit strahlenden Jungen, mit sauberen Händen und gewichsten Schuhen zusammensaßen. Und die reichen waren nicht immer die klügsten. Während einer Englischstunde beweist das einer dieser Barfüßler, der ohne Zweifel oft im Welthafen der Stadt Hamburg anzutreffen war, ohne Unterbrechung.

Ich glaube, es ist gewaltig, alle Kinder dazu zu verpflichten, vier Jahre zusammenzuleben. Wann wird dieser erste Schritt zu einer einheitlichen Schule bei uns getan werden? Man sagt oft: Aber die Reichen werden es vorziehen, ihre Kinder in freie Schulen zu schicken, so daß diese doch wieder eine gewisse Bevorzugung erfahren werden. Das deutsche Gesetz (Reichsgrundschulgesetz von 1920) hat diesem Ausbrechen vorgebeugt. Von 1924 oder 1925 an dürfen die freien Schulen keine Kinder unter zehn Jahren mehr aufnehmen. Die einheitliche Schule ist also bis zum 10. Lebensjahr in Deutschland Wirklichkeit geworden."[5]

5 C. Freinet, Mon voyage à l'école emancipée de Hamburg-Altona, in: Clarté, 15. 1. 1923, S. 124 ff. – Bericht C. Freinets über seinen Besuch der Schulen in Hamburg-Altona 1920.

Begeistert ist Freinet auch von der Tatsache, daß in Deutschland Dorfschullehrer neben ihrem Beruf häufig Landwirtschaft und Viehzucht betreiben und so eine enge Verbindung zur Natur behalten. Ebenso lobt er die gute soziale Absicherung der Lehrerfamilien und Waisen bei vorzeitigem Ableben des Ernährers.

Das Mitspracherecht der Lehrer in der Lehrerkonferenz und die Einrichtung von Abendschulen, einer Art Volksuniversität für die Erwachsenen, die hauptsächlich von Arbeitern besucht wird, lobt er als vorbildlich für die Hebung der allgemeinen Volksbildung. Er bezeichnet sie als „Maßnahmen von einer außerordentlich weitreichenden Bedeutung... Dies ist ein Projekt von großer Geisteskraft, und es ist für die Orientierung der Volksbildung [wörtlich: Education du peuple en France] in Frankreich von höchster Bedeutung, darüber etwas zu wissen."[6]

Bei seinem ersten Besuch in Deutschland interessiert sich Freinet besonders für die von Hermann Lietz gegründeten Landerziehungsheime. Er lernt Paul Geheeb, den Begründer der „Odenwaldschule" (1910), und den schon erwähnten Schweizer Pädagogen A. Ferrière persönlich kennen, dessen Forderung nach einer Pädagogik, die die Selbsttätigkeit der Schüler (1920, „l'Ecole active") besonders betont, er sich voll und ganz zu eigen macht.

Am Vorbild der von Lietz und Geheeb geschaffenen naturnahen Landerziehungsheime orientiert, gründet Freinet 1934/35 sein Landerziehungsheim in Vence bei Cannes. Auch seine stets vertretene Forderung nach einer „Education naturelle" ist sowohl an Rousseau als auch an der praktischen Verwirklichung dieser Maxime bei Lietz und Geheeb orientiert.

1928   Im Jahre 1928 nimmt Freinet an einem internationalen pädagogischen Kongreß in Leipzig teil und stellt den Lehrern des „Leipziger Lehrervereins" einige seiner zwei Jahre zuvor entwickelten Schuldruckpressen zur Verfügung, für die sie sich sehr interessieren. Auch hier trifft er mit Petersen und vielen anderen Vertretern der Reformpädagogik zusammen. Sie erhielt durch das Reichsgrundschulgesetz von 1920, das die einheitliche Volksschule in Deutschland zur Pflichtschule für alle sozialen Schichten macht, großen Aufschwung.

---

6 ebd.

Von dieser Zeit an fordert Freinet die „Ecole du peuple" (Volksschule) auch für Frankreich, dessen Schulsystem noch heute zwischen der „Ecole publique" (öffentliche Schule) und der „Ecole libre" („Freie Schule", konfessionelle Schule) trennt.

Freinet und seine Bewegung blieben in Deutschland immer lebendig. So hatte er zu den Pädagogen Friedrich Schneider, der später einen Beitrag über Freinet in „Herders Lexikon der Pädagogik" schreibt, und Georg Kerschensteiner, dessen „Begriff der Arbeitsschule" er weitgehend übernommen hat, Kontakt.

Die Forderung Kerschensteiners anläßlich der Pestalozzi-Feier 1908 in Zürich: „Die Schule der Zukunft muß die Arbeitsschule sein", übernimmt Freinet wörtlich und schreibt in diesem Sinne ein Buch „L'Education du Travail". Ebenso sind alle seine Veröffentlichungen, die sich mit der Entwicklung der kindlichen Zeichenfähigkeit befassen, auf Kerschensteiner zurückzuführen, der in seiner „Entwicklung der zeichnerischen Begabung" 1905 als erster etwa eine halbe Million Kinderzeichnungen untersuchte.

Der Gedankenaustausch mit Petersen wird zwar durch das Dritte Reich weitgehend unterbrochen, doch wirken die gegenseitigen Anregungen weiter. Wilhelm Krick, ein Schüler Petersens, zuerst Lehrer in der Röhn, dann Rektor der Petersen-Schule in Frankfurt, der Freinet auch persönlich kennenlernt, entwickelt in dem von ihm und einer Lehrergruppe gegründeten „Finken-Verlag" Arbeitsmaterialien im Sinne Freinets, die er zur „Hamsterkiste", „Nachschlagekiste", „Versuchskartei" und „Arbeitsbücherei" ausbaut. Diese Arbeitsmittel sind in ihrer Absicht, den Schülern alle zur selbständigen Bewältigung von Problemen und Projekten notwendigen Voraussetzungen zu bieten, vollkommen mit der „Bibliothèque de travail", dem „Fichier documentaire" und den übrigen „Fichiers" (Arbeitskarteien) für fast alle Fächer identisch, die Freinet und seine Bewegung entwickelt haben. Diese Form der Arbeitsmittel mit der Kontrolle der Arbeitsergebnisse durch die Schüler selbst ist die Grundvoraussetzung für eine vernünftige Gruppenarbeit. Das große Verdienst Freinets ist es, durch die Gründung der „C.E.L." (1924), des „I.C.E.M." (1948) und der „F.I.M.E.M." (1961) eine von Verlagen unabhängige Produktion von Arbeitsmaterialien ermöglicht zu haben, die, systematisch vom Bedarf des Schülers und Lehrers ausgehend, alle zur Realisierung der Differenzierung und Individualisierung des Unterrichts notwendigen Voraussetzungen schafft.

Während die C.E.L. („Coopérative de l'Enseignement Laic") bereits ab 1924 alle Lehrer, die sich zu Freinet bekennen, zu einer Arbeitsgemeinschaft zusammenschließt, die alle für die Arbeit in der Schule erforderlichen Hilfsmittel selbst zu erstellen sucht, hat das I.C.E.M. („Institut Coopératif de l'Ecole Moderne") die Aufgabe, die bis 1948 stark angewachsene Mitgliederzahl in den einzelnen Departements in Frankreich zu betreuen. In diesem Institut arbeiten 30 Fachgruppen zusammen, die differenzierter, als es bisher geschah, Arbeitsmittel für die einzelnen schulischen Fachgebiete entwerfen, erproben und herstellen können. Da die Anhänger der Bewegung „Ecole Moderne" bis 1961 in etwa 40 Ländern Arbeitsgruppen gebildet haben, wird im selben Jahr die F.I.M.E.M. („Féderation Internationale des Mouvements de l'Ecole Moderne") als Verbindungsorgan für diese Gruppen gegründet. Die „F.I.M.E.M." veranstaltet jedes Jahr in einem anderen Land Kurse von 14 Tagen Dauer, in denen die Teilnehmer nicht nur in die Freinet-Techniken eingeführt, sondern auch mit den pädagogischen Gedanken Freinets vertraut gemacht werden. Gleichzeitig lernen sie das Gastland und sein Schulwesen kennen.

1962   Seit 1962, als der jährliche Freinet-Kongreß in Caen stattfand, nehmen regelmäßig größere Gruppen von deutschen Freinet-Anhängern an den Freinet-Kongressen teil. Es handelt sich dabei um die Gruppe der Schuldrucker, die sich zuerst nur lose zusammenschließen, dann aber ab 1964 im „Arbeitskreis
1964   Schuldruckerei" als deutsche Gruppe der „F.I.M.E.M." offizielles Mitgliedsorgan der Freinet-Bewegung in der Bundesrepublik werden. Seit dieser Zeit erscheint „der schuldrucker" als Informationsblatt für die deutschen Schuldrucker, in dem alle Mitglieder über ihre Erfahrungen im schulischen Alltag berichten, sich gegenseitig Anregungen geben und Vorschläge für die Veränderung unseres Schulwesens machen. Jährlich finden nun auch in der Bundesrepublik Freinet-Tagungen statt. Sie werden entweder in Stuttgart, Calw oder Saarbrücken abgehalten. 1965 nahm Freinet zum letztenmal am Kongreß in

1966 Brest teil. Am 8. Oktober 1966 starb Célestin Freinet und wurde in seinem Geburtsort Gars beerdigt.

Seit 1968 macht sich in seiner Bewegung nach den Mai-Unruhen ein starker Einfluß politisch linksorientierter Gruppen bemerkbar, weshalb die Freinet-Schule in Vence vom Staat nicht mehr als Versuchsschule anerkannt wird. Es tritt eine immer stärkere Entfremdung zwischen den Ideen und Absichten Freinets und der nun unter seinem Namen propagierten Pädagogik ein. Vor allem versucht man Freinets Gedanken einseitig politisch auszulegen. Aus diesem Grunde ist es von Bedeutung zu wissen, wie Freinet über das politische Engagement seiner Anhänger dachte.

2. Freinets Stellung zur Politik

Selbstverständlich wußte Freinet, daß Schule immer ein Politikum ist, daß „die sozialen und politischen Verhältnisse, die Arbeits- und Lebensbedingungen der Eltern wie der Kinder einen entscheidenden Einfluß auf die Ausbildung der jungen Generation haben" (Charta der Ecole Moderne, Artikel 1).

Er forderte deshalb ausdrücklich, daß sich seine Mitglieder in „allen Parteien und Gremien" des gesellschaftlichen Lebens für eine Verbesserung des Schul- und Bildungswesens einsetzen sollen. Es heißt deshalb in Artikel 3 der Charta der Freinet-Bewegung:

„In dieser Absicht wird jedes Mitglied der Bewegung ‚Ecole Moderne' entsprechend seiner ideologischen, weltanschaulichen und politischen Einstellung darauf hinwirken, daß die Forderungen der Erziehung in die umfassenden Bemühungen der Menschen auf der Suche nach Glück, Kultur und Frieden unabdingbar einbezogen werden."

„Es gibt in der Ecole Moderne weder einen Katechismus noch ein Dogma oder System, die zu unterschreiben von irgend jemand verlangt wird. Die empirische Forschung an der Basis ist die Voraussetzung aller Bemühungen um eine Modernisierung der Schule. In allen Bereichen der aktiven Arbeit der Bewegung findet eine ständige Gegenüberstellung der Ideen mit den Forschungsergebnissen und praktischen Erfahrungen der Mitwirkenden statt" (Art. 6).

Bei einer solchen Einstellung, die die persönliche Freiheit, aber auch die Mitverantwortung jedes einzelnen für die Gemeinschaft als wichtigstes Ziel aller Erziehungsbemühungen in den Vordergrund rückt, bei der die Persönlichkeitsentwicklung eines Kindes in all ihren individuellen Gegebenheiten akzeptiert und bewußt gefördert wird, ist es kein Wunder, daß Freinet, der sich in seinen jungen Jahren aufgrund eines echten sozialen Idealismus politisch engagierte, bald mit den politisch einseitig orientierten Vertretern der Kommunistischen Partei Frankreichs in Konflikt geriet.

Bei seinem Besuch russischer Schulen im Jahre 1925 ist Freinet begeistert von der in Rußland 1923 gegründeten Einheitsschule für alle Bevölkerungskreise, die es in Frankreich bis dahin noch nicht gab. Noch 1933 schrieb er im „Educateur prolétarien": „Die Lektion, die wir von der russischen Gesellschaft lernen können, ist die, daß es in ihr keine Ausbeutung gibt. Eine Gesellschaft kann nicht auf dem Grundsatz der Ausbeutung aufgebaut sein, sie muß aufgebaut werden auf dem Grundsatz, ihre eigenen Fähigkeiten selbst auszubeuten."

Nach dem „Hitler-Stalin-Pakt", der 1939 geschlossen wurde, und der Annektierung Polens, zu dessen Bevölkerung Frankreich und Freinet immer in einem besonders guten Kontakt standen, änderte sich die Haltung Freinets. Im Jahr 1948 trat er schließlich aus der PCF aus.

Schon 1933 erklärte er im „Educateur prolétarien": „Wir sind Pädagogen und keine Politiker. Bei all unseren Nachforschungen sind wir nie von politischen Gesichtspunkten ausgegangen. Nach unserer Meinung wäre ein solches Vorgehen Häresie."

Wegen seines immer wieder geäußerten Bekenntnisses zur persönlichen Freiheit und seines Austritts aus der Kommunistischen Partei Frankreichs wird Freinet von seinen ehemaligen politischen Freunden stark angegriffen. Ganze Gruppen, wie etwa eine Pariser Gruppe unter Führung von Oury, trennen sich von der Bewegung der „Ecole Moderne" und versuchen Freinets Ideen politisch auszuschlachten. Trotzdem versuchen sie auch, ihn wieder zurückzugewinnen, wie etwa 1963 auf dem Kongreß in Niort. „Du bist doch einer der Unsrigen gewesen, du willst doch, daß das Volk, das Proletariat die Herrschaft in unserer Gesellschaft erringt, bekenne dich wieder zum kommunistischen Lehrersyndikat!" Vehement lehnt Freinet ein solches Ansinnen mit den Worten ab: „Ich werde mich nicht mehr einseitig einer politischen Gruppe anschließen, und wenn ich die Hälfte meiner Anhänger verliere. Wenn die Politik sich der Schule bemächtigt, zieht die Pädagogik aus ihr aus. Uns geht es um das Kind, um nichts als das Kind und nur um das Kind!" (Protokollnotiz des Verfassers vom Kongreß in Niort, Abschlußsitzung).

Wenn man diese Fakten kennt, und nur die, die Freinet selbst gekannt und ihn bis zu seinem Tod begleitet haben, wissen um seine gradlinige menschliche Haltung, dann kann man sich nur über die – vielleicht absichtsvolle – Unwissenheit wundern, mit der heute sogenannte Pädagogen und Freinet-Entdecker Freinet für ihre politisch einseitigen Absichten in Beschlag nehmen wollen. So spricht noch Ekkehard Marschelke in der Übersetzung des Büchleins „Offener Unterricht" von Bernard Eliade von „Célestin Freinet, kommunistischer Lehrer, Professor für Literaturwissenschaft" (Weinheim 1975, S. 7).

Oury in Paris, der Freinet aufs heftigste bekämpfte, wird 1976 in einem Buch „Vorschläge für die Arbeit im Klassenzimmer" als Garant der „Freinet-Pädagogik" aufgeführt. Ebenso glaubt Klaus Zehrfeld in „Freinet in der Praxis", Oury bringe eine „Weiterentwicklung der Freinet-Pädagogik" (Weinheim 1977, S. 6).

Seit Freinets Tod treten plötzlich alle diejenigen auf, die ihn zu Lebzeiten bekämpft oder ihn schlicht nicht gekannt haben, und berufen sich auf Freinet. Dabei werden seine integren pädagogischen Absichten verfälscht, einseitig ausgelegt und interpretiert. Deshalb erwähnt Elise Freinet, die als langjährige Lebensgefährtin und Ehefrau ihren Mann wohl am besten kannte, in diesem Buch diese Neuerer mit keinem Wort.

Roger Ueberschlag, der Präsident der internationalen Freinet-Vereinigung „F.I.M.E.M.", kritisiert die heutige Situation in einem Rundschreiben vom Mai 1980 mit folgenden Worten:

„Immer mehr Lehrer kommen auf uns [die Freinet-Bewegung] zu, um etwas über die Freinet-Pädagogik zu hören. Sehr selten nur treffen sie einen Lehrer [in Frankreich] an, der ihnen erklärt, er habe noch nie die von Freinet geforderten Techniken ‚des freien Aufsatzes, die Schülerselbsttätigkeit und Selbstverantwortung, die Techniken des freien künstlerischen Ausdrucks' versucht. Man könnte glauben, ganz Frankreich sei von der Freinet-Pädagogik überschwemmt! Wir wissen jedoch, daß dies keineswegs so ist und daß die Techniken, die wir Freinet verdanken, eine Degradierung und eine Abwertung bis hin zur Unkenntlichkeit erfahren haben.

Es ist zur Mode geworden, zu sagen: ‚Ich unterrichte à la Freinet', so wie man bei einer unbeholfenen Zeichnung sagt: ‚Der malt à la Picasso.'

Im Ausland verbreitet sich hartnäckig die Gleichsetzung unserer Pädagogik mit einer Art antiautoritärer Philosophie der Laschheit.

Bei uns [in Frankreich] selbst wird die Freinet-Pädagogik in einem Durcheinander von amtlichen Empfehlungen, progressiver Literatur und zahlreichen kurzlebigen Erneuerungsversuchen durch linksgerichtete Strömungen, durch einseitige Theoretiker und nicht zuletzt durch einige Lehrer, die versuchen, in ihr ein Alibi für ihr eigenes Unvermögen zu finden, zu einer Art Modekrankheit degradiert.

Man klammert sich an einige Arbeitstechniken, die man schnell wieder aufgibt, denn die handwerkliche Fertigkeit, die unsere Pädagogik fordert, wird von denen, die nach erster spontaner Begeisterung den Atem verlieren, als zu belastend empfunden" (Multilettre S. 3).

Roger Ueberschlag schildert die augenblickliche Situation. Ähnlich den zahlreichen Trends, durch die in den letzten Jahren ständig Unruhe in unser Schulwesen gebracht wurde, so versuchen – wohl in Ermangelung eigener vernünftiger Konzepte – auch heute gewisse „Weltverbesserer", sich der Freinet-Pädagogik zu bedienen, um ihre oft radikalen gesellschaftlichen Theorien zu verbreiten. Und in der Tat findet man bei der nur oberflächlichen Lektüre von Freinets klassenkämpferischen Veröffentlichungen aus der Zeit zwischen 1920 und 1948 eine nicht geringe Anzahl von Äußerungen, die heute einer Art neuen Aufwiegelung zum Klassenkampf dienen könnten.

Liest man Freinet aber gründlicher oder, noch besser, vergleicht man sein tatsächliches Wirken, besonders in seinen letzten 20 Lebensjahren, mit seinen Forderungen, muß jeder, der wissenschaftlich sauber arbeitet, die keineswegs radikalen, sondern überzeitlich geltenden pädagogischen Forderungen Freinets für eine sozial gerechtere Schule, für eine die Individualität und Persönlichkeit eines jeden Menschen achtende Schule und Gesellschaft anerkennen. In diesem Sinne hat uns Freinet eine große Anzahl von konkreten Vorschlägen zur Verbesserung und Veränderung unseres Schulwesens zu bieten. In diesem Sinne dürfen wir ihn auch zu den großen europäischen Erziehern rechnen, die eine kritische und gründliche Auseinandersetzung mit ihren Ideen verdienen.

3. Freinets Forderungen zur Veränderung unseres Schulwesens

Die wichtigsten Forderungen Freinets zur Veränderung unseres Schulwesens sind:

1. *Die Schule hat von den Bedürfnissen des Kindes auszugehen.*
   Sie muß „dem Kind das Wort geben" und darf nicht dessen Kreativität und Spontaneität durch eine Flut von Reglementierungen, Erklärungen und Wissensballast ersticken.
2. *Alle Erziehung hat naturnah und nach natürlichen Methoden vorzugehen.*
   Das Kind soll möglichst aus Primärerfahrungen, im persönlichen

Umgang mit Menschen, Tieren, Pflanzen, Werkzeugen und Materialien lernen und nicht dadurch, daß es vorgegebene Meinungen bestätigt. Der schulische Unterricht ist also so zu gestalten, daß das Kind einzeln oder in Gruppen diese Primärerfahrungen auch machen kann. Darin liegt der Sinn der Arbeitsecken Freinets in oder um den Klassenraum.

Erziehung hat nach Freinet die Aufgabe, die vollkommene und allseitige Entfaltung und Bildung der kindlichen Persönlichkeit zu ermöglichen und das Kind nicht durch Ansammlung von Wissen, Dressur, Manipulation oder Indoktrination einseitig zu gängeln. In dieser Absicht sucht Freinet mit seiner Bewegung nach Arbeitstechniken, Werkzeugen, Organisations- und Lebensformen innerhalb von Schule und Gesellschaft, die eine solche Entfaltung und Bildung optimal zulassen.

Man bildet Arbeitsgruppen mit fachlichen Schwerpunkten, schafft Arbeitsmittel für die Selbsttätigkeit der Schüler, damit sie in allen Altersstufen, in allen Fachgebieten, in allen schulrelevanten Themenbereichen sich selbst mit allen Dingen und Problemen auseinandersetzen können.

4. Mittel dieser Techniken

4.1 *Die Auflösung des Klassenblocks und die Einrichtung von Arbeitsateliers*

Der Klassenraum wird nur noch als Informationszentrum benutzt, wenn alle Schüler gemeinsam eine Veranstaltung wie etwa eine Klassenkonferenz oder die Beurteilung einer Leistung vornehmen. In der Klasse selbst oder im Flur richtet Freinet bis zu acht Arbeitsecken für unterschiedliche Tätigkeiten ein, z. B.:

ein Atelier mit Arbeitskarteien, Nachschlagewerken und Informationsmaterialien;

ein Atelier mit Werkzeugen und Geräten für Konstruktion, Mechanik und für physikalische Messungen;

ein Atelier für experimentelle Übungen in Biologie, Chemie und Physik;

ein Atelier mit einer Druckerei und Vervielfältigungsgeräten, für die Anfertigung von graphischen Arbeiten;

ein Atelier mit Materialien für die kreative künstlerische Betätigung im Malen, Formen, Basteln, Musizieren, Aufnehmen und Vorführen von Bildern, Filmen und Tonaufzeichnungen;

ein Atelier für Holz- und Metallarbeiten;

ein Atelier für Weben, Spinnen, Kochen, Schneidern und Nähen;

ein Atelier für die Pflege von Kleintieren und Pflanzen.

Alle diese Ateliers oder Arbeitsecken sind für die Gruppenarbeit mit entsprechenden Geräten und Materialien ausgerüstet.

Durch die Einrichtung der Arbeitsateliers wird der gesamte Unterricht auf die Basis der Partner-, Gruppen- oder Einzelarbeit gestellt. Frontalunterricht gibt es nur noch in besonders dafür geeigneten Situationen.

4.2 Der Wochenarbeitsplan

Grundsätzlich wird zwar in allen Freinet-Klassen das Basiswissen der amtlichen Curricula lehrplanmäßig erarbeitet, da auch die Schüler der Freinet-Klassen die in Frankreich üblichen jährlichen Abschlußprüfungen bestehen müssen. Wann jedoch welcher Stoff behandelt wird, ist den Lehrpersonen überlassen. Da aber der gesamte Lehrstoff für alle Fächer und alle Klassen bei Freinet in seine Arbeitsmittel umgesetzt ist, kann jeder Schüler seinen wöchentlichen Arbeitsplan individuell gestalten. Die Schulwoche beginnt deshalb regelmäßig damit, daß montags jeder Schüler in seinen Arbeitsplan das einträgt, was er im Laufe der Woche bearbeiten will.

In die vorgesehenen Rubriken werden die Nummern der Arbeitskarten eingetragen, die er in Mathematik, Geometrie, der Sprachlehre und der Rechtschreibung behandeln will. In die Spalten für die übrigen Fächer schreibt der Schüler die Lerneinheiten, Pläne und Themen ein, die er allein oder mit andern durchzuführen beabsichtigt.

Aufsätze mit selbstgewählter Thematik, die er verfassen, und Versuche, die er vornehmen will, trägt er ebenfalls ein.

Während es Freinet leicht erscheint, daß der Schüler mit Hilfe der Arbeitsmittel alle Fragen und Probleme der einzelnen Unterrichtsbereiche im Sinne eines „mastery-learning" selbständig bewältigt, sieht er für das Fach Geschichte die Mithilfe des Lehrers vor. Fach und Materie verlangen seiner Meinung nach eine Interpretation der Fakten durch den erfahrenen, die Zusammenhänge und Hintergründe überblickenden Erzieher.

Name der Schule: ... Vence   Name des Schülers: ... Marou, François

ARBEITSPLAN
für die Zeit vom ... 18. 10. bis 25. 10.

Rechnen und Raumlehre:

71	72	73	74	75	76	77	78	79	80	81	82	83	84				

8	9	10	11	12	13	14											

Sprachlehre:

Geschichte: Erdkunde:

| Geschichte des Brotes | | Die Küste von Antibes bis Nizza |

Naturlehre: Naturkunde:

| Destillation von Alkohol | | Die Bienen und der Honig |

Aufsätze: Vorträge:

| 1 | 2 | | Meine Reise in den Schwarzwald |

Werkarbeiten:

| Herstellung eines Ginsterbesens |

Persönliche Leistungskurve der Woche Nr. 2: ....

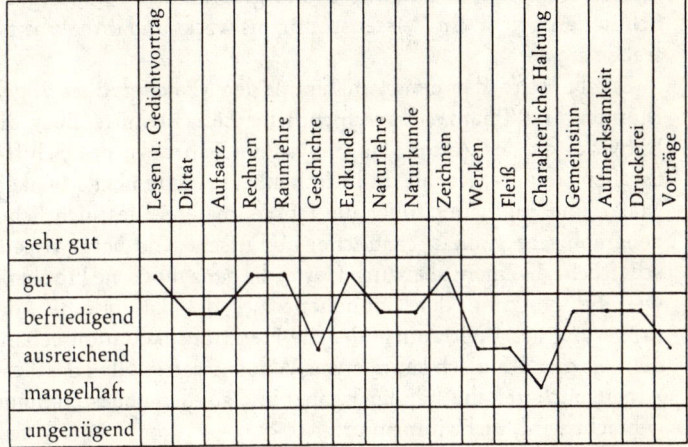

Unterschrift der Eltern: Unterschrift des Lehrers:

_____   _____

Am Ende der Woche markiert jeder Schüler in seinem Arbeitsplan, was er tatsächlich bearbeitet und erledigt hat oder aber auch, daß er sich zuviel zugetraut oder gar mehr als vorgenommen geleistet hat. Dieses Arbeiten nach einem individuellen Plan empfiehlt Freinet ab der 5. Klasse. Vorher werden die Schüler allmählich in die Formen der Einzel-, Partner- und Gruppenarbeit und die Verwendung der Arbeitsmittel eingeführt. Ein solches Vorgehen garantiert nicht nur sichere Grundkenntnisse, sondern erzieht die Schüler auch zu zielbewußter, planvoller Arbeit sowie zur Verantwortung und Selbständigkeit.

Vor allem aber läßt es dem Schüler einen großen Spielraum für die Selbstverantwortung seines Handelns und das Erkennen der Möglichkeiten und Grenzen seines Leistungsvermögens.

4.3 Die Arbeitsbücherei („Bibliothèque de travail", BT)

Sie besteht aus über 1 000 Sachheften von 16 bis 36 Seiten Umfang, die nach Schulstufen und Sachgebieten dezimal gegliedert sind. Mit Skizzen und Bildern versehen, dienen sie als anschauliche und in der Welt wohl einmalige Informationsquelle für eine schülergerechte Selbsttätigkeit. Jedes Heft behandelt einen von Fachleuten erarbeiteten und erst nach der Erprobung in den Schulen gedruckten Sachbereich, der sowohl durch seine sprachliche als auch inhaltliche und graphische Gestaltung die Schüler anspricht, ihr Wissensbedürfnis weckt und ihre Arbeitsfreude steigert.

Es gibt Hefte über den Hamster und den Maikäfer, über Vögel, Blumen und Pflanzen, geschichtliche Längsschnitte über die Entwicklung des Autos, Flugzeugs und Fahrrads, des Schiff-, Straßen-, Haus-, Kanal- und Kirchenbaus, Hefte über Musiker, Maler und Bildhauer, über die Höhlenmalerei, geschichtliche, geographische, weltanschauliche, literarische und naturwissenschaftliche Themen, aber auch Hefte, die ganz moderne Probleme wie die Nutzung der Sonnenenergie, des Laserstrahls, die Eroberung des Weltraums oder die Herztransplantation behandeln. Es gibt praktisch kaum etwas Wissenswertes, über das diese Arbeitsbücherei, die ständig ergänzt und auf den neuesten Stand gebracht wird, nicht informiert.

4.4 Die klingende Arbeitsbücherei (BTS)

Sie behandelt in Sacheinheiten, die jeweils aus einer Serie von zwölf Farbdias, einem Textheft und einer Schallplatte als akustischer Dokumentation bestehen, Situationen des täglichen Lebens, die der Schüler oft nur selten selbst erleben kann. Da wird ein Flug von Paris nach Madagaskar, ein Vulkanausbruch in Island oder das Werk eines Komponisten dargestellt. Die klingende Arbeitsbücherei stellt eine ausgezeichnete Grundlage für die Gruppenarbeit dar, wenn Schüler einen Bericht oder Vortrag über ein gemeinsam bearbeitetes Problem geben wollen.

4.5 Die Versuchskartei („Fichier des Travail Coopératif", FTC)
Sie stellt in über 1000 Sachblättern eine gut verständliche Anleitung für Versuche im naturwissenschaftlichen, technischen und musischen Bereich dar. Ein Problem wird gestellt und der Schüler in knapper sprachlicher Form und durch instruktive Skizzen darüber informiert, welche Materialien und Geräte er benötigt und welchen Weg er einschlagen kann, um das Problem zu lösen.

4.6 Die Nachschlagekartei
Sie besteht aus über 20000 in alphabetischer Reihenfolge und nach Sachgebieten geordneten Informationskarten in DIN-A5-Format. Jede Karte informiert kurz und verständlich über eine Person, eine Sache oder einen Begriff.

4.7 Die Arbeitskarteien
Der gesamte Grundlehrstoff der schulischen Fächer und Lernbereiche ist in Form von verschiedenfarbigen Arbeitskarten behandelt. Alle Karten sind so aufgebaut, daß sie aus einer Informationskarte, einer Aufgabenkarte und einer Lösungskarte bestehen. Nach der Behandlung eines bestimmten Themas kann der Schüler Testkarten bearbeiten; diese geben ihm dann Auskunft, ob er den Themenkreis ausreichend beherrscht. Da alle Freinet-Arbeitsmittel aufeinander abgestimmt sind, wird immer wieder auf ähnliche oder ergänzende Arbeitsmittel hingewiesen, so daß der Schüler alleine oder mit Klassenkameraden durch selbsttätiges Schaffen ganze Sachgebiete erarbeiten und die Richtigkeit seiner Ergebnisse selbst kontrollieren kann.

4.8 Die Lernprogramme
Für viele Bereiche, besonders aber für den Sprach-, Sach- und Rechenunterricht hat die Bewegung der „Ecole Moderne"

mehrere hundert Lernprogramme in Bandform und ein dazu passendes kleines und äußerst preiswertes Lerngerät entwickelt. Programme und Lerngerät sind keineswegs nur für die Einzelarbeit gedacht, da in den Programmen immer wieder aufgefordert wird, sich bei dem Lehrer, in anderen Arbeitsmitteln oder bei den Klassenkameraden weitere Informationen zu holen.

4.9 Die Schuldruckerei

Das wohl bekannteste und am vielseitigsten einsetzbare Arbeitsmittel der Freinet-Bewegung ist die Schuldruckerei. Sie verlangt grundsätzlich, daß eine Gruppe von Schülern sich mit ihr befaßt, ob es nun die Auswahl der zu druckenden Texte, das Setzen der Texte, ihre Illustration, das Drucken oder das Zusammentragen der gedruckten Seiten zu einer Zeitschrift oder einem Album ist.

Es würde zu weit führen, hier die inzwischen durch zahlreiche empirische Untersuchungen belegten Vorteile der Schuldruckerei aufzuführen. Es muß jedoch erwähnt werden, daß sie ein einmaliges Instrument zur Förderung der sprachlichen Ausdrucksfähigkeit, der Rechtschreibefertigkeit, des Informationsaustausches mit anderen Schulen, mit dem Elternhaus und der Öffentlichkeit ist. Besonders für manuell geschickte, aber auch zur Selbstdisziplinierung nervöser und kontaktscheuer Schüler stellt sie eine ausgezeichnete Lernmotivation dar.

Mit Hilfe der Schuldruckerei können die Schüler nicht nur selbständig eigene, auf die milieu- und fachbedingten Gegebenheiten abgestimmte Lernmaterialien herstellen, die Druckerei eignet sich auch vorzüglich für die Anfertigung von Linol-, Holz- und Kordeldrucken und vielerlei Möglichkeiten graphischer Gestaltung. Der Umgang mit Setzkasten und Druckpresse erzieht zur Kooperation, Konzentration, Sauberkeit und Korrektheit, er steigert das Verantwortungsbewußtsein und verlangt immer eine bis ins Detail gehende Planung, Vorbereitung und Durchführung der Arbeit. Damit fördert die Druckerei wie kein anderes Arbeitsmittel beim Schüler die Einübung von Fertigkeiten und Grundhaltungen, nicht nur im praktischen, sondern auch im geistigen Tun, die er zur Lebensbewältigung heute dringend benötigt.

Bei Freinet steht die Autorität der Sache im Vordergrund, diese Sachautorität wird allgemein ohne Murren anerkannt. Da der Schüler frei über den Umgang mit den Techniken Freinets entscheiden kann, gibt es in Klassen, die diese anwenden, auch keine Disziplinschwierigkeiten.

4.10 Die Wandzeitung

Ein Mittel, die Schüler zu einem ehrlichen und guten mitmenschlichen Verhalten zu führen, sieht Freinet in der Wandzeitung. Diese Wandzeitung wird jede Woche von einem oder zwei zeichnerisch begabten Schülern angefertigt. Sie ist in vier Felder eingeteilt, in die die Schüler im Laufe der Woche ihre kritischen Bemerkungen, ihre Wünsche, ihre Vorschläge und ihre Erfolge eintragen.

Mit Hilfe dieser Wandzeitung, die Freinet schon von den Schülern der ersten Klasse führen läßt, will er die Kinder zur Ehrlichkeit gegen sich und andere und zur Selbstkritik erziehen.

Muster einer Wandzeitung:

Wir kritisieren:	Wir beglück-wünschen:	Wir wünschen:	Wir haben verwirklicht:

Macht ein Schüler eine Eintragung, so muß er seinen Namen dazusetzen, anonyme Eintragungen gibt es nicht.

Am Ende der Woche werden alle Eintragungen offen vor der ganzen Klasse diskutiert. Die Klassengemeinschaft entscheidet mit dem Lehrer zusammen, wie ein angerichteter Schaden wieder repariert oder eine Fehlhaltung korrigiert werden soll. Auch der Lehrer untersteht der Kritik. Diese Art von Rechenschaftsbericht übt zwar Kritik, doch ist diese immer konstruktiv. Zaghafte Schüler, die sonst kaum zu Wort kommen, können ihre Leistungen ohne Scheu hier eintragen und finden Anerkennung. Wünsche werden geäußert, und über ihre Erfüllung wird beraten. Diese Art von Rechenschaftsbericht beseitigt den Egoismus und bereitet die Schüler für ihre zukünftigen Aufgaben als verantwortungsbewußte Bürger vor. Vor allem zeigt der Bericht und die Diskussion aller Probleme den Schülern aber, daß die Freiheit bei der Arbeit untrennbar verbunden ist mit der Verantwortung für all ihre Handlungen.

Es wären hier noch weitere Freinet-Techniken zu nennen, wie sein Verfahren der Leistungsbeurteilung, des Korrespondenzaustausches zwischen verschiedenen Schulen, die Bildung einer Klassenkooperative und der Erwerb von Fertigkeitsbescheinigungen für besondere, wenn auch nicht unbedingt schulische Leistungen. Dies würde jedoch zu weit führen und ist außerdem in der inzwischen ausreichend vorhandenen Literatur über Freinet nachzulesen.

Eine Klasse, die im Sinne Freinets organisiert ist und arbeitet, übt das menschliche Zusammenleben, rechte Unterordnung und echte Selbstbehauptung, Rücksichtnahme und Zusammenarbeit, Hilfsbereitschaft und Verständnis für andere. Eine solche Klasse wird zu einem „Laboratorium der Sozialerziehung". Durch die Kooperation der Lehrerschaft und innerhalb der Schule bei den Schülern will Freinet bestmögliche Voraussetzungen für die Schaffung eines Erziehungsmilieus erreichen, das in Sachlichkeit und Mitmenschlichkeit gleichermaßen eine fruchtbare, moderne Erziehung ermöglicht.

Eine Schule, die diese Ziele und Arbeitstechniken verfolgt, nimmt die Erziehung zur Verantwortung und zu demokratischem Verhalten ernst. Sie erfüllt nicht nur das in den Curricula vorgegebene Lehrpensum, sondern läßt weitgehenden Spielraum für die Kreativität des Schülers. In einer solchen Schule, von der wir vieles übernehmen könnten, um wieder auf den Boden der Wirklichkeit zurückzukehren, macht das Lehren und Lernen noch Freude. Sie ist kindgemäß, lebensnah und gibt ihren Schülern die Chance, sich zu selbständigen, ihrer Möglichkeiten und Grenzen bewußten kritischen Menschen zu bilden.

Literaturverzeichnis

Von der Autorin zitierte Werke und Zeitschriftenaufsätze ihres Mannes.

Werke:

Les Dits de Mathieu, Neuchâtel 1959
L'Ecole moderne française, Cannes 1960
L'Education du Travail, Gap 1949
Essai de Psychologie sensible, Cannes 1950
L'Imprimerie à l'Ecole, Boulogne 1927
La Méthode naturelle, 3 Bände, Neuchâtel 1971
Le Profil vital, Cannes 1964
Plus de Manuels scolaires, Boulogne 1928
Tony l'Assisté, Saumur 1925

Zeitschriften:

Bandes enseignantes et programmation, Cannes 1964
B.E.M. = Bibliothèque de l'Ecole Moderne, Broschüren der C.E.L. in Cannes
B.E.N.P. = Brochures d'Education Nouvelle Populaire, von Freinet in Cannes herausgegebene Zeitschriftenreihe
L'Educateur, Zeitschrift der C.E.L., Cannes ab 1945
L'Educateur Prolétarien, politisch engagierte pädagogische Fachzeitschrift, die aus der Zeitschrift „L'Imprimerie à l'Ecole" 1932 hervorging
Techniques de Vie, von Freinet gegründete pädagogische Fachzeitschrift, Cannes 1959
Travail individualisé et Programmation, Cannes 1964

Ashley Montagu

ZUM KIND REIFEN

Die These dieses Buches ist, daß wir auf Grund der einmaligen evolutionären Geschichte unserer Spezies aufgerufen sind, die reiche Verheißung der Kindheit zu erfüllen: Als Kinder zu wachsen und uns zu entwickeln, nicht aber zu der Art von Erwachsenen zu werden, die wir angeblich werden sollen. Damit soll nicht gesagt sein, daß wir auf einer kindlichen Stufe der Entwicklung stehen bleiben müßten. Wir sind aber dazu bestimmt, jene Merkmale, die das Kind so sichtbar zur Schau stellt, unser Leben lang zu Wachstum und Entfaltung zu bringen. Und wir erkennen allmählich, daß das Ziel des Lebens darin besteht, „jung" zu sterben – und zwar so spät wie möglich.

Aus dem Amerikanischen v. Ulrike Stopfel
380 Seiten, 13 Abb.
Linson mit Schutzumschlag
ISBN 3-608-95195-4

Klett-Cotta

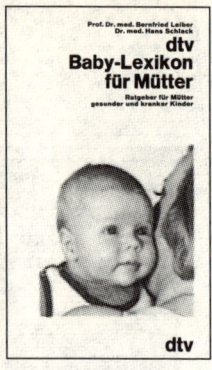

Das sollten Eltern lesen